Manuel Vermeer | Clas Neumann

Praxishandbuch Indien

Manuel Vermeer | Clas Neumann

Praxishandbuch Indien

Wie Sie Ihr Indiengeschäft erfolgreich managen

Kultur verstehen, Mitarbeiter führen, Verhandlungen gestalten

GABLER

Bibliografische Information Der Deutschen Nationalbibliothek
Die Deutsche Nationalbibliothek verzeichnet diese Publikation in der
Deutschen Nationalbibliografie; detaillierte bibliografische Daten sind im Internet über
<http://dnb.d-nb.de> abrufbar.

1. Auflage 2008

Lektorat: Ulrike M. Vetter

Der Gabler Verlag ist ein Unternehmen von Springer Science+Business Media.
www.gabler.de

Umschlaggestaltung: Nina Faber de.sign, Wiesbaden
Druck und buchbinderische Verarbeitung: Wilhelm & Adam, Heusenstamm
Gedruckt auf säurefreiem und chlorfrei gebleichtem Papier
Printed in Germany

ISBN 978-3-8349-0535-2

Warum Indien?

... Nicht jeder, der nach Indien fährt, entdeckt Amerika.
Erich Kästner

Weil Indien das 21. Jahrhundert in einem Ausmaß beeinflussen wird, wie es Europa und die USA bisher nicht wahrhaben wollen. Noch steht China im Fokus der allgemeinen Aufmerksamkeit. Indien wird mit den üblichen Klischees von heiligen Kühen bis IT-Nation verbunden; die Wahrheit ist wesentlich komplexer. Einige Zahlen sollen unsere Argumentation verdeutlichen: 1,1 Milliarden Menschen, die die größte Demokratie der Welt bilden; eine Mittelschicht von über 250 Millionen Menschen, 50 Prozent der Bevölkerung sind unter 25 Jahre, im Jahre 2015 werden 550 Millionen Teenager in Indien leben! Megacities wie Mumbai (Bombay) mit fast 18 Millionen Einwohnern, von denen 50 Prozent in den Slums leben, davon allein eine Million im größten aller Slums, in Dharavi – aber auch 700 Millionen Inder, die keinen Zugang zu wetterfesten Straßen haben. In Indien leben mehr Muslime als in Pakistan; weniger als zehn Prozent der Bevölkerung sprechen englisch; keine einzige der vielen Sprachen wird von der Mehrheit der Inder gesprochen; 40 Prozent der ärmsten Menschen der Welt leben in Indien; es gibt Pläne für die bemannte Raumfahrt ebenso wie archaisch anmutende Riten in den „Towers of Silence“ in Mumbai, wo die sterblichen Überreste der Parsen von Geiern „entsorgt“ werden.

Gegensätze also, wie kein anderes Land der Welt sie derzeit aufweist, und dies nicht in einer zahlenmäßig zu vernachlässigenden Größenordnung, sondern in einem Staat, dessen Bevölkerungszahl weltweit den zweiten Rang einnimmt und nach Schätzungen der Weltbank bis 2050 die Chinas übertreffen wird.

Genug Gründe, sich ausführlich – aber in diesem Buch auch stets praxisnah – mit diesem Land zu befassen. Die existierende Literatur besteht entweder eben aus Literatur oder aus allgemein gehaltenen Werken zur jüngsten wirtschaftlichen und politischen Entwicklung. Ein praxisnahes Handbuch fehlt, etwas, das dem für Indien Zuständigen, dem dorthin Reisenden oder auch dem Expat, der für mehrere Jahre dorthin zieht, in die Hand gegeben werden kann. Fundiert recherchiert, orientiert am Tagesgeschäft. Dies versucht das vorliegende Buch zu leisten; die zwar unterschiedliche, aber sich ergänzende Qualifikation der Autoren erschien uns ideal für diese Aufgabe.

Die meisten Beispiele beziehen sich auf das Unternehmen SAP. Wir haben nicht jedes Beispiel dem jeweiligen Autor zugeordnet. Dies gilt auch für die jeweiligen Kapitel; primär stammen die Kapitel Wirtschaftspolitik, Unternehmerisches Engagement, Personalmanagement und Verhandlungen von Clas Neumann und die anderen Kapitel überwiegend von Manuel Vermeer; natürlich wurde vieles auch gemeinsam verfasst.

Wie bei allen Aussagen über dieses Land ist jede Verallgemeinerung im Grunde unzulässig, aber dennoch unvermeidbar. Wie sonst soll man über eine Milliarde Menschen schreiben? Jegliche Feststellung in diesem Buch kann daher bei ausreichend gutem Willen problemlos widerlegt werden. Und dennoch gilt es, Aussagen zu treffen, die dem Nicht-Inder helfen, sich zurechtzufinden. Wenn hier daher von „Indien“ und „den Indern“ die Rede ist, so immer in vollem Bewusstsein dieser Problematik. Aber alles andere ist nicht praktikabel. Auch wird zur besseren Lesbarkeit im Text lediglich die männliche Form verwendet (Mitarbeiter etc.), wobei selbstverständlich die weiblichen Formen in die Aussagen einbezogen sind.

Der Umfang des Buches gibt seine Grenzen vor, wir haben uns auf die unseres Erachtens für Geschäftsleute relevanten Bereiche konzentriert. Geografie und allgemeine Landeskunde sind daher recht kurz gehalten; auf vieles musste verzichtet werden (Tourismus, Einbeziehung der hier irrelevanten Inselgruppen, eine noch tiefergehende Beschäftigung mit indischen Religionen und anderes).

Es handelt sich nicht um eine wissenschaftliche Abhandlung; wenn das Buch auch sachlich allen Anforderungen gerecht wird, so wurde der besseren Lesbarkeit halber eine „kundenfreundliche“, lockere Ausdrucksweise verwendet. Indologen mögen uns dies verzeihen. Und die in manchen Kapiteln verwendeten englischen Ausdrücke entsprechen dem unter Managern üblichen „Slang“ und wurden daher beibehalten.

Danken möchten wir unseren zahlreichen Gesprächspartnern, die zu nennen hier nicht möglich ist. Dank aber vor allem unseren Frauen Lisa und Bea; sie ertrugen es, dass unsere spärliche Freizeit noch knapper wurde.

Gaiberg bei Heidelberg/Bangalore, im Herbst 2007

Manuel Vermeer Clas Neumann

Inhaltsverzeichnis

Indien auf einen Blick

Staatsname	Republik Indien, Bharat (Hindi)
Hauptstadt	Neu Delhi (14 Millionen Einwohner)
Bundesstaaten	28, zusätzlich 6 Unionsterritorien und Hauptstadt Delhi
Staatsform	Parlamentarische Bundesrepublik
Fläche	3.287.000 km^2
Klima	tropisch/subtropisch, monsunabhängig
Bevölkerung	1,1 Milliarden, ca. 532 Millionen männlich und 496 Millionen weiblich
Landessprachen	22 offiziell anerkannte Sprachen Hindi und Englisch als landesweite Sprachen Über 800 weitere Dialekte
Ortszeit	MEZ + 4,5 Stunden, keine Sommer-/Winterzeitumstellung
Religionen	Hinduismus (82 Prozent), Islam (13,4 Prozent), Buddhismus, Christentum, Sikhismus, Jainismus etc.
Feiertage	Da meist abhängig vom Mondjahr, sind die aktuellen Termine jedes Jahr unterschiedlich
Nationalfeiertag	26. Januar (Republic Day)
Währung	Indische Rupie (IR) zu 100 Paisee. 1 Euro = ca. 50 IR
Wichtigste Städte	Delhi, Bangalore, Chennai, Hyderabad, Kolkata, Mumbai
Wichtigste Flüsse	Brahmaputra, Ganges, Indus
Unabhängigkeitstag	15. August 1947

Internationale Vorwahl 00 91

Internetkennung .in

Die Farben der indischen Flagge sind Safran, Weiß und Grün. Im Zentrum des weißen mittleren Streifens befindet sich ein blaues Rad. Es wird „Ashoka's Dharma Chakra“ genannt und hat 24 Speichen. Jede steht für eine Stunde des Tages. Das Rad ist Symbol für die ewige Dauer des Guten.

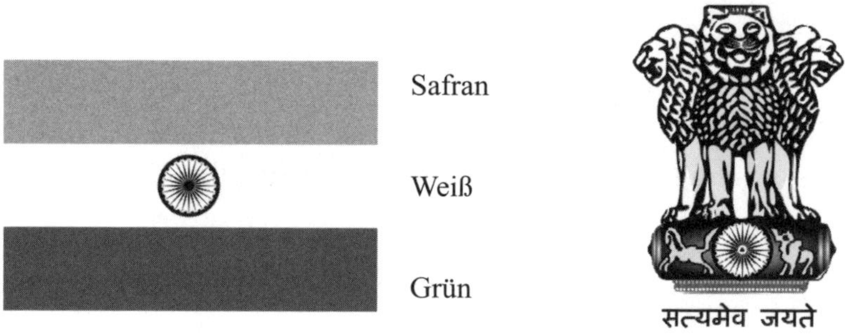

Das Nationalwappen leitet sich ab von Kaiser Ashoka. Im 3. vorchristlichen Jahrhundert gründete er an dem Ort, an dem Buddha erstmals seine Grundgedanken verkündete, eine Stadt, Varanasi, die Löwenstadt. Das Wappen steht somit für Indiens Bekenntnis zum Weltfrieden.

Unter dem Wappen steht: „Die Wahrheit allein wird siegen.“

Zum Selbstverständnis der Inder

Die Regale indischer Buchläden sind voll mit Büchern zum Selbstverständnis der Inder. Titel wie „Being Indian", „Games Indians play" und „The argumentative Indian" des Nobelpreisträgers Amartya Sen versuchen zu ergründen, was das indische Selbstverständnis ausmacht, warum Inder so sind, wie sie sind. Churchill sagte einst verächtlich: „Indien ist kein Land, sondern nur eine geografische Definition"; auch seine Einschätzung Gandhis als „halbnackten Fakir" war wenig differenziert. In Anbetracht der kulturellen Vielfalt, der Sprachen, Religionen etc. scheint es unmöglich, eine umfassende und allgemeingültige Definition zu geben. Warum, fragt V. Raghunathan, der jahrelang am renommierten Indian Institute of Management in Ahmedabad lehrte, sind Inder so desinteressiert an ihrem sozialen Umfeld? Warum werfen sie ihren Müll auf Nachbars Grundstück, spucken auf die Straße, drängeln in jeder Warteschlange, verschmutzen öffentliche Toiletten, scheinen an jeglicher Art von Qualität desinteressiert, fahren nachts auf den National Highways mit Fernlicht ohne Rücksicht auf andere Verkehrsteilnehmer, hupen völlig sinnlos in jeder Situation und zu jeglicher Tages- und Nachtzeit, missachten jegliche Ampelschaltung – kurz, warum sind Inder so egoistisch und denken in jeder Situation nur an sich selbst und nicht an die Allgemeinheit und das Allgemeinwohl?

Mit dieser kritischen Sichtweise der eigenen Kultur steht Raghunathan nicht allein. Neben dem neuen Selbstbewusstsein eines Landes, das einen bemannten Raumflug plant, regt sich auch zunehmend Kritik an indischen Verhaltensweisen. Indien verlangt einen Sitz im Weltsicherheitsrat und ist nicht imstande, das Chaos auf den Straßen zu regeln? Altruismus ist keine typisch indische Einstellung; Egoismus und gerade in den Megacities auch wachsender Materialismus werden (wohlgemerkt von indischen Autoren!) als durchaus indisches Charaktermerkmal identifiziert. In den Medien diskutiert man gegensätzliche Standpunkte: hier der Stolz auf die Errungenschaften einer Nation, die zunehmend in das Interesse der Weltöffentlichkeit rückt, die zu den größten Volkswirtschaften der Erde zählt, die kulturelle Vielfalt und einzigartige historische Leistungen vorzuweisen hat, und dort die kritische Nabelschau einer „funktionierenden Anarchie" (John Kenneth Galbraith).

Während das Ausland seine Klischees von einem Indien pflegt, das das Jenseits mehr schätzt als das Diesseits, von Mitarbeitern, die Religion über jegliche materielle Anreize stellen, von einer Milliarde Menschen, die nach Gandhis Prinzipien der Gewaltlosigkeit (ahimsa) leben, Demokratie verinnerlicht haben und überwiegend englisch sprechen, schreiben indische Autoren über den unbedingten Willen zu materiellem Erfolg, über die brutale Mafia in Mumbai (vgl. das Buch „Bombay, maximum city" von S. Mehta) und die erstaunliche Tatsache, dass gerade 10 Prozent der Bevölkerung wirklich englisch spricht. Und selbst diese Zahl ist noch zu relativieren, hat man erst einmal versucht, mit einem „englisch" sprechenden Inder in Kaschmir oder Tamil Nadu zu telefonieren. Der ehemalige Premierminister von Indien, Vajpayee, soll gesagt haben, die Engländer hätten Indien schließlich verlassen, weil sie die Verunstaltung ihrer Sprache nicht mehr ertrugen …

Der Mahatma, die „Große Seele", wie Gandhi ehrfürchtig genannt wurde, wird noch immer im ganzen Land verehrt. Sein Leben wurde verfilmt, jede Stadt hat ihre „M. G. Road", selbst die (mit dem Mahatma nicht verwandte und 2007 auf der Liste der 100 mächtigsten Menschen der Welt verzeichnete) mächtigste Frau Indiens, Sonia Gandhi, profitiert noch von der zufälligen Namensgleichheit – aber schon kurz nach Gandhis (gewaltsamen) Tod wurden seine Prinzipien umgehend und ohne schlechtes Gewissen über Bord geworfen. Sein enger Freund und Bewunderer Nehru, Indiens erster Premierminister nach der Unabhängigkeit 1947, zog sofort in den riesigen Palast ein, der seither den Regierungssitz bildet und den Gandhi in ein Krankenhaus hatte umfunktionieren wollen. Von Bescheidenheit und einfachem Leben keine Spur.

Herrschaft war in Indien stets mit entsprechender Symbolik verbunden, und jeder Inder empfand (und empfindet) es als völlig normal und logisch, dass die Herrschenden sich dieser Symbole bedienten (und bedienen). Mehr noch: Ohne diese Symbole, seien es Häuser, Autos oder anderes, verliert der Mächtige an Macht – sie manifestiert sich nicht, also gibt es sie nicht oder nicht in entsprechendem Maße. Nehrus Palast 1947 oder das Blaulicht auf dem Ambassador-Dienstwagen, mit welchem der Polizeipräsident sich seinen Weg durch die überfüllten Straßen seiner Stadt bahnt – keine Anmaßung, sondern akzeptiertes Symbol der Macht. Mit der gleichen Selbstverständlichkeit, mit der der Politiker auf sein Recht auf Vorfahrt pocht, akzeptieren die anderen, weniger Mächtigen dies und weichen beiseite. „Don't you know who I am?" ist der empörte Ausruf desjenigen, der daran gehindert werden soll, sich über geltende Rechte hinwegzusetzen. Ein herrisches Auftreten, ein weißer Dienstwagen mit rotem Licht, und niemand wird es wagen, sich Ihnen in den Weg zu stellen. Genau so (mit weißem Ambassador und rotem Licht) gelangten die Attentäter vor einigen Jahren in das Parlament, wo sie in der Folge genau die bedrohten, die ihnen den Zugang ermöglicht hatten, da sie auch selbst bedingungslosen Respekt erwarten.

Hierarchie und Status spielen eine große Rolle und führen in gewisser Weise die soziale Differenzierung des Kastensystems fort. „Jemanden zu treffen und seinen Status nicht zu kennen, ist wie in einen Pool zu springen, ohne seine Tiefe zu kennen“ – alles hängt davon ab: Anrede, Verhalten, Zuvorkommenheit, Engagement. Inder stellen zunächst zahlreiche Fragen: Wo wohnen Sie? Was hatte Ihr Vater für einen Beruf? Wo haben Sie studiert? Wen kennen Sie? Mit wem sind Sie verwandt? Beide Seiten akzeptieren diese Fragen, da sie der sozialen Einordnung dienen und somit gesellschaftlich notwendig sind.

Während das Ausland bei passender Gelegenheit Gandhis Prinzipien zitiert, lebt in Indien niemand nach ihnen. Verwendung nur in Indien hergestellter Materialien? Gandhi wird verehrt, ja. Sein Haus in Mumbai ist nicht nur Museum, sondern quasi Wallfahrtsort. Aber er wird verehrt als jemand, der nicht mit normalen Maßstäben zu messen ist, der außerhalb dessen stand, was ein Normalsterblicher zu leisten vermag. Ein Idol, dem nachzueifern ohnehin kein Ziel sein kann.

Und die Briten? Was haben sie für Spuren im Nationalcharakter der Inder hinterlassen? Hasst man sie für ihre Besatzungszeit, den „Raj“, oder ist man dankbar für das, was sie dem Land brachten? Die Wahrheit kann nur in der Mitte liegen. Die Intelligenz ist sich der Leistungen der Briten durchaus bewusst; was in den Bereichen Infrastruktur, Postwesen, Verwaltung etc. angelegt wurde, davon zehrt Indien noch heute. Aber keine Dankbarkeit, dafür war die Herrschaft zu brutal und ausbeuterisch. Sicher auch kein Hass, immerhin spricht die gebildete Schicht englisch, geht auf „englische“ Schulen, wandert nach England aus.

Was wir heute an Traditionen in Indien finden, unabhängig von der jeweiligen Glaubenszugehörigkeit, das gab es auch schon, bevor die ersten Kaufleute der British East India Company indischen Boden betraten. Und was moderne Entwicklung ist, hat mit dem „Empire“ ohnehin nichts zu tun. Das Interregnum ist vorbei, es hat Indien sicher, auch im Rückblick, viel Positives beschert. Nun geht man selbst weiter, den indischen Weg eben. Britische Überbleibsel im Nationalcharakter existieren nur unbewusst.

Indien ist zu widersprüchlich, als dass man es eindeutig einem Selbstverständnis zuordnen könnte. Eine Frau als Premierminister schon vor über vierzig Jahren, eine Frau als Staatschefin auch heute, aber Witwenverbrennungen kommen noch heute vor. Entwicklungsland oder zukünftige Weltmacht?

Wohin steuert Indien im Selbstverständnis seiner Bewohner? Die wirtschaftlichen Aussichten erscheinen derzeit vielversprechend, der Fleiß und der Wille zum Erfolg (auch und gerade in materieller Hinsicht) haben in relativ kurzer Zeit Millionen Menschen aus der Armut befreit.

Und weitere Millionen werden folgen. Dies ist der feste Glaube der Menschen, mit denen man spricht, seien es CEOs erfolgreicher Konzerne, Hochschullehrer, Regierungsbeamte oder Angehörige der Schicht der Unberührbaren, der „Dalits". Indien glaubt an den Erfolg, glaubt daran, dass mit Fleiß und harter Arbeit (und natürlich der Hilfe der Götter) alles erreicht werden kann. Ob dieser Erfolg in zehn oder zwanzig Jahren eintritt, ist irrelevant; dass er eintritt, davon sind Inder überzeugt. Jeder für sich persönlich vielleicht, interessiert mehr am eigenen Wohlergehen als an dem der Allgemeinheit. Aber dies führt in der Summe zu einer beeindruckenden Willenskraft und positiven Denkweise.

Vielleicht gehört dies zum Wichtigsten, was man über den Charakter „der Inder" sagen kann: eine grundlegend positive Einstellung zum Leben. Die Vorstellung von der Existenz einer „höheren" Wirklichkeit, einer Realität jenseits des Hier und Jetzt, führt zu einer in jedem Inder latent vorhandenen Hoffnung, schon jetzt Teil einer zwar ungewissen, aber besseren Zukunft zu sein. Nur so lässt sich die Lebensfreude, wie man sie in indischen Slums unter für Europäer furchtbaren Lebensbedingungen antrifft, erklären. Jede kleinste Hoffnung wird als solche wahrgenommen.

Das allgegenwärtige „no problem!" ist daher nicht Ausdruck einer Unfähigkeit, die unbequeme Wahrheit zu sagen, sondern symptomatisch für die indische Befindlichkeit: Es wird sich schon irgendwie regeln lassen. Vielleicht nicht so strukturiert wie in anderen, westlichen wie östlichen Staaten. Aber im Grunde wird sich alles zum Guten wenden – no problem!

1. Politische Landeskunde

1.1 Geografie

Indien ist flächenmäßig das siebtgrößte Land der Erde. Mit einer Nord-Süd-Ausdehnung von 3 200 Kilometer und einer Breite von fast 3 000 Kilometer umfasst Indien ca. 3.2 Millionen Quadratkilometer; dies entspricht etwa dem Zehnfachen der Fläche Deutschlands, aber nur einem Drittel des chinesischen Territoriums! Von den Gipfeln des Himalaya bis zu den Stränden des Indischen Ozeans im Süden, vom Arabischen Meer im Westen bis nach Myanmar im Osten – nicht ohne Grund wird Indien Subkontinent genannt.

Zur Indischen Union gehören ferner die Lakkadiven im Arabischen Meer und die Andamanen und Nikobaren im Golf von Bengalen.

Indien grenzt an Afghanistan, Pakistan, China, Bhutan, Nepal, Myanmar und Bangladesh. Grob unterteilen lässt sich das Land in die Himalaya-Region, die Ebenen von Indus und Ganges und das Hochland von Zentral- und Südindien, begrenzt von den Bergen der Western bzw. der Eastern Ghats (600 bis max. 2 000 Meter). Der Himalaya ist das jüngste und höchste Gebirge der Erde; entstanden, als vor 120 Millionen Jahren die indische Platte von Süden auf die eurasische Platte drückte. Während einerseits durch ein Absenken der indischen Platte das Indus-Ganges-Becken entstand, wird andererseits seither das Karakorum-Transhimalaya-Gebirge mit noch immer um einen halben bis einen Zentimeter pro Jahr emporgehoben. Neben dem Mount Everest erheben sich zehn weitere Berggipfel über 7 500 Meter. Die drei wichtigsten Flüsse, Ganges (2 511 Kilometer) und Brahmaputra (2 900 Kilometer) im Osten und Indus im Westen (3 100 Kilometer), entspringen in Tibet (China).

New Delhi ist die Hauptstadt; weitere wichtige Städte sind Bangalore, Chennai, Goa, Hyderabad, Kolkata, Mumbai, Pune u. a.

1.2 Klima

Indien liegt in den Tropen; durch die sehr unterschiedliche Topografie ist jedoch das Klima regional sehr unterschiedlich. Im Landesinnern herrscht ein kontinentales Klima, d. h. heiße Sommer und kalte Winter. In den Küstenregionen dagegen schwanken die Temperaturen nur minimal. Die klimatischen Bedingungen variieren von den Eisregionen des Himalayas bis zu den Wüsten im Nordwesten (Wüste Thar). Den stärksten Einfluss auf das Klima hat der Monsun (von arabisch: mausim, Jahreszeit). Dieses Phänomen, das eine regelmäßig wiederkehrende Änderung der Windrichtung bezeichnet führt zu einer sehr deutlichen Unterscheidung zwischen Sommer und Winter bezüglich Regenmenge und Temperatur. Nur ein Beispiel: In Mumbai kann es zwischen Juni und September zu extremen Niederschlägen kommen, mit Überschwemmungen und chaotischen (d. h. noch mehr als üblich) Zuständen; während des übrigen Jahres regnet es praktisch überhaupt nicht. Dies sollte bei Reiseplanungen in Betracht gezogen werden.

1.3 Bevölkerung

Mit 1,1 Milliarden Einwohnern ist Indien nach China das bevölkerungsreichste Land der Erde. Das jährliche Wachstum wird mit 2 Prozent angegeben. Von kurzfristigen Maßnahmen zur Zwangssterilisation auf Initiative von Sanjay Gandhi hin in der siebziger Jahren abgesehen, gab und gibt es keine staatlichen Maßnahmen zur Geburtenkontrolle. Etwa 25 Prozent der Menschen leben in den Großstädten. 60 Prozent der Weltbevölkerung im Alter von weniger als 25 Jahren leben in Indien! Im Jahr 2050 werden in Indien wohl eine halbe Milliarde Teenager leben. Im Gegensatz zum alternden China haben wir es in Indien daher mit einer extrem jungen Bevölkerung zu tun.

1.4 Bodenschätze

Indien ist reich an mineralischen Ressourcen. Eisenerz, Mangan, Chrom, Magnesium, Bauxit, Kupfer, Blei und Zink finden sich in relevanten Vorkommen; Nickel und Gold kommen weniger häufig vor. Indien ist der fünftgrößte Kohleproduzent der Welt; Kohle ist gleichzeitig Indiens wichtigster Bodenschatz (ca. 200 Milliarden t). Rohölvorkommen sind selten; ein sehr kritischer Faktor für die zukünftige Wirtschaftsentwicklung. Indien ist in fast allen Bereichen Nettoimporteur, so auch bei Eisenerz und Erdöl.

1.5 Landwirtschaft

Seit 5 000 Jahren wird in Indien Landwirtschaft betrieben; noch heute leben ca. 64 Prozent der Bevölkerung von diesem Sektor. Exportiert werden u. a. Tee, Kaffee, Baumwolle und ölhaltige Samen (Sesam, Senf, Raps, Sonnenblumen etc.).

Wichtigstes Anbaugut ist zweifelsohne der Reis. Ein Drittel der Reisernte der Welt stammt aus Indien; in Bezug auf die Anbaufläche liegt Indien auf dem 2. Platz hinter China, in Bezug auf den Ertrag aber nur auf Platz sieben. Reis wird praktisch in allen Bundesstaaten angebaut.

Weizen ist das zweitwichtigste Anbaugut und wächst primär im Nordwesten. Zuckerrohr, Baumwolle, Kaffee und Kautschuk sind weit verbreitet; Indien ist auch der weltgrößte Produzent von Tee. 45 Prozent des indischen Tees stammen aus dem Tal des Brahmaputra im nordöstlichen Assam; aber selbst im südlichen Tripura wird Tee angebaut.

1.6 Aufbau von Staat und Regierung

Die Indische Union, so der offizielle Name, ist eine parlamentarisch-demokratische Republik mit bundesstaatlicher Ordnung. Das Parlament bildet die Regierung gemäß der Verfassung vom 26. Januar 1950. Der Präsident steht der Exekutive vor und wird auf fünf Jahre gewählt. Er ernennt den Premierminister und auf dessen Vorschlag das Kabinett. Indien verfügt über ein Zweikammerparlament (Kongress) mit Oberhaus (Council of States, Rajya Sabha) und Unterhaus (House of the People, Lok Sabha). Der Council of States existiert schon seit 1919; mit der Unabhängigkeit Indiens wurde daraus eine echte 2. Kammer. Nicht mehr als 250 Mitglieder dürfen ihr angehören; 238 als Repräsentanten der Bundesstaaten und Unionsterritorien und 12 vom Präsident nominierte. Der Council ist eine permanente Institution, die nicht aufgelöst werden kann. Jedes 2. Jahr verlässt ein Drittel der Mitglieder den Rat und wird durch neue, auf sechs Jahre gewählte Mitglieder ersetzt. Der Vize-Premierminister ist qua Amt der Vorsitzende der Rajya Sabha. Die Lok Sabha verfügt über maximal 552 Mitglieder, davon höchstens 530 als Vertreter der Bundesstaaten und höchstens 20 für die Unionsterritorien. Die Anzahl der Sitze sollte im Vergleich zur jeweiligen Bevölkerung des Staates im möglichst gleichen Verhältnis stehen. Eine Legislaturperiode dauert fünf Jahre.

Der Rat der Minister mit dem Premier an seiner Spitze berät den Präsidenten; die wahre Macht liegt daher beim Premierminister und seinem Kabinett.

In der bis heute nicht wesentlich veränderten Verfassung ist die Gewaltenteilung in Legislative, Exekutive und Judikative geregelt; ebenso die Gleichheit aller Menschen, der Säkularismus (Trennung von Religion und Staat) und die Menschenrechte.

Die 28 Bundesstaaten werden von eigenen Gouverneuren geleitet, die vom indischen Präsidenten auf fünf Jahre ernannt werden. Auch verfügen die Bundesstaaten über eigene Parlamente und Verfassungen. Die sechs Unionsterritorien werden durch sogenannte Gouverneursleutnante verwaltet; der Unterschied liegt in der Tatsache, dass die Unionsterritorien zentral von der Regierung kontrolliert werden.

Neben der mächtigen Kongresspartei sind die Bharatiya Janata Party (BJP) sowie die Kommunistische Partei Indiens als bedeutende politische Kräfte vertreten. Zahlreiche (mehrere hundert) weitere, teils sehr kleine Parteien, die manchmal auch nur regional eine Rolle spielen, existieren daneben. Viele Parteien leben hauptsächlich von einem charismatischen Führer, sodass auch Parteiaustritte oder ein Wechsel der Parteizugehörigkeit in Indien keine Seltenheit sind. Zunehmend spielen auch religiöse Aspekte, die Kastenzugehörigkeit etc. eine Rolle in der Lokalpolitik. Die breite Palette politischer Strömungen in der Regierungskoalition, vom hindunationalistischen Flügel bis zu den Kommunisten, sorgt für eine ausgeglichene Politik der Mitte (in welcher es oft nur langsam vorwärts geht).

1.6.1 Congress Party

Die Kongresspartei ging aus dem Indischen National Congress (INC) hervor. 1885 gegründet, gelangte diese Partei unter M. K. Gandhi und J. Nehru zu großer Bedeutung im Rahmen der Unabhängigkeitsbewegung. Unter Indira Gandhi wurde sie 1980 zur stärksten Partei, später Oppositionspartei unter Sonia Gandhi. Seit 2004 ist die Kongresspartei wieder stärkste politische Kraft und stellt mit M. Singh den Premierminister. Die wahre Macht hinter Singh wird daher Sonia Gandhi zugeschrieben, die nach den Wahlen klugerweise auf die Machtübernahme verzichtete. Da diese Partei seit der Unabhängigkeit Indiens 1947 mit wenigen Unterbrechungen an der Macht ist, sind Cliquenwirtschaft und Korruption stark verbreitet.

1.6.2 Bharatiya Janata Party (BJP)

Die „Indische Volkspartei“ ist eine sehr junge, hindunationalistisch ausgerichtete Partei. Wenn sie sich auch prinzipiell zum Säkularismus bekennt, so ist doch ein hinduistischer Nationalstaat das Ziel, der die muslimische Minderheit deutlich ausgrenzt. Diese radikalen Ansichten brachten die Partei 1998 an die Macht, die sie aber 2004 völlig überraschend wieder verlor. Es war ihr nicht gelungen, die arme Landbevölkerung an dem allgemeinen Aufschwung teilhaben zu lassen. Die Bauern stürzten die Regierung, ein guter Beweis für die Tatsache, dass Indien wirklich eine funktionierende Demokratie ist. Ob es der BJP gelingen wird, wieder an die Macht zu kommen, ist ungewiss.

1.6.3 Die Kommunistische Partei

Gemeinsam mit anderen linken Parteien stellt sie die dritte große politische Kraft Indiens dar. In Westbengalen (Kolkata!), aber auch in Kerala und Tripura stellen oder stellten sie die Regierung. 1957 war Kerala der erste Staat der Welt, in dem Kommunisten durch freie und demokratische Wahlen an die Macht kamen! Sie erkennen die Machtverhältnisse an und haben es so geschafft, direkt an der Regierungsbildung beteiligt zu sein. Ein gegen die Demokratie gerichtetes Verhalten ist von dieser Seite aus nicht zu befürchten. Es handelt sich um Kommunisten, die der Marktwirtschaft sehr freundschaftlich aufgeschlossen gegenüberstehen.

1.7 Verwaltungseinheiten

1.7.1 Die Bundesstaaten (28) und Unionsterritorien (7)

Name	Hauptstadt	Wichtige Wirtschaftszweige
Andaman and Nicobar Islands	Port Blair	Tourismus
Andhra Pradesh	Hyderabad	Software, Pharmazie, Biotechnologie, zahlr. Rohstoffe
Arunachal Pradesh	Itanagar	Bodenschätze, Landwirtschaft
Assam	Dispur	Tee, Öl
Bihar	Patna	Landwirtschaft
Chandigarh	(Hauptstadt von Punjab und Haryana und Unionsterritorium)	

Name	Hauptstadt	Wichtige Wirtschaftszweige
Chhattisgarh	Raipur	Bodenschätze, Landwirtschaft
Dadra and Nagar Haveli	Silvassa	Landwirtschaft
Daman and Diu	Daman	Landwirtschaft
Unionsterritorium Delhi	New Delhi	Diverse Industriezweige
Goa	Panaji	Rohstoffe, Tourismus
Gujarat	Gandhinagar	Industrie, Diamanten
Haryana	Chandigarh	Landwirtschaft, Industrie
Himachal Pradesh	Shimla	Landwirtschaft
Jammu and Kashmir	Srinagar/Jammu	Landwirtschaft
Jharkhand	Ranchi	Kohle, Stahl, Rohstoffe
Karnataka	Bangalore	Industrie, Software, Rohstoffe
Kerala	Thiruvananthapuram	Tourismus, Gewürze
Lakshadweep	Kavaratti	Fischfang
Madhya Pradesh	Bhopal	Rohstoffe. Industrie
Maharashtra	Mumbai	Industrie
Manipur	Imphal	Landwirtschaft
Meghalaya	Shillong	Landwirtschaft
Mizoram	Aizawl	Landwirtschaft
Nagaland	Kohima	Landwirtschaft
Orissa	Bhubaneshwar	Rohstoffe
Unionsterritorium Puducherry	Puducherry	Industrie
Punjab	Chandigarh	Landwirtschaft, Industrie
Rajasthan	Jaipur	Landwirtschaft
Sikkim	Gangtok	Tourismus, Rohstoffe
Tamil Nadu	Chennai	Industrie, Rohstoffe
Tripura	Agartala	Landwirtschaft
Uttarakhand	Dehradun	Rohstoffe, Landwirtschaft
Uttar Pradesh	Lucknow	Industrie, Rohstoffe
West Bengal	Kolkata	Dienstleistungen, Industrie

1.7.2 Wirtschaftsregionen

1.7.2.1 Überblick

Indien lässt sich aufteilen in wenige große, deutlich differenzierte Regionen mit unterschiedlichen Standortvorteilen.

Der wichtigste Wirtschaftsraum Indiens ist der Großraum Mumbai an der Westküste, der sich im Südosten der Metropole bis Pune erstreckt und im Norden und Nordosten nach Nashik, Baroda und Ahmedabad. Hier liegen die Bundesstaaten Maharashtra und Gujarat.

Der Raum Delhi mit Gurgaon und Noida sowie Faridabad wird als NCR (National Capital Region) bezeichnet.

Zu Zentral- und Südostindien gehört der Raum Hyderabad, Bangalore bis Chennai definiert werden.

Deutlich weniger wichtig, aber dennoch erwähnenswert ist der Raum Kolkata im Osten.

Zukünftig werden der Raum Goa (Westküste) und im Süden auch Kerala an Relevanz gewinnen; gerade der Erstgenannte zeichnet sich bereits jetzt durch sehr gute Investitionsmöglichkeiten und eine vergleichsweise gute Infrastruktur aus. Die Lage an der Westküste liefert aus europäischer Sicht einen entscheidenden logistischen Vorteil gegenüber Chennai an der Ostküste. Die Logistik spielt bei der Entwicklung der bevorzugten Hafenstädte Mumbai, Kolkata oder Chennai die wichtigste Rolle, während im Softwaresektor auch Binnenstädte wie Hyderabad und Bangalore in Frage kamen und sich entsprechend positionieren konnten. Das gesamte Binnenland ist überwiegend wenig entwickelt bis bitterarm (Bihar).

1.7.2.2 Metropolis Concept

Im Jahr 1950 lebten etwa 29 Prozent der Weltbevölkerung in Städten; 2030 werden es nach Angaben der Vereinten Nationen 60 Prozent (der dann 8,2 Milliarden Menschen) sein. Indien besitzt sieben Städte mit einer Bevölkerungszahl über vier Millionen und 35 Millionenstädte. Die Landflucht hält an; die Städte sind völlig überlastet; die UN klassifizieren 40 Prozent der indischen Stadtbevölkerung als arm. Im Dezember 2005 wurde von Premier Singh ein gigantisches Projekt zur Unterstützung der Städte ins Leben gerufen. 28 Milliarden US-Dollar sollen hierfür in 63 Städten verwendet werden. Hyderabad schuf als erste

Stadt ein neues Stadtzentrum, riss alte Gebäude ab und sorgte dafür, dass die Bettler aus dem Straßenbild verschwanden. Andere Städte folgen; die Botschaft, dass Indien nur mit funktionierenden Städten wirtschaftlich erfolgreich sein kann, ist angekommen. Aber eine Herkulesaufgabe liegt vor den Verantwortlichen. 97 Prozent der Bevölkerung Mumbais atmen eine Luft, die nicht den Standards der Weltgesundheitsorganisation genügt.

1.7.2.3 Megacities: Mumbai, Delhi, Kolkata

Definiert man Städte mit mehr als 10 Millionen Einwohnern als Megacities, so liegen von den wohl zwanzig, die es auf der Welt gibt, drei in Indien. Faszinierend doch, erschreckend in ihrer gnadenlosen Armut, ihrem Chaos – aber auch Hoffnungsträger des modernen Indien. Und dennoch: Nur 30 Prozent der indischen Bevölkerung leben in den Städten; der Urbanisierungsgrad ist daher signifikant niedriger als in China (45 Prozent) oder Afrika (40 Prozent). Dennoch hat dieses Land, in dem also 70 Prozent der Menschen auf dem Land leben, drei der größten Städte der Welt hervorgebracht!

Großraum Mumbai

Die Vorteile des westlichen Wirtschaftsraumes um Mumbai sind evident. Hierzu zählen:

- beste Infrastruktur Indiens,
- überdurchschnittlich viel gut ausgebildetes Personal verfügbar,
- primäres Ziel des FDI (Foreign Direct Investment),
- gute englische Sprachkenntnisse in weiten Bevölkerungskreisen,
- hervorragende Anbindung an internationale Wirtschaftsströme.

Auch Nachteile sind zu erkennen:

- bereits jetzt hohe Standortkosten,
- weniger gutes Investitionsklima als in Südindien.

Mumbai (Bombay)

Im Jahr 1534 kamen die Portugiesen aus Goa zu dieser Gruppe von sieben Inseln, die sich um eine Lagune erstreckten. Sie befanden, es sei eine „gute Bucht" (port.: „bom bahia") und errichteten einen Flottenstützpunkt. 1665 erhielten die Briten die Inselgruppe als Hochzeitsgeschenk: Charles II. heiratete die portugiesische Infantin Donna Catharina, die Mitgift wurde nun englisch ausgesprochen („Bombay") und erlebte mit der Verpachtung an die British East India Company (EIC) einen ungeahnten Aufschwung. Dass die Stadt seit 1995 Mumbai heißt, ist den hindunationalistischen Bewegungen zu verdanken, die, alles Ausländische verwerfend, den lokalen Ausdruck für eine Schutzgöttin (in der Sprache Marathi: Mumba Ai) präferierten und auch durchsetzten.

Die EIC verlegte ihren Firmensitz in das strategisch bessere Bombay und machte sich daran, Indien wirtschaftlich zu erobern. Der Aufstieg Bombays zur bedeutendsten Wirtschaftsmetropole Indiens war nicht aufzuhalten; Einwanderer aus ganz Asien und dem Vorderen Orient brachten ihr Wissen und ihre Fähigkeiten mit; Händler aus dem Gujarat (einer nordwestlich gelegenen Provinz) kamen nach Bombay und wurden rasch zur bestimmenden Macht. Noch heute ist Gujarati die in Kaufmannskreisen übliche Sprache.

Die sieben Inseln wuchsen durch Landgewinnungsmaßnahmen schnell zu einer Halbinsel zusammen. Heute zählt die Stadt, seit 1960 Hauptstadt des Bundesstaates Maharashtra, ca. 18 Millionen Einwohner; geschätzte 9 Millionen leben in den etwa 1 200 sogenannten Slums. Spätestens seit der neuen Wirtschaftspolitik zu Beginn der neunziger Jahre wächst Bombay mit den umliegenden Städten Pune im Südwesten und bis Ahmedabad im Norden zum wichtigsten Wirtschaftsraum Indiens heran. Der 120 Kilometer lange Korridor, durch den man in drei Stunden Fahrt auf dem National Highway die Stadt Pune erreichen kann, wird zum IT-Schwerpunkt ausgebaut; der neue Flughafen wird entlang dieser Strecke entstehen, und die Stadtverwaltung geht davon aus, dass die beiden Städte langfristig zusammenwachsen. Wohnraum ist schon jetzt unerschwinglich teuer; Preise von vier Lakh (400 000 IR, also 2007 etwa 8 000 Euro) je Quadratmeter sind nicht nur in guten Lagen üblich. Es wohnen daher nicht nur die Ärmsten der Armen in den Slums, sondern durchaus auch Verdiener geringer Einkommen, die ihre Kinder zur Schule schicken und einer geregelten Arbeit nachgehen, sich aber keine Wohnung leisten können.

Bombay kommt daher durch seine einzigartige Lage mit einem geschützten Hafen (Delhi liegt verkehrstechnisch ungünstig) und die schnelle Erreichbarkeit von Europa aus (Vorteil gegenüber Kolkata), in Verbindung mit einer großen Händlerschicht und sehr vielen im Ausland lebenden Indern (Non Resident Indians, NRI), die ihr Geld in dieser Stadt investieren, eine Vorreiterrolle in der zukünftigen Entwicklung Indiens zu. Die Bombay Stock Exchange ist die maßgebliche Börse des Landes; die meisten indischen Konzerne präferieren diesen Standort gegenüber Delhi oder Bangalore; die Filmindustrie Bollywoods expandiert in die ganze Welt; aber auch die starken hindunationalistischen Strömungen der Shiv Sena oder der BJP gehen von hier aus.

Eine große Chance zur Stadtreform bestand, als vor einigen Jahren ein riesiges Gebiet in bester Lage, ein verlassener Fabrikkomplex, zum Verkauf stand. Statt jedoch die Chance zu ergreifen und ein umfassendes Konzept zur Schaffung günstigen Wohnraumes in Angriff zu nehmen, wurde das Areal Investoren übergeben, die große Einkaufszentren und Luxushotels planen. Bombay wird im Jahr 2020 vermutlich fast 30 Millionen Einwohner haben; der Traum des Premiers Singh, Bombay müsse sich in eine Stadt wie Shanghai verwandeln, scheint unerreichbar.

Weitere relevante Standorte

Ganz in der Nähe von Dharavi liegt die Bandra-Kurla Economic Zone. Im Zuge der Schaffung zahlreicher Special Economic Zones, vergleichbar dem chinesischen Vorbild, sollen sich hier die Büroräume multinationaler Unternehmen ansiedeln. Erwähnenswert sind noch New Bombay, eine auf dem Reißbrett künstlich geplante Stadt, die bereits zur Millionenstadt heranwuchs, sowie Thane, ebenfalls eine eigene Stadt, die aber de facto mit Bombay zusammengewachsen ist.

Neben Bombay entwickelt sich auch Pune zunehmend zu einem bevorzugten Ziel ausländischer Investitionen. Automobilhersteller (OEM) wie VW, Daimler und General Motors wie auch Zulieferer (u. a. Bosch) haben sich hier etabliert und ziehen weitere Investoren nach. Der neue Highway verbindet Pune mit Mumbai; ein geplanter neuer Flughafen wird zwischen beiden Metropolen gebaut, um die zusammenwachsenden Städte zu bedienen. Pune hat ca. 4 Millionen Einwohner und richtet sich durch spezielle Gewerbeparks direkt an ausländische Investoren. An den zahlreichen lokalen Bildungsstätten finden sich recht gut ausgebildete Fachkräfte. Neben der Nähe zu Bombay ist es vor allem dieser Faktor, der für Pune spricht. In naher Zukunft wird sich die Attraktivität Punes noch verstärken.

Nördlich von Bombay liegen im Bundesstaat Gujarat einige interessante Standorte. Zu nennen sind primär Baroda (Vadodara) und Ahmedabad sowie der Seehafen Kandla. Gujarat gehört zu den wohlhabenden indischen Bundesstaaten. Die Anbindung an Bombay ist über den Highway für indische Verhältnisse sehr gut. In Anbetracht der völligen Überlastung Bombays gewinnen diese Städte zunehmend an Relevanz; allerdings sind in wirtschaftlicher Hinsicht ebenso wie unter dem Aspekt „qualifizierte Arbeitnehmer" deutliche Abstriche zu machen.

Großraum Delhi

Neben dem Wirtschaftsraum um Bombay ist vor allem die sogenannte NCR (National Capital Region), also die Region um die Hauptstadt New Delhi, darzustellen. Neben der eigentlichen Stadt Delhi gehören noch Regionen aus den Bundesstaaten Rajastan, Haryana und Uttar Pradesh dazu. Die Vorteile sind evident:

- Nähe zu den politischen Machtzentren,
- zu den damit einhergehenden öffentlichen Aufträgen,
- die Chance, Einfluss auf eine Verbesserung der Infrastruktur und
- der Investitionsmöglichkeiten zu nehmen.

Auch die Nachteile sind für jeden, der diese Region schon bereist hat, offensichtlich:

- noch ist die Infrastruktur unterentwickelt,
- die Arbeitseinstellung entspricht nicht der des Südens,
- gerade die Nähe zur Politik begünstigt die Korruption.

Hinzu kommt die Tatsache, dass im Gegensatz zu Maharashtra hier vier politische Einheiten zusammenarbeiten müssten, was in der Praxis zu administrativen wie steuerungspolitischen Komplikationen führt. Jeglicher Fortschritt wird somit weiter verzögert, da kein einheitliches Konzept für den Großraum Delhi implementiert werden kann.

Delhi

Der Großraum Delhi war schon immer ein bedeutender Siedlungsraum Nordindiens. In der Mogulzeit des 17. Jahrhunderts erhielt die Stadt die Funktion einer Residenzstadt; mit der Ankunft der Briten im 19. Jahrhundert und der Vertreibung der Moguln versank Delhi in die wirtschaftliche Bedeutungslosigkeit. 1911 schließlich verkündete der britische König George V. anlässlich seiner Krönungsfeierlichkeiten, Delhi anstelle von Kolkata zur Hauptstadt Indiens ernennen zu wollen. Der Aufstieg zur Weltstadt begann; die ganze Stadt wurde neu geplant (New Delhi), prächtige Boulevards und Villenviertel entstanden. Und dennoch, das noch heute allgegenwärtige infrastrukturelle Chaos, das seltsam zersiedelt anmutende Stadtbild stammen aus dieser Zeit, in der ohne einen Masterplan zur Stadtentwicklung die Folgen der Teilung Indiens mit allen Konsequenzen (Hunderttausende flohen von West nach Ost und vice versa) auch Delhi trafen. Heute wuchert die Stadt (14 Millionen Einw.) unkontrolliert in alle Richtungen; für die Zukunft wird ein Großraum von ca. 50 Millionen Menschen und 100 Kilometer Durchmesser avisiert.

Im Jahr 2010 werden die Commonwealth-Spiele hier abgehalten; man spekuliert auf die Olympiade 2016. Ambitionierte Projekte also, die mit konkreten Maßnahmen angegangen werden. New Delhi ist eine weitgehende grüne Stadt ohne Slums, in der die Hütten der Armen gewaltsam entfernt wurden. Die Metro (außer in Delhi gibt es in Bombay, Kolkata und Chennai innerstädtische Eisenbahnverbindungen) funktioniert, ist sauber und sogar rentabel. Die Transportkapazitäten werden auf eine Million Passagiere täglich erweitert.

Delhi ist der Sitz sämtlicher Regierungsstellen, Ministerien etc. Wenn es auch bei weitem nicht die Attraktivität Bombays aufweist, so ist es dennoch seit Mitte des 20. Jahrhunderts ein wichtiger Wirtschaftsraum geworden. Vor allem die unten beschriebene Umgebung Delhis wird zunehmend relevant.

Gurgaon, Faridabad und Noida

Diese haben sich inzwischen zu bevorzugten Alternativstandorten für indische wie ausländische Investoren entwickelt. Mit besserer, zumindest jedoch gleichwertiger Infrastruktur verglichen mit Delhi, besseren Investitionsmöglichkeiten, besserer Luft (allerdings nur relativ zu Delhi) und einigen bekannten Namen gewinnen sie an Attraktivität. Bedeutende amerikanische wie europäische Unternehmen zieht es nach Noida und Gurgaon, auch SAP (Gurgaon).

Kolkata

Die im Jahre 1600 gegründete East India Company dehnte ihre Macht rasch über den Subkontinent aus; nach Madras (1640) und Bombay (1667) wurden 1690 drei Dörfer (eines hieß Kalikata) am Ufer des Hugli, eines Nebenflusses des Ganges, erworben. Ab 1779 war Kalkutta die Hauptstadt der britischen Kolonialregierung und blieb es bis 1911; die Stadt galt bald als eine blühende Kultur- und Handelsmetropole. Ihr Reichtum gründete sich auf den Handel mit Textilien, Gewürzen, vor allem aber auch Opium, das von hier aus nach China „exportiert" wurde. Die Infrastruktur wurde zielstrebig ausgebaut; schon 1896 fuhren die ersten Autos in Kalkutta. 1857 wurde die Calcutta University gegründet. Der Aufstieg der Stadt zur Kulturmetropole folgte.

Gilt der Name Kalkutta in Europa heute auch als Inbegriff der Armut und des Elends (vgl. „Stadt der Freude“ im Literaturverzeichnis), so entspricht dies doch in keiner Weise dem, was die Stadt 200 Jahre tatsächlich repräsentierte. Heute ist die 14-Millionen-Metropole auf dem Weg zu einem IT-Zentrum; die kommunistische Regierung von Westbengalen, dessen Hauptstadt Kalkutta (heute Kolkata) ist, möchte diese Stadt zu einem zweiten Bangalore entwickeln. Die Stadt hat gegenüber Bombay und Delhi jedoch an wirtschaftlicher Relevanz verloren; sie ist vor allem als Kulturhauptstadt Indiens berühmt geworden. Die wichtigsten Nachteile sind:

- katastrophale Infrastruktur,
- schlechtes Image (Inbegriff der Armut),
- kommunistischer Chief Minister (Ministerpräsident).

Als Vorteile kann man nur den ehemaligen Reichtum und den ehemaligen Glanz aufführen; der Absatzmarkt ist mit der Trennung von Ostbengalen (Bangladesh) geschrumpft; die umgebenden Staaten Orissa, Bihar und der gesamte Nordosten gehören zu den mit Abstand ärmsten Regionen Indiens: Kolkata wird sich anstrengen müssen, den Anschluss an Bombay und Delhi wiederzugewinnen.

1.7.2.4 Der Süden: Der Wirtschaftsraum Karnataka (Bangalore), Hyderabad und Tamil Nadu

Südindien, hierzu zählen die Bundesstaaten Karnataka, Tamil Nadu, Kerala, Andra Pradesh und Pondicherry, steht kulturhistorisch in keiner Verbindung zu Nordindien. Eine eigene Kultur, die sogenannte dravidische Kultur, deren Sprachen Tamil, Kanada etc. nicht mit den indogermanischen Sprachen verwandt sind, ist unabhängig vom Norden entstanden. Äußerlich erkennt man die Bewohner Südindiens an ihrer dunkleren Hautfarbe, oftmals auch am kleineren Körperwuchs.

In den genannten Staaten sind es vor allem die Städte Bangalore, Hyderabad und Chennai, die seit Anfang der neunziger Jahre zunehmend wirtschaftlich relevant werden. Während Bangalore als IT-Zentrum weltweit für Beachtung sorgte, ist Chennai vor allem als Standort der Automobilindustrie wichtig geworden. Hyderabad hat frühzeitig mit Reformen begonnen, die u. a. eine für Indien geradezu untypische Sauberkeit auf den Straßen der Innenstadt bewirkten; in Anbetracht der exorbitanten Hotelpreise Bangalores bevorzugen viele Reisende es, in Hyderabad zu nächtigen und morgens in die IT-Metropole zu fliegen.

Bangalore, von den Briten als Militärstützpunkt wie auch – es liegt auf ca. 900 Metern Höhe – als Sommerresidenz genutzt, hat sich sehr schnell zum „Silicon Valley“ Indiens entwickelt; die Gründe hierfür werden weiter unten ausgeführt. Neben der SAP haben hier weitere westliche, aber auch indische Softwareunternehmen ihren Sitz.

Chennai gilt als die Autostadt Indiens; ca. 40 Prozent der indischen Autoproduktion stammen aus dem ehemaligen Madras. Neben BMW haben sich hier zahlreiche ausländische Automobilhersteller niedergelassen, und auch deutsche Zulieferer folgen. In jüngster Zeit wächst Chennai außerdem zu einem neuen IT-Zentrum heran. Die Lage an der östlichen Koromandelküste macht Chennai für die Verkehrsanbindung nach Ostasien besonders interessant.

2. Historischer Überblick

Zu einem grundlegenden Verständnis von Indien gehört das Wissen über die historischen Entwicklungen, um Aktuelles, aber auch religiöse und politische Zusammenhänge zu begreifen. Inder (und damit Ihre Geschäftspartner!) sind sich ihrer Geschichte sehr bewusst. Geschichte ist in Indien allgegenwärtig, von den Anfängen des Maurya-Reiches über die Mogul-Herrscher bis zum British Empire („Raj", das Hindi-Wort für „Herrschaft"). Sie begegnet uns in den bestaunten Kunstschätzen, den Tempeln, aber ebenso im täglichen Straßenbild: Wieso sehen wir so viele Muslime im hinduistischen Indien? In welchen Bereichen sind die Traditionen des „Raj" noch immer lebendig? Was verdanken die Inder den Briten? Wieso ist das berühmteste Bauwerk Indiens, der Taj Mahal, offensichtlich islamischen Stils?

Betrachtet man eine aktuelle politische Karte Indiens, so fällt die starke Zergliederung in Bundesstaaten auf. Indien war nie ein Einheitsreich wie China, das schon vor 2 000 Jahren eine starke Zentralmacht schuf und Maße und Gewichte ebenso vereinheitlichte wie die Wagenspur. Indien bestand aus zahlreichen einzelnen Staaten, beherrscht von Maharadschas („großen Königen"), die teils über Territorien von der Größe heutiger europäischer Staaten regierten, teils über winzige Fürstentümer. Sie waren unabhängig, militärisch ausgerüstet und weitgehend desinteressiert an den anderen Staaten. Feindliche Eroberer hatten daher, auch hier wieder der Gegensatz zu China, nicht gegen ein großes, geeintes Reich zu kämpfen, sondern die ungleich leichtere Aufgabe, einzelne Lokalherrscher zu besiegen (oder zu kaufen) und so bereits Machtansprüche zu festigen. Es war also gewissermaßen „leichter", Indien zu erobern als China. Und dies geschah denn auch.

2.1 Von den Anfängen bis zum British Empire

Vermutlich bis 5 000 Jahre vor unserer Zeitrechnung reichen Zeugnisse menschlicher Behausungen zurück, die im Gebiet des Indus-Flusses (heutiges Pakistan) gefunden wurden. Viel später, etwa um 1500 v. Chr., wanderten Stämme aus Vorderasien ein, die sich selbst die „Edlen" („Arya", daher „Arier") nannten; in der Eroberung Nordindiens und der Unterwerfung der Bevölkerung (Überlegenheit durch Reiterheere, die Indien nicht besaß) entstand die sogenannte Vedische

Kultur. Wohlgemerkt im Norden; da diese Eroberer nie bis in den fernen Süden vordrangen, sind die Unterschiede der die jeweiligen Regionen bewohnenden Menschen bis heute evident. Auch der äußerste Osten, das heutige Bihar und Westbengalen, wurde nicht erobert, da diese Region als „unrein" galt; dort entstanden später eigene Großreiche sowie die „Gegenreligionen" Buddhismus und Jainismus.

Die Veden, erste Zeugnisse der indischen Literatur, gaben dieser Epoche ihren Namen. Vermutlich bildeten sich gegen Ende der Vedischen Zeit die ersten Ansätze des Kastenwesens, das die Brahmanen (Priester), die Krieger, die Händler und Bauern und schließlich die Diener unterschied.

Im 5. Jahrhundert v. Chr. entstanden im Osten zwei bedeutende Strömungen; neben Siddharta Gautama, der später den Ehrennamen Buddha erhielt und die zunächst bedeutendste indische Religion begründete, nahm auch der Jainismus hier seinen Anfang (s. Kap. Religionen). Buddha wurde im damaligen Königreich Magadha geboren; dies war das selbst im Westen Indiens kaum bekannte Reich, das Alexander der Große auf seinem Indienfeldzug (326 v. Chr.) zu erobern gedachte. Indien wurde damals auch das heutige Ost-Afghanistan genannt; von dort bis ins heutige Bihar im Osten war es auch für Alexanders Männer zu weit. Sein Ziel erreichte er somit nie. Das Königreich Magadha erlebte unter dem berühmten König Ashoka (268-232 v. Chr.) eine herausragende kulturelle Blütezeit. Das Maurya-Reich, wie es genannt wurde, war das größte Staatswesen, das Indien je erleben sollte: Es erstreckte sich von Bihar im Nordosten bis zur äußersten Spitze des Subkontinents im Süden und bis Pakistan und Afghanistan im Westen (wenn auch die tatsächliche Kontrolle sich eher auf das indische Kernland beschränkte). Ashoka selbst konvertierte, nachdem er mit großer Brutalität die Macht errungen hatte, zum Buddhismus und schuf das erste Staatswesen der Welt, das buddhistische Prinzipien wie soziale Wohlfahrt und Gewaltverzicht zur Grundlage des Staates erhob.

Nach Ashokas Tod zerfiel das riesige Reich in kleinere, unbedeutende Staaten; erst ab dem 3. nachchristlichen Jahrhundert gewinnt mit der Gupta-Dynastie wieder eine nordindische Macht an Bedeutung. Buddhismus und auch Hinduismus wurden gefördert; im 5. Jahrhundert wurde mit Nalanda in Bihar die wohl größte Lehrstätte der Antike gegründet: 10 000 Studenten aus ganz Asien, 1 000 Lehrer und 9 Millionen Bücher (!) soll sie umfasst haben.

Das indische Mittelalter, wenn man den Begriff verwenden will, beginnt mit dem Einfall der Hunnen im 6. Jahrhundert; der Buddhismus verlor an Einfluss, u. a. weil der Unterhalt der Klöster sehr kostspielig war bzw. die Klöster von den Hunnen zerstört wurden. Zahlreiche kleinere Reiche wechselten sich ab; ein Großreich entstand erst im 13. Jahrhundert mit dem Sultanat von Delhi. Die

Muslime waren von Nordwesten kommend schon im 12. Jahrhundert in Indien eingefallen; nach militärischen Siegen gelang es ihnen, von Delhi aus fast ganz Indien zu regieren. Die stark kontrastierenden Wertesysteme des Islam und des Hinduismus prallten aufeinander; erst nach vielen Schwierigkeiten konnte eine Synthese aus diesen so verschiedenen Kulturen gelingen. Die Blütezeit islamischer Herrschaft wurde zwischen dem 16. und dem 19. Jahrhundert unter der Mogul-Herrschaft erreicht.

Der Ausdruck „Mogul“ leitet sich vom indoiranischen Wort für „Mongolen“ ab; diese Herrscher hatten persische wie auch mongolische Vorfahren. Vom Nordwesten kommend, brachten sie nach und nach Nordindien und später auch den Süden in ihre Gewalt; allerdings war ihre Macht im Süden stets eher nominell denn wirklich gefestigt. Ihre militärtechnische Überlegenheit gründete auf der Beherrschung der Feldartillerie. Herrliche Bauwerke wie den Taj Mahal (Mausoleum des Großmoguls Shah Jahan für seine 1631 verstorbene Hauptfrau Mumtaz Mahal), die Stadt Fatehpur Sikri oder auch das Rote Fort in Agra verdanken die Inder den Moguln, die, mit Delhi als Hauptstadt, dennoch stets Mühe hatten, ihren Einfluss zu sichern. Weitere Einfälle aus dem Nordwesten, Aufstände im Süden, kleine Staaten mit Rajas oder Maharajas – Indien war eben kein einheitliches Reich, das, einmal erobert, nur noch verwaltet werden musste.

Im 16. Jahrhundert begonnen, unter Akbar zur Blüte gelangt, hatte die Macht der Moguln schon im 18. Jahrhundert ihren Zenit überschritten; die ständigen Kriege und das Niederschlagen der Aufstände begannen die Staatskasse zu strapazieren. Auch darf die religiöse Komponente nicht vergessen werden. Gelang es zunächst, Hindus in die Verwaltung einzubeziehen und so das Risiko eines Aufstandes oder einer Abspaltung hinduistischer Provinzen zu minimieren, so wurden im 18. Jahrhundert gewisse Privilegien der Hindus wieder zurückgenommen, gemischte Ehen wieder verboten und somit Konfliktpotenziale geschaffen. Der zunehmende Einfluss der Briten, zunächst mittels der East India Company, kam hinzu. Immer mehr Regionen und Provinzen waren de facto nicht mehr unter der Herrschaft der Moguln; 1857 war das Mogulreich schließlich am Ende, als Indien völlig durch die Briten (Niederschlagung des Sepoy-Aufstandes) vereinnahmt wurde.

2.2 Das British Empire und Indien

2.2.1 Die East-India Company

Wenig bekannt ist, dass Indien im 17. und 18. Jahrhundert weniger von der britischen Krone regiert als vielmehr von der East India Company (EIC) kontrolliert wurde. Dies verwundert umso mehr, wenn man weiß, dass das Mogulreich etwa 150 Millionen Einwohner hatte, Großbritannien aber nur ca. 5 Millionen! Die Tatsache, dass diese an sich private Handelsgesellschaft, die aber über eigene militärische und ebenso ausgeklügelte Verwaltungsstrukturen verfügte, sich wesentlich stärker um die Geldvermehrung ihrer Eigentümer als um die Entwicklung des Landes kümmerte, wirkt bis heute nach. Die Kolonialzeit wird nicht zuletzt wegen dieser 150 Jahre währenden Ausbeutung als Joch im geschichtlichen Bewusstsein empfunden. Indien hat unter diesem Regime gleichermaßen profitiert wie auch stark gelitten.

Im Jahre 1600 in London gegründet, begann die EIC als gewöhnliche Handelsgesellschaft, deren Investoren am Gewinn beteiligt waren. Nach der Niederländischen Indiengesellschaft war die EIC die zweite Aktiengesellschaft der Welt. Die Königin hatte den Kaufleuten zunächst für 15 Jahre das Recht eingeräumt, zwischen dem Kap der Guten Hoffnung und der Magellanstraße Geschäfte zu machen. Ab 1612 war die EIC an der indischen Westküste aktiv, 30 Jahre später auch in Madras und in Westbengalen an der Ostküste. Ihr gelang es, Niederlassungen in Surat (1612), Madras (1639), Bombay (1668) und Kolkata zu gründen. Schließlich erhielt sie sogar das Recht, eigene Münzen zu prägen und die Militärgerichtsbarkeit in Indien auszuüben!

Es war daher genau genommen nicht Großbritannien, das Indien eroberte, sondern die EIC tat dies im Auftrag und für das Mutterland: Dies hatte u. a. den Vorteil, dass illegale Geschäfte – wie der florierende Opiumhandel mit China – von der EIC ausgeführt werden konnten, was der Weltmacht Großbritannien nicht möglich gewesen wäre. Bengalisches Opium wurde den Chinesen gegen Silber verkauft, was nicht nur ein lukratives Geschäft war, sondern auch, als die Chinesen diesen Handel einzustellen drohten, über den Opiumkrieg zur Einverleibung Hongkongs in die britische Krone führte. Hongkong selbst führt seine Ursprünge ebenso wie Singapur auf eine Gründung der EIC zurück (die u. a. auch die Insel St. Helena mit ihrem berühmten gefangenen Napoléon kontrollierte!).

Die EIC handelte primär mit Tee (und legte große Plantagen in Indien an), Seide, Gewürzen und vor allem Baumwolle. Die französische Konkurrenz wurde im 18. Jahrhundert aus Indien vertrieben; die EIC besaß ein Handelsmonopol. Die bengalische Baumwolle war die feinste der Welt und entsprechend begehrt in Großbritannien. Der Import wurde jedoch zu teuer; man begann, selbst Tuch zu weben und zu spinnen – in Großbritannien nahm die industrielle Revolution ihren Lauf. Da nicht ausreichend Arbeiter zur Verfügung standen, um die Nachfrage zu decken (man lieferte zwischenzeitlich die bedruckte Baumwolle wieder nach Indien!), mussten technisch weiterentwickelte Maschinen eingesetzt bzw. erst erfunden werden. In Indien mit seinem Überschuss an billigen Arbeitskräften mussten keine Maschinen erfunden werden; hier fand keine industrielle Revolution statt. Die indische Wirtschaft, die durchaus gut funktioniert hatte und mit dem Zustrom der Ausländer weiter profitierte, litt zunehmend unter der Besatzung, deren Interesse es gar nicht war, Indien wirtschaftlich zu entwickeln.

Hinzu kam die typisch britische Sichtweise der Überlegenheit über die Einheimischen. Inder wurden für nicht fähig gehalten, anspruchsvolle Tätigkeiten zu verrichten; aufgrund ihrer Produktionsweise waren sie nach ausländischer Lesart „zu ewigem Stillstand verdammt", wie Karl Marx es ausdrückte. Von Lord Macaulay stammt gegen Mitte des 19. Jahrhundert der Satz, die ganze orientalische Literatur sei nicht so viel wert wie die Bücher eines einzigen Regals einer europäischen Bibliothek! Als die Inder zunehmend begannen, Englisch zu lernen und sich auch in gebildete Anwaltskreise vorarbeiteten, wurde dies nicht als Bedrohung gesehen.

Die EIC war somit de facto Herrscher über große Teile Indiens mit allen von der britischen Regierung hierfür erteilten Machtbefugnissen. Mitte des 18. Jahrhundert erreichte diese Macht ihren Zenit; ihr Einfluss reichte bis nach Singapur und Hongkong und ca. ein Fünftel der damaligen Weltbevölkerung unterstand ihrem Herrschaftsbereich! Andererseits musste die EIC zunehmend mit Aufständen fertig werden, weshalb die britische Krone ihr nach und nach Kompetenzen entzog und selbst die Kontrolle übernahm.

In den Diensten der EIC standen viele indische Söldner, die aber mit ihrer Behandlung durch junge und in Indien unerfahrene Vorgesetzte sehr unzufrieden waren. Als man sie schließlich zwang, mit Tierfett eingeriebene Patronenhülsen zu verwenden (die vor dem Gebrauch abzubeißen waren, was für Hindus wie Muslime gleichermaßen inakzeptabel war, da man die Herkunft des Fettes nicht kannte), kam es 1857 zu einem Aufstand, der sich rasch über weite Teile des Landes verbreitete und von den noch herrschenden Moguln unterstützt wurde. Mit Hilfe der Sikhs gelang es den Aufstand niederzuschlagen. Die EIC jedoch hatte ihren Machtanspruch endgültig verwirkt und wurde 1858 aufgelöst. Die britische Krone übernahm formell die Herrschaft über Indien.

In der Vorstellung vieler Zeitgenossen war ganz Indien britisch besetzt, was jedoch nicht der Fall war. Auch wenn die britische Kontrolle sukzessive ausgebaut wurde, so beruhte sie doch im Wesentlichen auf einer geschickten Politik des „im Amt Belassens“ bestimmter regionaler Könige, die ihrerseits tributpflichtig gegenüber der Krone waren. Vielfach waren diese dann Marionetten britischer Machtpolitik. Der Vorwand einer „Pax Britannica“ um 1815 bescherte auch keinen „friedvollen Kolonialismus“, sondern stellte lediglich eine politische Fassade für wirtschaftsliberale Interessen und weitere Expansion dar.

Nun übernahm Königin Victoria die Macht. Sie selbst wurde Kaiserin, der bisherige Generalgouverneur wurde zum Vizekönig von Indien ernannt; Victoria lernte sogar Hindi! Nach wie vor war es jedoch für Inder fast unmöglich, in den „Indian Civil Service“, den Beamtendienst, einzutreten. Bürokratische Hürden hinderten sie daran, das ihnen prinzipiell zustehende Recht wahrzunehmen. Unmut über die britische Herrschaft machte sich zunehmend breit; die Ausbeutung der indischen Wirtschaft durch die Besatzer wurde nun auch von der indischen Bildungsschicht, die eine britische Ausbildung genossen hatte, kritisiert.

Die unterschiedlichen Strömungen kamen im sogenannten Nationalkongress (All-India National Congress) zusammen; 1885 fand die erste Sitzung in Bombay statt. Aber auch der Kongress sprach keineswegs mit einer Stimme; während die Nationalisten der Meinung waren, mittels britisch-indischer Gesetze einen unabhängigen Staat zu formen, meinten ihre Gegenspieler, man müsse Indien nur von seinen Besatzern befreien, um zu einer starken Nation zu gelangen. Es ging im Kern also um die Frage, wie weit die Kooperation mit den Briten zu unterstützen sei. Als Lord Curzon dann die riesige Provinz Bengalen in eine westliche und eine östliche Hälfte teilte (die ziemlich genau dem späteren Bangladesh entsprach), führte diese eindeutig religiös intendierte Teilung zu weiteren Protesten. Britische Waren wurden boykottiert (Boykotte spielten auch unter Gandhi immer eine wichtige Rolle); „swadeshi“ war das Zauberwort: Der Kauf im eigenen Land gefertigter Produkte.

Auch eine Verfassungsreform konnte die sich abzeichnenden Konflikte zwischen den Angehörigen des Kongresses nicht lösen. Die britische Regierung zeichnete sich zunehmend durch falsche oder hilflose Entscheidungen aus; man war zunächst froh, wenn in Indien einigermaßen Ruhe herrschte. Im Jahre 1891 begab sich König George V. nach Indien; die unglückliche Teilung Bengalens wurde bei dieser Gelegenheit rückgängig gemacht und die Hauptstadt von Kalkutta nach Delhi verlegt.

Immer stärker wurde auch der Gegensatz zwischen den Vertretern der Hindus und der indischen Muslime. Mohammed Ali Jinnah war zum Führer der Muslim Liga aufgestiegen; er verstand sich als Vertreter aller Muslime in Indien. Sein

Gegenspieler wurde zu Beginn der zwanziger Jahre des 20. Jahrhundert Mohandas Karamchand Gandhi, der später auch als „Mahatma", als „Große Seele", bezeichnet wurde.

2.2.2 Gandhi und die Teilung

Gandhi war Anwalt wie Jinnah. Er hatte seine Ausbildung in Großbritannien erhalten und war dann für ein Mandat nach Südafrika gesandt worden. Dort machte er sich als Vertreter der diskriminierten indischen Minderheit einen Namen; verschiedene persönliche Erlebnisse führten zu dem Entschluss, seinen Anwaltsberuf aufzugeben und sich zukünftig die Anliegen der Unterdrückten zu eigen zu machen. 1915 kehrte er nach Indien zurück; anerkannt im Nationalkongress, begann er rasch, seine Ideen eines friedlichen Widerstandes bzw. zunächst einer „Nichtzusammenarbeit" publik zu machen. Dabei hatte er keineswegs alle Inder hinter sich; gerade die gebildete Schicht konnte mit vielem, was er propagierte (so seine prinzipielle Auseinandersetzung mit den Werten westlicher Zivilisation), zunächst nichts anfangen. Auch mit Jinnah kam es nicht zu einer konstruktiven Zusammenarbeit, die der Sache beider ja zuträglich gewesen wäre.

Die Situation eskalierte, als die Briten ein Massaker unter Unschuldigen anrichteten, die sich im Zusammenhang mit Demonstrationen gegen ein ungeliebtes Gesetz versammelt hatten. Mehrere Hundert Menschen starben vermutlich, als man in Amritsar auf die Menschenmenge schoss. Gandhi reagierte mit einem Aufruf zum Boykott nicht nur britischer Produkte, sondern auch der Universitäten und anderer staatlicher Einrichtungen; er ging sogar so weit, das persönliche Spinnen der eigenen Kleidung zu propagieren, um von britischen Waren unabhängig zu sein. Stets war er nun mit einem Spinnrad anzutreffen; dies sollte rasch zu einer Art Markenzeichen werden.

Gandhi gewann das Vertrauen des Indischen Nationalkongresses; man traute ihm die Autorität und Diplomatie zu, die nun erforderlich sein würden. Immer wieder war er es, der Kampagnen zum bürgerlichen Ungehorsam initiierte oder anführte. Berühmt wurde sein „Salzmarsch": Zu den ungerechten Maßnahmen, die die Briten eingeführt hatten, gehörte die Abführung einer Salzsteuer. Indern war es verboten, selbst Salz zu erzeugen bzw. auch nur aufzuheben. Salz ist aber lebenswichtig; gerade die Armen waren besonders hart betroffen. Gandhi führte im April 1930 einen legendär gewordenen Marsch zur Westküste durch, bei dem er, von Tausenden von Anhängern gefolgt und umjubelt, das Salzmonopol der Briten brach, indem er ein paar Salzkrümel vom Strand auflas. Deutlich führte er der versammelten – auch internationalen – Presse die Absurdität des Verbotes vor.

Gandhi hätte durch solch symbolische Taten zwar kurzfristig Aufmerksamkeit erregen, letztlich den Briten jedoch nicht nachhaltig Schaden zufügen können. Die zeitlichen Umstände kamen ihm zu Hilfe; die indischen Bauern, durch die sich anbahnende Weltwirtschaftskrise unverschuldet in Not geraten, hörten auf ihn. So war auch den britischen Machthabern daran gelegen, Gandhi als Verhandlungspartner zu gewinnen. Und so kam es, dass der „halbnackte Fakir", wie Churchill ihn verächtlich nannte, auf Augenhöhe mit dem Vizekönig verhandelte. Die Kampagnen wurden einstweilen gestoppt.

Der Zweite Weltkrieg brach aus; Indien wurde ungefragt hineingezogen, obwohl weder Gandhi noch Nehru einer Kriegserklärung zugestimmt hätten. Die USA drängten Churchill, Indien auf ihre Seite zu ziehen, woran er jedoch wenig Interesse hatte. Gandhi nutzte die weltpolitische Situation geschickt aus und verkündete seine Politik: „Quit India!" Die Briten sollten Indien endgültig und schnell verlassen. Es kam zu Unruhen; ein schwacher Vizekönig und eine anderweitig beschäftigte britische Regierung taten das Ihre, um die Situation weiter ins Ungewisse zu treiben. 1946 schließlich kam es zu Wahlen in Indien; Jinnah, der für eine Abspaltung eines muslimischen Staates von Indien war, versuchte die Bildung einer Regierung, die seinen Plänen kritisch gegenüberstand, zu verhindern.

Es fehlte an einer entscheidungsfreudigen Person, die endlich Entschlüsse für das weitere Fortbestehen Indiens bzw. seiner Teilung treffen konnte und wollte. Da wurde Lord Mountbatten (die anglisierte Form des deutschen „Battenberg") zum Vizekönig von Indien berufen. Er stellte sofort ein Ultimatum und setzte den Termin für die indische Unabhängigkeit für den 15. August 1947 fest. Für ihn stand fest, dass Indien geteilt werden musste. Die Entstehung von „Pakistan" (künstlich zusammengesetzt aus P für Panjab, A für Afghan Province, K für Kashmir, S für Sindh sowie der Endung von Baluchistan) war besiegelt. Die Tragödie nahm ihren Lauf.

Das Dilemma der Teilung durch einen britischen Verwaltungsakt war, dass zwar die nördlichen Randgebiete sich in Westpakistan und Ostpakistan abspalten konnten, die Muslime im Innern Indiens jedoch gewissermaßen verraten waren. Für sie gab es keine Lösung. Die Teilung erfolgte durch Richterspruch auf der Grundlage von Volkszählungsdaten, die die jeweilige religiöse Mehrheit bestimmten. Jinnah stimmte dem zu; Gandhi musste von Mountbatten persönlich überzeugt werden, diese „Vivisektion Indiens", wie er es nannte, zu akzeptieren. Am 14. August 1947 wurde in Karachi der unabhängige Staat Pakistan geboren; einen Tag später in New Delhi Indien.

Für eine ausführliche Würdigung des Mahatma kann hier nicht der Platz sein; das Bild, er habe quasi allein Indien in die Unabhängigkeit geführt, ist so sicher nicht zutreffend. Andererseits war er in seiner unbeirrbaren Haltung ein Vorbild, dem viele nacheiferten, ohne ihn je erreichen zu können. Man bewundert ihn bis heute, nicht weil man sich seine Werte zu eigen machen könnte, sondern weil er etwas vorlebte, was nicht erreichbar ist. „Ich bin ein Hindu, ein Muslim, ein Christ, ein Zoroastrier, ein Jude“ – dieser überaus ökumenische Ansatz wurde in vollem Ernst gesprochen. Nach seinem Tod wurden seine Werte auch von seinen engsten Anhängern nicht gelebt. Durch sein Beharren auf Gewaltlosigkeit war er im moralischen Vorteil, er bot keine Angriffsfläche. Der preisgekrönte Film „Gandhi“ war auch in Indien ein großer Erfolg. Gandhis Haus in Mumbai ist ein nahezu heiliger Ort. Kritik am Mahatma (es gibt durchaus zu kritisierende Punkte) ist nicht möglich. Hiervon profitiert, wie auf Seite 41 ausgeführt, Sonia Gandhi noch heute.

2.2.3 Die Kashmirproblematik

Alle Staaten, die zu Britisch-Indien gehörten, wurden per Verwaltungsakt zugeteilt (oder, wie im Falle des Panjab, selbst geteilt). Den Fürstentümern hatte man die freie Wahl gelassen, sich einem Staat anzuschließen oder unabhängig zu werden – eine eher unrealistische Option. Probleme gab es bei Hyderabad, wo ein muslimischer Herrscher über eine Hindu-Mehrheit gebot, und bei Kashmir, in welchem ein hinduistischer Maharaja über eine Muslim-Mehrheit herrschte. In der Mitte Indiens gelegen, hatte Haiderabad keine Wahl als sich anzuschließen; Kashmir jedoch zögerte. Aus Sorge vor pakistanischen Übergriffen bat es schließlich Indien um Hilfe; dies verlangte zunächst seinen Anschluss. Als dann indische Truppen in Kashmir einrückten, griffen auch pakistanische Truppen ein. Statt das Dilemma sofort zu lösen, vertagte Nehru das Kashmirproblem und dachte an eine spätere Volksabstimmung. Bis heute, 60 Jahre nach der Teilung, stehen sich in Kashmir indische wie pakistanische Truppen gegenüber; hinzu kommen die Befürworter einer Unabhängigkeit. Die Lage zwischen Indien und Pakistan, mit einer weiteren Grenze zu China, macht die Situation so brisant. Eine Lösung ist nach wie vor nicht in Sicht.

2.3 Pakistan

Als es darum ging, die beiden Staaten zu verwalten, verweigerten die Inder den Pakistani ihren Anteil an der Staatskasse von Britisch-Indien. Gandhi persönlich setzte sich für die Muslime ein; fanatische Hindus nahmen ihm dies übel und bezichtigten ihn des Verrats. Am 30. Januar 1948 wurde Mahatma Gandhi, der Anführer der indischen Freiheitsbewegung, dem an einer Versöhnung zwischen Hindus und Muslimen gelegen war, ausgerechnet von einem Hindu erschossen.

Er war nur eines der vielen Tausend Opfer, die die Teilung fordern sollte. Muslime und Hindus, jeweils auf der Flucht aus ihrer Heimat in das neue, ihnen zugedachte Staatsgebiet, wurden getötet, ausgeraubt, in ihren Zügen verbrannt und verfolgt. Genaue Zahlen liegen nicht vor; die Teilung Indiens wurde durch die Gedankenlosigkeit und das Desinteresse der britischen Regierung zu einer furchtbaren Tragödie. Auch die Existenz eines „Ostpakistan", vom Westen des Landes durch das dazwischen liegende hinduistische Indien abgetrennt, war von Beginn an sehr fragil; die Abspaltung und schließlich die Unabhängigkeit als Bangladesh nur eine Frage der Zeit.

Indien und Pakistan verstanden sich von Beginn an als Gegenentwürfe; hatte Indien eine demokratische Tradition, so basierte die pakistanische Macht auf dem Militär. Indien war unter seinem charismatischen Regierungschef Nehru bemüht, seine Blockfreiheit zu wahren; Pakistan wandte sich daher zunächst den USA zu. Diese unterstützten das Land, das eine Abgrenzung zu den kommunistischen Staaten China und UdSSR zu sein schien. Das pakistanische Militär profitierte von der amerikanischen Hilfe; später wandte es sich auch noch China zu, um Indien geopolitisch einzukreisen. Dennoch war die indische Armee stark genug, um einen pakistanischen Angriff auf Kashmir im Jahre 1965 abzuwehren; in der Folge unterstützte die indische Regierung auch die Ablösung Bangladeshs, die 1971 endgültig erfolgte. Pakistan gelang es nicht, Ostpakistan über den indischen Subkontinent hinweg mit Waffengewalt unter Kontrolle zu bringen.

Nun folgte das atomare Wettrüsten; 1998 wurden auf beiden Seiten die ersten offiziellen Testexplosionen durchgeführt. Seither besteht ein Gleichgewicht, das nach wie vor eher labil als stabil ist: Wenn auch derzeit die Annäherung auf beiden Seiten erklärtes Ziel der jeweiligen Regierung ist, so kommt es doch auch immer wieder zu brutalen Übergriffen und Attentaten primär in Indien, die muslimischen Fanatikern zugeschrieben werden. Das Kashmirproblem bleibt weiterhin ein Spannungsfeld.

2.4 Indien 1947 – 2007

Nehru, ein enger Gefolgsmann Gandhis und Indiens erster Ministerpräsident, war bestrebt, Indien politisch aus den großen Blöcken fernzuhalten. Er betonte vielmehr die Bedeutung friedlicher Koexistenz und einer panasiatischen Bündnispolitik. Dabei tendierte er prinzipiell eher zur Sowjetunion denn zu den USA; dies spiegelte sich in seiner Wirtschaftspolitik, die zwischen sozialistischen und marktwirtschaftlichen Elementen einen eigenen, dritten Weg propagierte. Im

Jahr 1971 schloss Indien sogar einen Vertrag mit der UdSSR ab, der eine gewisse militärische Sicherheit bieten sollte, ohne Indien in einen der beiden Blöcke des Kalten Krieges zu führen. Nehrus eigentliches Ziel, ein Zusammenschluss der Bündnisfreien, gelang zunächst nicht; als China ihn in einen Krieg verwickelte, war er sogar gezwungen, amerikanische Hilfe anzunehmen. Als Nehru 1964 starb, hatte er Indien fast 20 Jahre lang geführt. Politisch und persönlich wird er noch immer verehrt; seiner Umsicht ist die geregelte Überführung Indiens in eine selbständige Demokratie zu verdanken. Er war ein in Oxford ausgebildeter Intellektueller mit sozialistischen Tendenzen; auch wenn er nicht ein Mann der Massen war, vielleicht gerade deshalb – er wirkte, als stehe er über den Dingen, er war vornehm, „brahmanisch". Er wurde verehrt und geliebt.

Unter seiner Wirtschaftspolitik jedoch litt und leidet Indien noch lange. Zu stark war der Einfluss des Staates, wie Nehru ihn propagierte und wie ihn seine auf ihn folgende Tochter Indira weiterführte. Der scheinbare wirtschaftliche Erfolg der Sowjetunion beeindruckte Nehru; er brauchte Wirtschaftswachstum für sein riesiges Land. Staatliche Kontrolle und zentrale Führung in Anlehnung an die UdSSR schienen ihm dafür geeignet. Die Ausbeutung durch die East India Company war im Gedächtnis noch zu präsent, als dass Nehru eine erneute Ausbeutung, diesmal durch westliche Unternehmen, riskieren wollte. Indien orientierte sich wirtschaftspolitisch an den Russen. Die Folgen waren katastrophal.

Nach Nehrus Tod wurde mangels eines geeigneten Nachfolgers seine Tochter Indira als Kompromisskandidatin auserkoren; man dachte, sie leicht manipulieren zu können. Indira hatte zufällig einen Herrn namens Gandhi geheiratet; der jedoch nicht verwandt war mit Mahatma. Diese Namensgleichheit kann in ihrer Bedeutung für das Indien der letzten 60 Jahre jedoch kaum überbetont werden; den Namen Gandhi umgibt eine Aura, die bis heute anhält. – Nach anfänglichen Unsicherheiten und fast schon wieder gestürzt, ergriff die Premierministerin schließlich resolut ihre Chance: Sie säuberte die Reihen der Regierung von unfähigen Schmeichlern; sie gewann die Wahlen 1971, sie führte Bangladesh in die Unabhängigkeit (und befreite Indien so aus der Umklammerung). Erstaunlich stark, mit dem Nimbus des Vaters Nehru und des Namens Gandhi, konnte sie sogar Notstandsgesetze ausrufen und erstmals die indische Demokratie vorübergehend außer Kraft setzen. Wenn auch vieles dessen, was sie zur Unterstützung der Armen plante, nie umgesetzt wurde, nutzte ihr Sohn Sanjay die Chance, sich zu profilieren. Mit Zwangssterilisationen gedachte er, der Überbevölkerung Herr zu werden. Rasch musste er diese verständlicherweise nicht sehr populären Maßnahmen wieder einstellen; sein Anliegen, Indira zu beerben, war somit gescheitert. Indiras ältester Sohn, Rajiv, wurde zum Kronprinz.

Im Jahr 1980 starb Sanjay bei einem Flugzeugabsturz. Indira, gerade wiedergewählt, beging einen folgenschweren Fehler. Um einen radikalen Sikh, der für einen unabhängigen Sikh-Staat Kalistan eintrat, in seine Schranken zu weisen, ließ sie den Goldenen Tempel der Sikhs in Amritsar (Provinz Panjab), ein religiöses Heiligtum, angreifen. Der Terrorist kam ums Leben, aber Indira hatte sich den Zorn aller Sikhs zugezogen. Im Oktober 1984 wurde sie von einem ihrer Leibwächter, einem Sikh, erschossen. Indien war erschüttert. Eine Institution war ermordet worden. Nur Stunden später wurde ihr Sohn Rajiv, ein Pilot ohne jegliche politische Erfahrung und Ambitionen, als Ministerpräsident vereidigt. Die Dynastie blieb erhalten.

Mit Rajiv begann ein Prozess der Verwandlung in Indien. Er verkörperte eine neue, technikorientierte Generation; er initiierte Reformen, säuberte die Reihen von unfähigen Politikern, versuchte, alte politische Feindschaften beizulegen. Das ging eine Weile sehr gut; aber auch Rajiv erlahmte schnell in seinem Reformeifer. In Sri Lanka kam es zu Aufständen und Kämpfen zwischen Tamilen und Hindus. Die militanten tamilischen Freiheitskämpfer waren mit Rajivs Vorgehen in der Krise nicht einverstanden; sie nutzten seine Unbekümmertheit in Fragen der eigenen Sicherheit: 1991 sprengte sich eine tamilische Fanatikerin mit einer Bombe am Körper neben Rajiv in die Luft.

Natürlich bot man seiner Frau, Sonia Gandhi, die Nachfolge an. Sie ist Italienerin, politisch ebenso unerfahren, wie ihr Mann es war, und dennoch reichte der Nimbus des Namens, dass die Partei bereit war, ihr die Führung Indiens anzuvertrauen. Schließlich wurde Rao Premierminister; wieder ein unscheinbarer Mann, der das Land durch seine Stärke überraschte; ihm folgte Vajpayee, der das Land von der „Hindu rate of growth“ in ein dynamisches Wachstum überführte. Im Jahr 2004 gewann die Partei zur Überraschung aller die Wahlen: Wieder bot man zuerst Sonja Gandhi das Amt des Ministerpräsidenten an. Wieder trat sie in die 2. Reihe zurück; Manmohandas Singh wurde vereidigt. Er, der eigentliche Vater der Reformen zu Beginn der neunziger Jahre, wird voraussichtlich bis 2009 Premierminister bleiben, sofern er seine Koalition zusammenhalten kann.

2.5 Indien und China

Historisch betrachtet, haben die beiden Länder zunächst wenig gemeinsam. Eine durch die natürliche Grenze des Himalayamassivs getrennte Entwicklung völlig unterschiedlicher Kulturen wurde erstmals unterbrochen, als buddhistische Schriftrollen im 1. nachchristlichen Jahrhundert von Indien nach China gelangten. Allerdings kam es zu keinem wirklichen kulturellen Austausch; wenn auch der Buddhismus sich in China (und später in ganz Ostasien) verbreitete, so blieb doch der indisch-chinesische Kontakt zunächst ohne weitere Folgen.

Als die Chinesen in den fünfziger Jahren des 20. Jahrhundert Tibet gewaltsam besetzten, floh der Dalai Lama, das geistliche Oberhaupt der Tibeter, nach Indien (Dharamsala). Die Grenze zwischen China und Indien ist seither umstritten, da beide Seiten Teile des als Tibet bezeichneten Gebietes für sich beanspruchen. Auch ein Grenzkrieg (1962) sowie zahlreiche Scharmützel haben diese Situation bis heute nicht bereinigt; wie ein Schatten liegt dieses Problem über den bilateralen Beziehungen.

Wirtschaftliche Kontakte beschränkten sich auf kleinere Kooperationen; erst mit der Öffnung Indiens Anfang der 90er Jahre begannen die Entwicklungen sich zu intensivieren. Da China bereits ab Beginn der 80er Jahre seine Wirtschaft gegenüber ausländischen Investoren geöffnet hatte, somit einen „Vorsprung" von einem Jahrzehnt hatte, konnte sich die chinesische Wirtschaft entsprechend schneller entwickeln. Berücksichtigt man ferner die politische Dimension, also die Tatsache, dass China diktatorisch regiert wird und Indien eine Demokratie ist, so ist die deutlich unterschiedliche Entwicklung nachvollziehbar. China, oft als „verlängerte Werkbank" der Welt bezeichnet, sieht Indien, ebenso wie andere Länder, als interessanten Markt für seine Produkte. Auch die Möglichkeit, dort kostengünstig zu produzieren bzw. dem westlichen Vorbild folgend Dienstleistungen nach Indien zu verlagern (outsourcen), wird zunehmend wahrgenommen. Chinesen produzieren in Indien, Inder in China. Der bilaterale Handel nimmt zu, wenn auch auf niedrigem Niveau. Aber auch die Konkurrenzsituation wird deutlich, seien es die Textilfirmen, Automobilzulieferer etc. Aus westlicher Sicht sind beide Länder potenziell interessant, aber eine Fertigung lohnt sich oft nur an einem Standort. Also muss entschieden werden, und neben China wächst eben Indien zur sinnvollen Alternative heran.

China hat die Eisenbahnverbindung auf tibetischer Seite bis Lhasa geführt und plant eine Fortführung bis an die indische Grenze; die indische Regierung ist hier wesentlich langsamer. Kommt eines Tages die Verbindung zustande, so denken beide Staaten bereits an die Bildung einer Freihandelszone! Diese würde dann fast 3 Milliarden Menschen miteinander verbinden; ein für die Region spannendes Experiment.

Kulturell betrachtet, wissen beide Seiten um ihre jeweilige Überlegenheit; Unwissenheit herrscht ebenso vor wie Vorurteile. Da China im weltweiten Vergleich wie auch in den Medien stets als fortschrittlicher, dynamischer und effizienter dargestellt wird (und wohl auch ist), sind die Inder es leid, dies immer wieder vorgehalten zu bekommen. Also thematisieren Sie dies möglichst nicht; meiden Sie das Thema China soweit möglich.

2.6 Die deutsch-indischen Beziehungen in Politik und Wirtschaft

Im Mai 2000 wurde eine „Agenda für die deutsch-indische Partnerschaft" vereinbart. Das bilaterale Interesse an einem Ausbau der Kooperation in den Bereichen Wissenschaft, Wirtschaft, Technologie und Kultur wurde darin zum Ausdruck gebracht; gleichzeitig spiegelt diese Agenda das Dilemma der Beziehungen wider: langjährige freundschaftliche Verbundenheit, aber wenig wirtschaftliche Kooperation. Wenn man auch prinzipiell in praktisch allen relevanten Feldern in Politik und Wirtschaft einer Meinung ist, so haben sich daraus doch wenig konkrete Projekte ergeben. Da Indien aus deutscher Sicht aber nicht nur eine zunehmend wichtige Rolle spielen wird, sondern vermutlich die dynamischste Volkswirtschaft der Welt werden wird, ist die Tatsache, dass die Indische Union in der deutschen Handelsstatistik nur im Mittelfeld liegt, sehr unbefriedigend. Was verbindet Indien und Deutschland? Wie ist das Image im jeweiligen Partnerland? Beginnen wir mit der ältesten Verbindung, der sprachlichen.

2.6.1 Die indogermanische Sprachfamilie

Als indogermanisch wird eine Gruppe von Sprachen bezeichnet, die in ihrer lautlichen und formalen Struktur und in ihrem Wortschatz so große verwandtschaftliche Beziehungen zueinander aufweisen, dass man von einer gemeinsamen Muttersprache ausgehen kann. Indogermanisch deshalb, weil man zur Abgrenzung die östlichste Sprache (das indische Sanskrit) und die westlichste (das Germanische) heranzog. In anderen Ländern wird diese Sprachfamilie jedoch auch anders bezeichnet, so als indoeuropäisch oder im Englischen auch als „Arisch" (Aryan). Allerdings haben sich nur die Iraner und die Inder selbst als „Arier" bezeichnet; dieser Begriff ist daher irreführend.

Zu den indogermanischen Sprachen gehört u. a. Sanskrit, eine literarische Kunstsprache, in welcher die großen indischen Nationalepen, das Mahabharata und das Ramayana, verfasst wurden, vermutlich um 500 v. Chr. Dann, nach Westen weitergehend, zählen das Persische, das Griechische, Latein mit allen romanischen Sprachen und eben das Germanische, aus dem sich die nordischen Sprachen, aber auch Englisch und Deutsch entwickelt haben, dazu, um nur die wichtigsten zu nennen. Diese Sprachen lassen sich wiederum in engere Sprachfamilien unterteilen, worauf hier nicht weiter eingegangen werden kann.

Wo und wann die gemeinsame Muttersprache bestand, ist bis heute ungeklärt; auch gibt es unterschiedliche Theorien über die Art der Verbreitung der verschiedenen Sprachen. Vermutlich fällt die Entwicklung eigener Sprachen in die Zeit gegen Ende der jüngeren Steinzeit.

Die Verwandtschaft besteht in weitgehender Übereinstimmung in der Flexion der Substantive und Verben, im Wortschatz und auch in der Syntax. So heißt die Zahl „sieben“ im Lateinischen „septem“, im Gotischen „sibun“, im Altindischen „sapta“. Das deutsche „ist“ (3. Pers. Sing. des Verbs sein) findet sich im lateinischen „est“, im gotischen „ist“, im altindischen „asti“. Wichtig und typisch für die Verwandtschaft sind gewisse Gesetzmäßigkeiten in der Lautverschiebung, d. h., bestimmte Laute werden regelmäßig zu bestimmten anderen Lauten in den entsprechenden Sprachen.

Wenn man auch vielleicht bis in die Steinzeit zurückgehen muss, um Gemeinsamkeiten zwischen Europäern und Indern zu finden, so ist für manche Menschen eine gewisse Wesensverwandtschaft oder Nähe zu Indern doch eher nachvollziehbar, als dies mit ostasiatischen Völkern der Fall ist. Vielleicht erscheinen vielen Europäern deshalb Chinesen oder Japaner als viel fremder, unverständlicher.

Übrigens sprechen Sie bereits ein wenig Hindi, jedenfalls wenn Sie auch Fan des „Dschungelbuch“ von R. Kipling sind: Bär heißt „balu“, Tiger „shir“ (khan ist Herrscher) und Panther heißt auf Hindi „baghira“!

2.6.2 Deutschland in Indien, Indien in Deutschland

Auch Inder leiten hieraus eine „Wesensverwandschaft“ zwischen ihnen und Deutschen ab; deutsche Literatur ist bekannt und wird verehrt; deutsche Forscher wie der Sanskrit-Gelehrte Max Müller, nach dem die in anderen Ländern als „Goethe-Institute“ bezeichneten Institutionen in Indien benannt sind (Max-Müller-Bhavan), stehen hoch im Kurs. Deutsch ist als Fremdsprache an den Universitäten beliebt; die Vorliebe vieler Deutscher für die indische Exotik findet ihr Gegenbild in der Präferenz deutscher Romantik in Indien.

Befragt, was ihnen zu Deutschland zuerst in den Sinn käme, antworteten städtische Inder (2007) wie folgt:

Klischees: Inder über Deutsche

Hitler

Humorlosigkeit

Effizienz

Wenig Lebensfreude

Korrekte, harte Arbeiter

Sauberkeit

Sehr gute Qualität der Produkte

Autos/Technologie/Schokolade

Wirtschaftlicher Erfolg

Zuverlässigkeit

In Deutschland erhielt ich folgende (nicht repräsentative) Antworten auf die Frage nach dem Indienbild:

Klischees: Deutsche über Indien

Slums

Heilige Kühe

Gandhi

Bollywood

Computer-Inder

Religion

Taj Mahal

Scharfes Essen

Langsames Arbeiten

Hochintelligent

Wir Deutsche scheinen also einen guten Ruf in Indien zu genießen! Anerkennendes Lächeln, wenn man seine Herkunft nennt, bewundernde Kommentare zur deutschen Wirtschaft und zu deutschen Produkten (allen voran deutsche Autos!)

– selbst Hitler wird nicht durchweg negativ gesehen, wie der unbefangene Umgang mit seinem Namen und seiner Symbolik zeigt (2006 eröffnete in Mumbai ein Restaurant, das mittlerweile wieder geschlossen wurde, namens „Hitler's Cross“!).

Mit diesem Ruf kann man arbeiten, er eilt uns voraus, Wohlwollen und Freundschaft begegnen Deutschen, die, sei es beruflich oder privat, nach Indien kommen. Natürlich gilt dies nicht nur für uns; Inder sind prinzipiell ein aufgeschlossenes, freundliches Volk, aber gerade die Deutschen stehen von jeher hoch im Ansehen.

Eine Studie der Deutsch-Indischen Handelskammer befragte 1996 deutsche Manager in Indien nach ihren Eindrücken indischer Geschäftspartner:

Als positiv wurden

- ehrgeiziges Engagement,
- große Begeisterungsfähigkeit,
- hohe Lernfähigkeit sowie
- Kreativität, Aufrichtigkeit, Loyalität und Zuverlässigkeit

genannt. Zum Überleben im indischen Alltag gehöre das „Handling of Chaos“, was die indischen Partner aus Sicht der Deutschen sehr gut beherrschen. Auch die Offenheit gegenüber westlichen Neuerungen oder Einflüssen wurde genannt, obwohl die indischen Geschäftspartner gleichzeitig von Nationalstolz und kulturellem Selbstbewusstsein geprägt seien.

Als schlechte Eigenschaften wurden

- Schlitzohrigkeit,
- Unehrlichkeit,
- mangelhafte Vertragstreue und
- das sich Verschaffen kurzfristiger Vorteile

genannt, „Händlermentalität“ eben. Pünktlichkeit werde in Indien anders verstanden als in Deutschland. Und besonders lästig erscheinen den deutschen Managern Bürokratie, Ineffizienz und Korruption, die sich leider nicht nur in der Verwaltung bzw. in öffentlichen Unternehmen fänden. All dies verwundert wenig und lässt sich mehr als zehn Jahre danach sicher exakt reproduzieren.

2.6.3 Wirtschaftsbeziehungen

Zu Beginn des 16. Jahrhundert engagierten sich die führenden deutschen Handelshäuser, u. a. die Fugger und die Welser, im Pfefferhandel auf der Ostindienroute. Mit dem Monopol auf den bis dahin über Venedig laufenden Handel häuften die deutschen Kaufleute immense Gewinne an, da Pfeffer zeitweise das teuerste Gewürz überhaupt war. Sämtliche Zwischenhändler wurden ausgeschaltet. Erst mit den spanisch-englischen Kriegen und unter tatkräftiger Hilfe des Piraten Sir Francis Drake gelang es, der deutschen Flotte empfindliche Schäden zuzufügen. In Indien führte der berühmte deutsche Kaufmann Ferdinand Cron, der bei den Fuggern gelernt hatte, den Handel mit Ostasien weiter und gründete sein eigenes Handelshaus. Neben Gewürzen wurden nun auch chinesisches Porzellan, Seide oder auch Kampfer gehandelt. Cron starb 1637 in Madrid; mit ihm endete der deutsche Indienhandel. Erst zwei Jahrhunderte später konnten mit Siemens und Krupp wieder deutsche Unternehmen erfolgreich in Indien Geschäfte tätigen. Siemens baute u. a. 1870 die Telegrafenlinie von London nach Kalkutta.

Nach dem Zweiten Weltkrieg in Europa bzw. der Unabhängigkeit Indiens 1947 war Indien der weltweit erste Staat, der den Kriegszustand mit Deutschland offiziell beendete, und war auch unter den Ersten, die Deutschland offiziell anerkannten! Wenn Indien sich durch die engere Beziehung zur UdSSR naturgemäß auch der DDR annäherte, so galt dies doch primär im rein politischen Bereich. Wirtschaftlich war die Bundesrepublik, nicht zuletzt durch ihre Entwicklungshilfe, interessanter. Erst seit den neunziger Jahren zeichnet sich jedoch ein echtes Interesse an der Vertiefung der Beziehungen auch auf deutscher Seite ab. Themen wie der Kampf gegen Terrorismus und Drogen, aber auch eine eindeutig demokratisch und marktwirtschaftlich ausgerichtete Reformpolitik in Indien sind die Grundlage für eine Intensivierung des bilateralen Dialogs.

Wirtschaftlich sind aus deutscher Sicht die Bereiche interessant, in denen Indien bedeutende Entwicklungen aufzuweisen hat. So die Biotechnologie, natürlich die Informationstechnologie, aber auch die Weltraumforschung. Die deutschen Direktinvestitionen stiegen seit den neunziger Jahren stark an; dennoch sind sie im Vergleich zu den Investitionen in China geradezu vernachlässigbar. Exportiert werden primär Produkte aus den Bereichen Maschinenbau, Elektrotechnik, Chemie- und Pharmaindustrie. Indien exportiert im Wesentlichen Textilien und Lederwaren.

Gründe für die sich nur zögerlich entwickelnde Kooperation liegen u. a. an den noch immer sehr restriktiv gehandhabten Investitionsmöglichkeiten in Indien, aber auch an der mangelhaften Infrastruktur, die es schwer macht, Waren zügig nach Indien hinein und hinaus zu transportieren, vom Vertrieb innerhalb Indiens ganz zu schweigen. Man darf auch nicht vergessen, dass Indiens Wirtschaft mit einem Bruttosozialprodukt in realen Wechselkursen von 800 Milliarden US-Dollar (2006) gerade einmal ein Viertel der Größe Deutschlands hat, beim Außenhandel beträgt das Verhältnis sogar nur 1:10 – demzufolge ist Indien auch nur ein eher kleiner Handelspartner Deutschlands.

Indien erhält nach wie vor Entwicklungshilfe aus Deutschland; 2004 waren es insgesamt 123,5 Millionen Euro für die Schwerpunkte Umwelt- und Ressourcenschutz, Energie, Gesundheit und Wirtschaftsreformen.

Der deutsche Bundeskanzler Schröder besuchte Indien 2001 und 2004; der indische Premierminister A. B. Vajpayee kam im Mai 2003 nach Deutschland, Premier Manmohan Singh im April 2006. Gemeinsam mit Bundeskanzlerin Merkel unterzeichnete Singh eine „Joint Declaration", die eine strategische Partnerschaft beider Länder besiegelt; Kernpunkte sollen die Bereiche Energie, Wissenschaft und Technologie sowie Verteidigung sein. Beide Seiten unterstützen einander im gemeinsamen Bestreben nach einem Sitz im Sicherheitsrat der Vereinten Nationen. Bereits im Jahr 1991 wurde eine Deutsch-Indische Beratungsgruppe gegründet, in welcher hochrangige Vertreter beider Seiten (u. a. Clas Neumann) über die weitere Vertiefung der bilateralen Beziehungen sprechen.

Seit der Reformpolitik Indiens hat sich der deutsch-indische Handel signifikant entwickelt (siehe Abbildung 1). Mit über 10 Milliarden Euro Volumen im Jahr 2006 ist erst der Anfang für weitere, noch bessere Entwicklungen gemacht. Dabei konnten sowohl die Exporte wie die Importe deutliche Zuwächse verzeichnen. Gab es 1990 noch einen deutschen Überschuss von 116 Millionen Euro, so veränderte sich die Bilanz zunächst zugunsten Indiens, um dann wieder umzuschwenken. Derzeit liegt der deutsche Überschuss bei über 2 Milliarden Euro.

Insgesamt beträgt der Anteil Indiens am deutschen Exportvolumen nur etwa ein Prozent. Allerdings ist Deutschland der drittgrößte ausländische Investor in Indien; fast 2 000 bilaterale Handelsvereinbarungen und über 600 Joint Ventures betonen das Interesse der deutschen Wirtschaft an einem Indienengagement. Die Deutsch-Indische Handelskammer (IGCC, Adressen siehe Verzeichnis) ist die größte deutsche Außenhandelskammer weltweit.

	1980 (Millionen Euro)	**1990** (Millionen Euro)	**2000** (Millionen Euro)	**2002** (Millionen Euro)	**2004** (Millionen Euro)	**2006** (Millionen Euro)
Indische Exporte	597,4	1321	2 498	2 522,3	2 957,1	4 175,0
		(+ 9,7)	(+14,5)	(+0,5)	(+12,2)	(+22,9)
Indische Importe	722,1	1 437	1 273	2 420,5	3 289,0	6 365,0
		(-10,3)	(+12,8)	(+4,6)	(+34,6)	(+51,5)
Gesamt	1 319	2 758	3 772	4 942,8	6 246,1	10 540
		(+1,6)	(+13,7)	(+2,5)	(+23)	(+38,7)
Handelsüberschuss für Deutschland	**125**	**116**	**-352,8**	**-101,8**	**331,9**	**2 190,0**

Abbildung 1: *Deutsch-indische Handelsbilanz 1980 – 2006 (Quelle: Statistisches Bundesamt)*

3. Wirtschaftspolitisches Umfeld

3.1 Ökonomische Rahmenbedingungen

Kein ernsthaftes Buch über Geschäfte in Indien kann ohne ein Kapitel auskommen, das die jüngste wie auch die prognostizierte Wirtschaftsentwicklung des Landes beschreibt. Indien hat gerade in den Jahren seit Beginn der Reformen (1991) einen beachtlichen Aufschwung genommen, der seit dem Jahr 2000 sogar noch an Dynamik gewonnen hat. Indiens Wachstumsraten sind inzwischen auf dem Niveau von China (> 8 Prozent), die Devisenreserven haben längst die magische Schwelle von 200 Milliarden US-Dollar überschritten, und die Börse eilt seit Jahren von einem Hoch zum anderen.

Was steckt hinter diesem Boom? Ist es der Anfang eines lang anhaltenden „Mega-Trends“ oder ist es ein Blase, die schon bald platzt? Erste Erfahrungen zeigen uns, dass das indische Wachstum erstaunlich resistent gegen äußere Einflüsse ist – weder die Asienkrise 1996/97 noch Sars konnten das wirtschaftliche Klima trüben.

Was die Analysten positiv für Indien stimmt, sind im Wesentlichen vier Faktoren:

Erstens steigt das Investitionsvolumen des privaten wie auch des öffentlichen Sektors seit vielen Jahren an, was zu Verbesserungen in der Infrastruktur (die natürlich noch nicht ausreichend sind) und in der Produktivität führt.

Zweitens entwickelt sich der private Konsum in Indien, bedingt durch die steigenden Einkommen und die positiven Veränderungen in der demografischen Entwicklung des Landes, sehr dynamisch. In den letzten zehn Jahren stieg der Anteil der Hauhalte, die über mehr als 100 000 Rupien Jahreseinkommen verfügen (etwa 2 000 Euro) von 20,3 Prozent auf 34,5 Prozent. Dies ist die Käufergruppe, die bereits mehr Geld zur Verfügung hat, als sie zum Kauf lebenswichtiger Güter benötigt, mithin die Zielgruppe für Konsumgüter aller Art. Durch diesen verstärkten privaten Konsum, der sich auch in den Städten durch das Entstehen zahlreicher Shopping Malls sehr sichtbar zeigt, hat sich Indien unabhängiger gemacht von der Konjunktur in den westlichen Industriestaaten.

Drittens verschiebt sich die Zusammensetzung des indischen Bruttosozialproduktes zunehmend weg von der Landwirtschaft hin zum Industrie- und Dienstleistungssektor. Während im Jahr 2000 noch 25 Prozent des Bruttosozialproduktes durch die Landwirtschaft erbracht wurden, sank dieser Anteil bis 2006 auf nur 19 Prozent. Dies bedeutet, dass Indien immer weniger abhängig vom jährlichen Monsun ist, und dies zugunsten einer erheblich stärkeren Bedeutung des Servicesektors, der ein sehr dynamisches und stabiles Wachstum aufweist.

Viertens profitiert Indien stark vom globalen Trend zum weiteren Outsourcing, sowohl im IT-Bereich als auch in der Produktion. Indien hat sehr große Kapazitäten im Bereich Dienstleistungen, Textilien, Konsumgüter und Edelsteinverarbeitung, durch die es Leistungen und Produkte in diesem Bereich sehr günstig auf dem Weltmarkt anbieten kann.

All diese Faktoren, kombiniert mit der Grundlage einer stabilen Demokratie, beeindruckenden Zahlenwerken über Wirtschaftswachstum, prognostizierten Produktivitätssteigerungen und Infrastrukturausbau, werden von indischen Politikern, internationalen Analysten und Journalisten immer wieder gerne zu einer Story verarbeitet, die nur einen Weg kennt: eine unbegrenzte Erfolgsstory. Credit Suisse, Deutsche Bank und andere sehen Indiens Wachstum bis 2020 sogar stärker als das der VR China.

Aber es gibt auch Risiken. Und diese Risiken können das Bild nicht nur trüben, sondern den gesamten Zug „Richtung Norden" zum Anhalten bringen.

Als *erstes fundamentales Risiko* ist die längst überfällige, aber noch nicht durchgeführte Landreform zu nennen. In Indien gibt es nach wie vor kein einheitliches Grundbuch, sodass die Eigentumsverhältnisse an Grund und Boden oft sehr unklar sind. Vor allem bei Land, das vorher eine gemischte oder landwirtschaftliche Nutzung hatte, ist der Eigentümer oft nicht festzustellen. Oftmals wird das Land zwar rechtmäßig erworben (u. U. sogar von der Regierung direkt), doch hinterher melden plötzlich andere Personen Ansprüche an und erwirken einstweilige Verfügungen vor Gericht. Diese dann zu klären kann Jahre dauern. Das ist nicht nur für Investoren ein Problem, sondern sogar für Besitzer kleinster Privathäuser oder Grundstücke. Wer will schon Immobilieneigentum schaffen, wenn morgen jemand kommen kann und einem mit irgendwelchen Papieren und Druck das gerade Erschaffene wieder wegnimmt? Der Markt für Grundstücke ist daher sehr intransparent und von extrem hohen Preisen gekennzeichnet. In Städten wie Bangalore müssen heute selbst für industrielle Nutzung über 400 Euro pro Quadratmeter Boden bezahlt werden, das ist im internationalen Vergleich ein absoluter Spitzenwert.

Das zweite Risiko liegt im Arbeitsmarkt, der sowohl bei Hochqualifizierten wie auch bei einfacheren Anforderungen (Klempner, Zimmerleute, Elektriker, Bauschlosser, Werkzeugmacher) von einem Defizit an Arbeitskräften gekennzeichnet ist. Das wiederum führt zu einem starken Anstieg der Löhne und Gehälter und hat außerdem die Fluktuation von Arbeitskräften stark zunehmen lassen.

Beides sind sehr kostspielige Trends für Unternehmen, die die internationale Wettbewerbsfähigkeit indischer Unternehmen beeinträchtigten. Es wird darauf noch später näher einzugehen sein.

Das dritte Risiko betrifft die Infrastruktur, die mit dem Wachstum der Wirtschaft nicht Schritt halten kann. Geschieht dort nichts, so wird sich Indiens Wachstum enorm verlangsamen. Schon jetzt kostet die mangelnde Infrastruktur ein bis zwei Prozentpunkte beim Wirtschaftswachstum. Die wichtigsten Trends in der Infrastrukturentwicklung werden im nächsten Kapitel beschrieben.

Wägt man Risiken und Chancen gegeneinander ab, so fällt aus volkswirtschaftlicher Sicht ein abschließendes Urteil nicht leicht, wie sich Indien in den nächsten fünf bis zehn Jahren entwickeln wird. Betrachtet man die letzten fünf Jahre bis 2007, so hat es Indien stets geschafft, das Ruder immer rechtzeitig herumzuwerfen, wenn die Dinge außer Kontrolle zu geraten schienen. Dies war sowohl bei der stark steigenden Inflation der Fall, als auch bei den sehr behindernden Einfuhrzöllen. In Indien kann wirtschaftliches Handeln nicht von politischem Geschehen getrennt werden, zu eng sind beide miteinander verwoben. So lange in Delhi weiterhin pragmatische Regierungen wie die unter Ministerpräsident Vajpajee oder Ministerpräsident Manmohan Singh regieren, überwiegen wohl die Chancen. Die Wachsstumsstory wird in einem solchen Umfeld weiterhin intakt bleiben.

Das vierte Risiko liegt in der Inflation. Auch wenn es der indischen Konjunkturpolitik in den vergangenen Jahren immer wieder gelang die Inflation zu kontrollieren, so sehen Volkswirte heute eine explosive Mischung aus stark steigenden Löhnen, Benzin- und Ölpreisen sowie anziehenden Preisen für Lebensmittel.

Sollten radikale Kräfte in der Zukunft die Oberhand gewinnen, so wäre die Lage neu zu beurteilen.

3.2 Arbeitsmarkt

Die Anzahl der Erwerbstätigen in Indien wird auf 510 Millionen Menschen (2006) geschätzt; dies entspricht fast drei Viertel der Menschen zwischen 15 und 64 Jahren (700 Millionen). 60 Prozent der Menschen sind immer noch in der Landwirtschaft beschäftigt, was die Bedeutung dieses Sektors für Indiens Wirtschaft und Sozialgefüge unterstreicht.

Der indische Arbeitsmarkt teilt sich in den sogenannten „unorganisierten" Markt und den „organisierten" Markt auf. Der unorganisierte Sektor dient gleichsam als Auffangbecken für all diejenigen, die die heimische Ackerscholle zurücklassen, um in den großen Megastädten ihr Auskommen zu finden. Es ist ein gigantischer Pool von billigen Arbeitskräften, die ihr Einkommen mit purer Muskelkraft verdienen müssen. Sie bezahlen keine Steuern, haben keinerlei Versicherungsschutz und fristen ihr Dasein als Tagelöhner. Nur selten können sie mit mehr als ein bis zwei Euro Tagesverdienst rechnen.

Zum organisierten Sektor zählen all diejenigen, die in einem Betrieb eine feste Anstellung haben und ein regelmäßiges Einkommen. Sie verfügen über eine gewisse Absicherung durch das Arbeitsrecht und eine Rentenversicherung. Eine Krankenversicherung ist in Indien immer noch die Ausnahme. Nach offiziellen Quellen lag die Arbeitslosigkeit im organisierten Sektor im Jahr 2005 bei 9 Prozent, was immerhin ein 50- Prozentiger Zuwachs seit dem Jahr 1995 ist.

Ähnlich wie auch China, braucht Indien über viele Jahre hinweg ein gleichbleibend hohes Wirtschaftswachstum, um die Arbeitslosigkeit einzudämmen, denn die Zahl der Erwerbsfähigen wird bis 2010 um über 83 Millionen Menschen anschwellen! Diese enorme Menge an Erwerbsfähigen kann auch der boomende Dienstleistungssektor nicht auffangen, denn dort werden eher gut qualifizierte bis hoch qualifizierte Mitarbeiter gesucht – und genau an diesen besteht eher ein Mangel denn ein Überangebot. Zudem sind nur gut ein Viertel aller Menschen in Indien in Dienstleistungsberufen beschäftigt, vom kleinen Rikscha-Reparaturshop bis hin zum multinationalen IT-Unternehmen.

Wir sehen im Arbeitsmarkt auch auf die nächsten Jahre hin einen sich verschärfenden Wettbewerb um gut qualifizierte Handwerker und Hochschulabsolventen, der Löhne und Gehälter weiter steigen lassen wird. Gleichzeitig wird ein Heer von schlecht qualifizierten Arbeitskräften die Löhne für einfachste Tätigkeiten sehr geringhalten, was es nicht notwendig macht, diese Jobs zu automatisieren. Diese Tatsachen werden dafür sorgen, dass die Lohnkosten stärker steigen als die Arbeitsproduktivität und werden weiterhin Druck auf die Wettbewerbsfähigkeit indischer Waren und Dienstleistungen ausüben.

3.3 Finanzmarkt

Der Finanzmarkt Indiens befindet sich seit Jahren in einem kontinuierlichem Deregulierungsprozess. Mussten im Jahr 2000 noch Kleinstbeträge, die Unternehmen wie Privatpersonen für Importe oder Auslandsreisen benötigten, bei der

Reserve Bank of India beantragt werden, so können heute bereits bis zu 100 000 US-Dollar ohne Genehmigungsverfahren pro Jahr und Person ins Ausland transferiert werden.

Gleichzeitig wurde der Markt auch für moderne Finanzierungsinstrumente geöffnet; das bedeutet, dass hohe Kredite an Unternehmen in Indien auch von ausländischen Instituten vergeben werden können, und zwar in jeder beliebigen Währung. Das eröffnet vor allem für die Finanzierung von Investitionen interessante Alternativen.

Ein Grund für die relative Lockerung bei der Ein- und Ausfuhr von Devisen liegt natürlich in dem starken Anstieg der Devisenreserven der Zentralbank, der Reserve Bank of India (RBI). Diese überschritten im Sommer 2007 erstmals die 200 Milliarden US-Dollar-Grenze. Gleichzeitig ist der Wechselkurs der indischen Rupie nicht frei, er wird, wie es im offiziellen Sprachgebrauch heißt, aktiv gemanaged, also in enger Bindung am US-Dollar zentral festgelegt. Das bringt die RBI natürlich in ein Dilemma, denn die Liberalisierung der Kapitalströme und die unabhängige, auf die indische Konjunktur ausgerichtete Zinspolitik vertragen sich nicht gut mit einem zentral gesteuerten Wechselkurs. Werden die Zinsen zu stark angehoben (bedingt durch die florierende Wirtschaft hob die RBI die Zinsen in 2006 und 2007 mehrfach an), so werden sich Unternehmen in Indien vermehrt Kredite aus dem Ausland besorgen. Dies wiederum führt zu einem Aufwertungsdruck auf die Indische Rupie, dem die RBI nur ungern nachgibt. Im Jahr 2007 bewegte sich die Rupie bereits oberhalb des ursprünglichen Zielkorridors der RBI für das Jahr.

Ausländischen Banken und Versicherungen ist in Indien sowohl das Geschäft mit Unternehmen wie auch das Endkundengeschäft (Retailbanking) erlaubt. Viele Unternehmen nutzen diese Möglichkeit – im Retailbanking sind vor allem Citibank, HSBC und Deutsche Bank sichtbar, im Versicherungsgeschäft die Allianz und Sun Life.

Der indische Aktienmarkt wurde bereits 1875 etabliert, und Bombay war zum Ende der 40er Jahre die größte Börse in Asien. Es gibt aktive Börsen in Kolkata, Delhi und Mumbai, wobei letztere vom Volumen her klar dominierend ist. Seit 2003 haben sich die wesentlichen Indizes mehr als vervierfacht, wobei auch immer wieder Rückschläge von bis zu 30 Prozent zu verzeichnen waren. Die größte Gefahr lauert hier seitens des sogenannten „Hot Capitals“. „Moneyweek“ schätzt, dass ein Viertel aller Anlagen in den sogenannten „Emerging markets“ nach Indien fließen. Diese Art von Kapital ist erfahrungsgemäß sehr volatil – kann also auch schnell wieder den Markt verlassen. Dies könnte zu einem wirklichen Crash führen, ein sogenannter „External Shock“.

Insgesamt werden die Aktienmärkte in Indien internationaler, was sich sowohl in den Notierungen indischer Unternehmen an ausländischen Börsen zeigt als auch an dem steigenden internationalem Interesse an indischen IPOs. Nicht-Inder (Privatleute) können in indischen Aktien aber nach wie vor nur sehr limitiert handeln – entweder über Fonds oder nur die Werte, die im Ausland gehandelt werden.

3.4 Infrastruktur

Die Infrastruktur bildet sicher einen der Schwachpunkte Indiens. In allen Bereichen herrscht inzwischen ein beträchtlicher Investitionsstau, nicht immer durch mangelnde Budgets bedingt, sondern durch langwierige Entscheidungsprozesse. Ausländische Investitionen in die Infrastruktur werden (mit der Ausnahme des Telekommunikationsbereichs) nur sehr zögerlich zugelassen – oder die politischen Dimensionen sind für Investoren undurchschaubar, sodass kaum ausländisches Know-how ins Land fließt.

Für Investoren ist dieser Bereich trotzdem wichtig. Neben Unternehmen, die direkt an Infrastrukturprojekten beteiligt sind und vom enormen Wachstum profitieren können, ist es für Investitionen jedweder Art wichtig, genau zu überprüfen, welche Infrastruktur vorhanden ist, wie lange der Ausbau dauert und ob es am jeweiligen Standort bekannte oder zu erwartende Engpässe gibt. Strom zum Beispiel ist ein absolutes Mangelprodukt und regelmäßige Ausfälle sind an der Tagesordnung.

Der Energiesektor ist sehr stark reguliert und funktioniert demensprechend schlecht. Das einzige signifikante Kraftwerkprojekt Indiens mit ausländischer Beteiligung (Dhabol I und II) endete in einem wirtschaftlichen und politischen Debakel. Der Investor Enron sah sich mit der Situation konfrontiert, dass die Regierung von Maharashtra nach Fertigstellung des Projektes die Verträge der Vorgängerregierung nicht mehr anerkennen wollte. Daraufhin stieg Enron aus dem Projekt, einem der modernsten Gasheizkraftwerke der Welt, aus – und das Investment wurde abgeschrieben. Die imposanten Kraftwerke sind heute eine Bauruine. Dieses Disaster, sicherlich verursacht durch unglückliches Agieren auf beiden Seiten, hat das Vertrauen ausländischer Investoren in den Energiesektor nachhaltig erschüttert.

Die Energieverteilung ist ebenfalls sehr problematisch. Große Mengen an Elektrizität (in manchen Netzen, wie z. B. Delhi bis zu 50 Prozent) werden schlichtweg gestohlen und somit nie bezahlt. Weiterhin wird aus sozialpolitischen Gründen Strom an Kleinstverbraucher zu staatlich festgesetzten Dumpingpreisen abgegeben. Wahlen werden in Indien auch über den Strompreis gewonnen. Die staatlichen Energieversorger sind gezwungen, die Strompreise für industrielle Abnehmer hoch zu halten, um sich für all diese Ineffizienzen zu entschädigen. Strom ist im Durchschnitt in Indien doppelt so teuer wie in westlichen Industriestaaten. Die Energieerzeugung soll in den kommenden Jahren um 10 Prozent im Jahr wachsen, um mit der zunehmenden Nachfrage Schritt zu halten: Ob dies gelingt bleibt abzuwarten.

Der Transportsektor ist von zwei Trends gekennzeichnet: einerseits von dem Bemühen der indischen Regierung, Häfen, Flughäfen und das Straßennetz stark auszubauen, andererseits von der Realität, dass das starke Wachstum des Güter- und Personenverkehrs die Ausbaupläne sozusagen „überholt". Dies zeigt sich dann in einer sehr ineffizienten Abfertigung von Gütern, im langsamen Umschlag von Containern und sehr langen Transportzeiten innerhalb des Landes. Indien ist im internationalen Vergleich zu langsam im Ausbau der Infrastruktur und verliert an dieser Stelle nach Schätzungen vieler Experten bis zu 2 Prozent im BSP-Wachstum.

Abbildung 2: *Der indische Transportsektor*

Zwar verweist man in Indien auf etwa 4 Milliarden Euro Investitionen in den Straßenbau in den letzten zehn Jahren, aber verglichen mit den 38 Milliarden Euro, die China im gleichen Zeitraum in den Bau von Straßen investiert hat, sieht diese Zahl eher bescheiden aus. Vor allem bei den großen Bauprojekten entstehen immer wieder Verzögerungen, bedingt durch Streitigkeiten um Landrechte und Korruption. Selbst Manmohan Singh, der Premierminister Indiens, beklagte im Mai 2007 öffentlich, dass Indiens Straßen „von Korruption gepflastert seien" und die Korruption der Hauptgrund sei, dass die Qualität der Straßen so armselig ist. Derzeit weist nur sehr wenig darauf hin, dass sich diese zwei Trends verändern werden – wer in Indien Güter bewegen will, muss sich auf diese Realitäten einstellen. Es ist letztlich ein Frage der Kalkulation, inwieweit diese Effizienzverluste sich auf den Gewinn auswirken.

Interessanterweise verzeichnet die Telekommunikation einen rasanten Aufschwung, sowohl in der Anzahl der Nutzer als auch in der zur Verfügung stehenden Infrastruktur: Es stehen inzwischen ausreichend mobile und terrestrische Netze zur Verfügung, ebenso ist jede Kapazität an Bandbreite in kurzer Zeit erhältlich. Die Anzahl der Mobiltelefonanschlüsse übersteigt die der Festnetzanschlüsse bei weitem. (2007: 150 Millionen zu 45 Millionen). Bedingt ist dies vor allem durch die weitgehende Liberalisierung dieses Sektors, der sehr früh für private inländische und ausländische Investoren geöffnet wurde.

Insgesamt haben die Investitionen in die Infrastruktur in den fünf Jahren bis 2007 in Relation zum Vergleichszeitraum (1997 – 2002) um 73 Prozent zugenommen. Das ist gut – aber eben noch nicht ausreichend. Laut Schätzungen der Weltbank müsste Indien das Dreifache investieren, um langfristig mit dem geplanten Wirtschaftswachstum Schritt halten zu können. Besonders der Bereich der Energieversorgung wird das Hauptnadelöhr innerhalb der Infrastruktur für die wirtschaftliche Entwicklung bleiben. Unternehmen sind gut beraten, sich durch alternative Energiegewinnungssysteme von der öffentlichen Versorgung unabhängig zu machen. Abhängig vom politischen Willen und der Kompetenz der ausführenden Behörden kann Indien sicherlich in den kommenden drei bis fünf Jahren einen großen Schritt nach vorne machen.

3.5 Der Markt

Das Bevölkerungswachstum Indiens führt zum einen dazu, dass Indien eine sehr junge Bevölkerung hat und sich über ein großes Reservoir potenzieller Arbeitskräfte freuen kann. Andererseits stellt es aber hinsichtlich der Ernährung all der

Menschen und des Lebensraumes ein erhebliches Risiko für zukünftige Generationen dar. Zwar bedeutet die wachsende Mittelschicht Indiens ein gewaltiges (Absatz-)Potenzial, doch kann dies nicht darüber hinwegtrösten, dass ein Viertel aller Inder nach wie vor unter der Armutsgrenze lebt.

Die wesentlichen Trends sind die steigenden Einkommen, das Wachsen der Mittelschicht und die zunehmende Urbanisierung. Gleichzeitig wächst der junge Anteil der Bevölkerung stark, sodass in Indien bereits jetzt mehr als die Hälfte der Menschen jünger als 30 Jahre alt ist. Der Anteil der Bevölkerung im arbeitsfähigen Alter wird nach demografischen Voraussagen bis ins Jahr 2040 weiter steigen, ein Zeitpunkt, an dem selbst Chinas arbeitsfähige Bevölkerung bereits lange schrumpft.

Die demografischen Voraussagen bedeuten also eine Vielzahl potenzieller Arbeitskräfte (so weit das Ausbildungssytem diese Menschen zu einem großen Teil überhaupt ausbilden kann) und einen Zuwachs an potenziellen Konsumenten für Güter aller Art. Bereits in den vergangenen Jahren war dies erkennbar an der raschen Zunahme von Mobiltelefonen, Haushaltsgeräten, Autos, Flugreisen oder auch Kinos und Shopping-Zentren.

Aus Abbildung 3 wird ersichtlich, dass die Anzahl der sogenannten „Konsumenten" sich in zehn Jahren auf 75 Millionen Haushalte mehr als verdoppelt hat. Im Jahr 2007 stieg die Anzahl um weitere 34 Prozent an.

Kundensegment (Jahreseinkommen)	Potenzielle Käufer für:	1994/95 in Mio.	1999/00 in Mio.	2005/06 in Mio.
Reiche (über 215 000 Rs)	Autos, PCs, Luxusartikel	1	3	6
Konsumenten (45 000–215 000 Rs)	Haushaltsgeräte, 70 Prozent d. Motorräder	29	66	75
Aufsteiger (22 000–45 000 Rs)	Mind. ein Gerät wie TV, Mixer usw.	48	66	78
Aspiranten (16 000–22 000 Rs)	Fahrräder, Ventilatoren, Lebensmittel, Radio	48	32	33
Arme (unter 16 000 Rs)	Leben von der Hand in den Mund	32	24	17

Abbildung 3: *Anzahl der Haushalte nach Einkommenssegmenten (Quelle: Marketing Whitebook, BusinessWorld 2004)*

Langfristig rechnen die Vorhersagen sowohl der Planungskommission als auch internationaler Analysten damit, dass sich Indiens Wirtschaftswachstum weiterhin auf hohem Niveau bewegen wird. Legt man die beiden Kurven von Chinas Wirtschaftswachstum ab 1978 und Indiens Wachstum ab 1991 (dem jeweiligen Beginn wirtschaftlicher Reformen) übereinander, sind sie fast deckungsgleich. Das ist natürlich eine sehr vereinfachte Darstellung – es ist kaum anzunehmen, dass sich die Länder (mit zehn Jahren Verzug für Indien) genau gleich entwickeln werden.

Aber nichtsdestotrotz hat Indien sowohl für einfache Konsumgüter bis hin zu Luxusartikeln einen ansehnlichen Markt, der für alle Unternehmen, die über ihre Landesgrenzen hinausschauen, interessant sein dürfte. Zusätzlich sind viele Güter in den vergangenen Jahren auch innerhalb des Landes erschwinglich geworden, weil Einfuhrzölle und Luxussteuer deutlich gesenkt wurden.

Es bleibt für ausländische Firmen allerings die Herausforderung bestehen, den Kunden mit geeigneten Marketingmaßnahmen zu erreichen und letztlich die Waren zu verteilen. Während die klassischen Marketinginstrumente auch in Indien mehr und mehr Anklang finden (auch bedingt durch die Tatsache, dass immer mehr Inder ins Ausland reisen und ihre Erfahrungen mitbringen), ist die effiziente Verteilung von Gütern über das Land hinweg ein dauerhaftes Problem. Bedingt durch die unzureichende Infrastruktur und Größe des Landes, müssen sehr hohe Lagerbestände aufgebaut werden, mit der Folge höherer Kosten. Vor allem die ländlichen Gebiete sind sehr schwer zu versorgen. Die eigentlichen Verkaufsstellen sind im Wesentlichen kleine Shops im Familienbesitz. Auch im Jahr 2006 wurden nur geschätzte 5 bis 6 Prozent der Waren über Supermärkte und Shoppingmalls vertrieben, 95 Prozent aller Waren dagegen durch kleinste Geschäfte und Märkte.

Der Markt für industrielle Güter hat sich ebenfalls sehr dynamisch entwickelt. Vor allem klassische Bereiche der deutschen Exportindustrie wie Maschinen zur Produktion von Textilien, Papier, Metall- und Kunststoffbearbeitung und Verpackung finden angesichts des hohen Bedarfs an Fertigerzeugnissen guten Absatz. Gleichzeitig steigen die Anforderungen der indischen Konsumenten an Qualität, was wiederum bessere Maschinen in der Herstellung notwendig macht. Sowohl die Deutsch-Indische Handelskammer als auch die Federation of Indian Chambers of Commerce and Industry (FICCI) verfügen über ausgezeichnete branchenspezifische Informationen, weshalb nachfolgend nur auf einige ausgewählte Bereiche von internationaler Relevanz beispielhaft eingegangen werden soll.

3.6 Wichtige Sektoren

3.6.1 Infrastrukturentwicklung

Wie im vorangegangenen Kapitel erläutert, weist Indiens Infrastruktur sowohl im Vergleich mit anderen Ländern Asiens als auch im Verhältnis zu seinen Möglichkeiten und Anforderungen deutliche Defizite auf. Erst vor wenigen Jahren wurde die letzte Dampflokomotive ausgemustert, und viele Bereiche öffentlicher Infrastruktur haben tatsächlich noch den Charme der ersten Hälfte des 20. Jahrhunderts. Gerade der staatliche Bereich hat es versäumt, massiv in den Ausbau zu investieren, und wird nun von dem starken Wirtschaftswachstum völlig überrascht.

Immerhin gibt es mehr und mehr BOT (Build-Operate-Transfer)-Projekte in Indien – vor allem beim Bau von Flughäfen, Containerhäfen und Autobahnen. Die ersten Ansätze dieser Privatisierung zeigen bereits deutlich positive Auswirkungen. Am eindrucksvollsten ist dies bei der Telekommunikation zu beobachten: Dauerte es noch bis Mitte der 90er Jahre bis zu zehn Jahre, um einen Telefonanschluss zu bekommen, so ist dies heute in den meisten Städten eine Frage von wenigen Tagen.

Dieser Sektor bietet sicherlich das größte Potenzial. Laut Planungskommission sind für Infrastrukturentwicklung für die Jahre 2008 – 2012 insgesamt 8,45 Billionen Rupien bereitgestellt worden, das sind etwa 150 Milliarden Euro. Im Vergleich zu den fünf Jahren davor bedeutet das eine Steigerung von über 40 Prozent. Allein im Bereich der Stromverteilung wird der Investitionsbedarf für den genannten Zeitraum auf 32 Milliarden Euro geschätzt. Weiterhin wurden Investitionen für 66 Gigawatt an zusätzlicher Kraftwerkskapazität genehmigt, was weitere Millardeninvestitionen bedeutet.

Um die Chancen in diesem Sektor zu nutzen, bedarf es eines besonders langen Atems und viel lokaler Sachkenntnis. Ausschreibungsverfahren und Genehmigungen sind oft von außen betrachtet undurchschaubar, und es kommt bei der Durchführung der Projekte immer wieder zu langen Verzögerungen. Wenn der Flughafen Bangalore im Jahr 2008 (hoffentlich) seiner Bestimmung übergeben sein wird, betrug die Planungs-, Auschreibungs- und Projekterstellungsphase 20 Jahre! Ein wahrhaft langer Atem – auch wenn das jetzige Konsortium (Siemens mit Flughafen Zürich) den Zuschlag erst im Jahr 2001 erhielt, also erst sieben Jahre an dem Projekt arbeitet.

3.6.2 Produzierendes Gewerbe

Das produzierende Gewerbe in Indien wuchs in den vergangenen fünf Jahren in etwa im Rahmen des Bruttosozialprodukt-Wachstums von 6 bis 8 Prozent. Dadurch hat sich der Anteil am Gesamt-Bruttosozialprodukt auch nur marginal von 25 Prozent auf 26 Prozent verändert. Das produzierende Gewerbe wird nicht nur von den Exporten angetrieben, sondern in zunehmendem Maße auch vom wachsenden Inlandskonsum.

Dieses Buch kann keine Analyse sämtlicher Sektoren der indischen Industrie leisten, das ist auch sicher nicht im Interesse des Lesers. Deshalb sollen nachfolgend vor allem zwei Bereiche der produzierenden Wirtschaft herausgegriffen werden, die immer wieder auch in den westlichen Medien Aufmerksamkeit erregen: der Automobilsektor und die pharmazeutische Industrie.

3.6.2.1 Automobilsektor

Indiens Automobilindustrie boomt, angetrieben durch die enorme Binnennachfrage der wachsenden Mittelschicht. Während der Markt für Motorräder von indischen Herstellern (Bajaj) oder indisch-japanischen Joint Ventures dominiert wird (Hero-Honda), sind auf dem Pkw-Markt die koreanischen und japanischen Hersteller fast unter sich. Sie haben vor allem das Segment der Mittel- und Oberklasse/SUVs besetzt, während indische Hersteller sich auf die Kleinwagen spezialisiert haben, gelegentlich auch in Kooperation mit koreanischen Herstellern wie Hyundai. Deutsche Marken haben den Anschluss verpasst und spielen keine Rolle (mehr). Mercedes hat eine CKD-Fertigung in Pune mit noch geringen Produktionszahlen, wächst aber stark. Opel, einstmals Marktführer in der indischen Mittelklasse, ist fast vom Markt verschwunden. Alle anderen deutschen Automobilunternehmen haben den Markteintritt schlichtweg verschlafen. Aus Indien heraus werden kaum Autos exportiert – dafür sind die Economies of Scale der Produktionsstätten noch nicht ausreichend.

Über drei Viertel aller verkauften Fahrzeuge sind Zweiräder, nur etwa 15 Prozent sind Autos. Die Relation von Pkw pro Einwohner ist immer noch sehr gering, sie beträgt sechs Autos pro 1 000 Einwohner. Allerdings soll der Output der Pkw-Produktion innerhalb der nächsten fünf Jahre um mehr als 50 Prozent wachsen.

Hersteller wie BMW (Chennai) und VW (Pune) versuchen, Boden gut zu machen, und planen CKD-Fertigungen in Indien. Dabei wird die Modellpolitik eine sehr große Rolle spielen. Wohlhabende Inder sitzen in der Regel auf dem Rücksitz ihrer Autos – vorne sitzt der Fahrer. Auch aus diesem Grund hatten wohl Modelle wie die C-Klasse von Daimler oder der 3er BMW kaum eine Chance – haben Sie dort jemals auf dem Rücksitz gesessen?

Ganz anders sieht es aus deutscher Sicht in der Zulieferindustrie aus, wo Hersteller wie VDO, Bosch oder Hella durchaus beachtliche Marktanteile halten. Die Zulieferindustrie bietet angesichts des boomenden Nachfragemarktes ausgezeichnete Chancen für langfristiges Wachstum. Weiterhin ist es attraktiv, aus Indien heraus Teile an andere Produktionsstätten oder Kunden in der Welt zu liefern, Mico-Bosch macht das z. B. seit Jahren sehr erfolgreich. Die Exporte von Zulieferteilen aus Indien wachsen seit mehreren Jahren konstant um mehr als 30 Prozent im Jahr.

3.6.2.2 Pharma

Wenn es einen Produktionssektor gibt, der durch starke Exporte und internationale Expansion aufgefallen ist, so ist das der Pharmasektor. Die großen Namen in diesem Sektor sind Ranbaxy, Dr. Reddy's, Aurobindo, Sun Pharma oder Cipla. Die pharmazeutische Industrie setzt dabei auf zwei Wachstumsfelder:

- Generika (hier haben Hersteller wie Dr. Reddy's inzwischen signifikante Marktanteile außerhalb Indiens), außerdem werden innerhalb Indiens hauptsächlich Generika als Medikament der Wahl eingesetzt. Es gibt kaum pharmazeutische Forschung in Indien, aber durchaus hochmoderne Medikamentenherstellung.
- Homöopathische Medikamente & Naturmedizin
  Der Trend zur Homöopathie und Naturheilkunde hat nicht nur in der westlichen Welt, sondern auch in Indien viele Anhänger. Viele deutsche Hersteller homöopathischer Medikamente lassen selbige in Indien herstellen, und ayurvedische Medizin kommt ohnehin fast ausschließlich von dort.

Die pharmazeutische Industrie hatte vor allem in den Jahren 2005 und 2006 echte Boomjahre, bedingt durch das Auslaufen vieler Patente der etablierten Pharmafirmen aus der Schweiz, Deutschland und den USA. Dies wird sich so in den Jahren 2007 und 2008 nicht wiederholen, sodass auch viele pharmazeutische Unternehmen mit dem zunehmenden Druck auf die Margen leben müssen.

3.6.3 Dienstleistungen

Indien gilt als der Service-Hub der Welt, wobei dies meistens auf die große Menge an Call Centern und sogenannten Business Process Outsourcing Centern bezogen wird. Die guten Englischkenntnisse gemeinsam mit der sehr guten Schulbildung vieler Inder haben es ermöglicht, gerade aus den USA und dem englischsprachigen Raum Europas viele Serviceleistungen, die per E-Mail oder Telefon abgewickelt werden können, nach Indien zu verlagern. 80 Prozent aller Servicedienstleistungen Indiens werden in die USA oder nach Großbritannien exportiert.

Fast 60 Prozent seines Bruttosozialproduktes erwirtschaftet Indien im Dienstleistungssektor, das ist nicht nur ein Spitzenplatz unter den aufstrebenden neuen Wirtschaftsmächten (zum Vergleich: China liegt bei etwa 40 Prozent Anteil des Dienstleistungssektors am Bruttosozialprodukt), sondern unterstreicht auch die Bedeutung dieses Bereiches für den Export. Allerdings soll hier nicht vergessen werden, dass in Indien jeder Handlanger, der irgendwo auf dem Land Wasserpumpen repariert, zum Dienstleistungssektor zählt. Die Dienstleistungsexporte (und die entsprechen wohl eher dem international relevanten Teil der Dienstleistungen) machten 2007 etwa 5 Prozent der Gesamtexporte aus.

Neben dem weit bekannten IT-Sektor, auf den im Abschnitt 3.6.4 noch detailliert eingegangen wird, hat sich Indien aber auch in anderen Sektoren der Dienstleistungen etabliert. Zu nennen ist der gesamte medizinische Bereich. Viele Labors in Europa und den USA versenden mittlerweile Proben nach Indien, die dort mikroskopisch untersucht werden – das Ergebnis wird dann per E-Mail zurückgeschickt. Zahnersatz wie Brücken, Keramikinlays usw. kommen auch zunehmend aus Indien. Und für Behandlungen fliegen immer mehr Menschen nach Indien – aus Deutschland sind es, dank einer prinzipiell fast kostenlosen ärztlichen Versorgung, noch nicht so viele; die meisten kommen aus den USA, dem arabischen Raum oder Großbritannien. Dabei werden Standardoperationen (Lasern von Kurzsichtigkeit) ebenso durchgeführt wie aufwändigere Eingriffe (Bypass) oder gar, wie im Sommer 2007, die gleichzeitige Transplantation von Leber und Niere von zwei Spendern bei einem Kind. Gründe, warum viele Menschen nach Indien gehen, sind die erstklassigen Ärzte, Geräte auf hohem internationalem Niveau und, dadurch dass das Pflegepersonal und auch die Ärzte erheblich weniger verdienen, die geringeren Kosten. Ein Röntgenbild in einer Privatklinik schlägt mit acht Euro zu Buche, eine Augenoperation (Laser) mit 800 Euro und ein Bypass mit 3 000 Euro. Diese Kosten beinhalten die gesamte Nachversorgung. Wer die Kosten in Deutschland oder USA in etwa kennt, versteht, warum viele Menschen sich bereits auf den Weg nach Indien machen.

Weitere Dienstleistungen, bei denen sich Indien etabliert hat, sind Zeichnungen für Architekturentwürfe, technische Zeichungen oder aufwändige statistische Berechnungen und Analysen.

3.6.3.1 Tourismus

Der Tourismus hätte in Indien sicherlich ein enormes Potenzial, wenn nicht die Einstellung vorherrschen würde, dass ausländische Touristen zunächst einmal „Melkkühe“ sind, die es auszubeuten gilt. Es gibt wenige, die bedingt durch die Liebe zu Land und Leuten oder einem Guru wirklich mehrmals nach Indien kommen. Die meisten sagen bereits nach der ersten Reise: „Es war hochinteressant, aber noch mal muss ich da nicht hin!“

Indien verfügt über beeindruckende Monumente, wunderschöne Strände, eine Natur, die von den Wüsten Rajastans über den Dschungel Südindiens bis hin zum Himalaya alles bietet, was sich der Reisende nur vorstellen kann, das Ganze gepaart mit einer überwiegend sehr freundlichen, aufgeschlossenen Bevölkerung – woher kommt also dieses völlige Versagen des Tourismus? Der gesamte Subkontinent konnte mit knapp vier Millionen Besuchern nicht einmal ein Drittel der Touristenzahl anlocken des relativ kleinen Thailand.

Einer der Gründe ist sicherlich auch hier die ungenügende Infrastruktur – viele Sehenswürdigkeiten sind nur schwer oder beschwerlich zu erreichen; gute Hotelzimmer sind Mangelware, und warum sollte ein Tourist 250 Euro für ein Zimmer in Goa bezahlen, wenn es im benachbarten Sri Lanka die gleiche Leistung für 100 Euro gibt? Luxussteuer und spezielle Ausländerpreise bei Flugreisen und Eintrittstickets machen den Spaß, durch Indien zu reisen, zu einem teuren Vergnügen. Es gibt zwar den extremen Luxus für diejenigen, die sich für 7 000 Euro eine einwöchige Zugfahrt zu zweit durch Rajastan gerne leisten, aber für den Normaltouristen fehlen saubere, einfache Unterkünfte mit gutem Standard.

Ein weiterer Grund ist, dass Indien zwar sehenswert ist, es aber nicht verstanden hat, rings um seine Sehenswürdigkeiten eine gewisse Atmosphäre der Ruhe oder Besinnung zu schaffen, sodass die Touristen den Platz wirklich genießen können. Stattdessen stehen überall Verkaufsstände und Garküchen, Bettler zupfen links und rechts am T-Shirt und selbsternannte „Guides“ folgen den Touristen auf Schritt und Tritt – sodass vor allem für ausländische Touristen der Besuch zu einer nervenden Qual werden kann.

Der Tourismus hat also durchaus noch enormes Potenzial – viele Länder in Asien haben gezeigt, wie durch eine angenehme Atmosphäre, vernünftige touristische Infrastruktur und exzellente Organisation dieser Devisenbringer wirklich positiv genutzt werden kann.

Andere exportorientierte Dienstleistungsbereiche haben ebenfalls ihr Potenzial noch lange nicht ausgeschöpft – sodass auch für die kommende Jahre erwartet werden kann, dass dieser Sektor noch an Bedeutung gewinnen wird.

3.6.4 IT, IT-Services und BPO

Die Industrie, die Indiens Image in der Welt in den vergangenen Jahren am nachhaltigsten verändert hat, war sicherlich die IT-Industrie, oft auch als die wissensbasierte Industrie bezeichnet. Die viel porträtierten „Computer-Inder" machten solch einen bleibenden Eindruck auf Politiker der sogenannten entwickelten Länder, dass die meisten sofort eine „Green Card" einführten, um sich einen Teil dieser Intelligenz zu Nutze zu machen. Andere wiederum fühlten sich so bedroht, dass sie sich vor allem im Wahlkampf nicht zu schade waren, mit Slogans wie „Kinder statt Inder" auf Stimmenfang zu gehen.

Im Internet finden immer noch T-Shirts guten Absatz mit Aufschriften wie „My job got ‚Bangalored' to India and all I have left is this f... T-Shirt". Was uns diese Zeichen mitteilen, ist sicherlich weit mehr als nur äußerst zweifelhafter Humor, sondern eine gewisse Erkenntnis, dass hier ein Land nach oben kommt in einem Bereich, den bislang die Industriestaaten klar besetzt hielten. Damit kommen viele Menschen zunächst nicht zurecht.

Es gibt keinen Zweifel an der rapide wachsenden Bedeutung der gut ausgebildeten IT-Spezialisten aus Indien. Indische Softwareeingenieure sind nicht nur als leistungsbereite, „hungrige" Wissensträger ein Exportschlager – Indien selbst hat es auch verstanden, dieses Wissen innerhalb des Landes so nutzbar zu machen, dass heute die produzierte Software oder IT-Dienstleistungen das zweitwichtigste Exportgut nach Rohstoffen ist. IT-Exporte aus Indien haben also andere Güter wie Textilien bereits überholt.

Wie kam es zu diesem Aufschwung? Sicherlich war es keine besondere Wirtschaftsförderungsmaßnahme der indischen Regierung, die diesen Boom ermöglicht hat. Es war vielmehr das Vorhandensein eines halb-staatlichen High Tech Clusters in Bangalore, das schon immer das Zentrum der indischen Flugzeug- und Weltraumforschung war, gepaart mit dem Vorhandensein einiger spezialisierter Universitäten mit ausgezeichneten Wissenschaftlern. Findige indische Unternehmer wie Narajan Murthy (Infosys) oder Azim Premji (Wipro) erkannten dieses Potenzial und machten sich mit einer Gruppe von Softwarespezialisten selbständig – und schon war die IT-Erfolgsstory in den achtziger Jahren geboren. Erste Unternehmen wie Motorola, Texas Instruments oder Robert Bosch erkannten früh diese Chance und verstärkten den Trend. Frühe Nachahmer wie SAP, Microsoft oder IBM verhalfen der IT-Geschichte schließlich in den 90er

Jahren zum Durchbruch. Heute hat allein Bangalore über 300 000 Menschen in der IT-Industrie beschäftigt und mehr als 1 000 internationale Unternehmen sind dort vertreten.

Inzwischen ist diese Industrie weit über die Grenzen von Bangalore hinausgewachsen und hat mit Hyderabad, Chennai, Pune, Gurgaon und auch Kolkata weitere Zentren geschaffen, in denen sich viele lokale und internationale Unternehmen angesiedelt haben. Man muss dabei zwischen verschiedenen Wachstumsbranchen unterscheiden:

IT-Services (ITS)

IT-Services sind klassische Dienstleistungen im IT-Umfeld, wie z. B. das Einrichten und Konfigurieren von Softwarepaketen (eine SAP-Einführung bei einem großen Kunden kann durchaus einige Dutzend Spezialisten viele Monate beschäftigen), die Migration von Software-Produkten, IT-Beratung oder spezielle Software-Entwicklungsprojekte im Kundenauftrag. Insgesamt beschäftigt dieser Sektor gut eine halbe Million hochqualifizierte Ingenieure und Informatiker und erwirtschaftet zwei Drittel der Dienstleistungsexporte Indiens. Die fünf großen Player (die zusammen mehr als die Hälfte der Wirtschaftsleistung dieses Sektors ausmachen), sind: Tata Consultancy Services (TCS), Infosys, Wipro, Satyam und HCL.

IT-Enabled-Services (ITES)

IT-basierte Industrien und BPO(-ITES): Dieser Sektor ist vor allem auf das Outsourcing diverser Teile der Wertschöpfungskette von Unternehmen spezialisiert und bedient sich dazu moderner IT. Dies sind also z. B. Human-Resource-Prozesse (Lohnabrechnung, Recruiting) oder Prozesse der Finanzabteilung. Es werden auch sehr viele kundennahe Prozesse ausgelagert, insbesondere aus dem englischsprachigen Raum (USA, Großbritannien) – also etwa Telemarketing, Telefonverkauf oder Servicecenter. Der Sektor beschäftigt etwa 300 000 Mitarbeiter, die zumeist eine gute Schulausbildung absolviert haben, aber nicht notwendigerweise ein Universitätsstudium benötigen. Die größten Player in diesem Markt sind WNS, Wipro-Spectramind, Daks e-Services, Convergys und HCL BPO-Services.

Interessanterweise werden diese Dienstleistungen inzwischen auch vermehrt in deutscher Sprache angeboten: So betreibt zum Beispiel Hewlett-Packard seine Services für alle seine Endkunden (insbesondere die Käufer der Drucker und Scanner) aus Indien – auch für deutsche Kunden.

BPO (Busines Process Outsourcing) ist keine spezielle indische Erfindung, sondern ein weltweiter Trend bei großen Firmen, lediglich die Kernkompetenzen innerhalb des eigenen Hauses zu behalten und den Rest auszulagern. Der dahinterstehende Gedanke ist, dass diese Leistungen außerhalb günstiger angeboten werden können und außerdem besser erbracht werden. Indische Firmen haben diesen Trend rechtzeitig erkannt und die Methodik so sehr verfeinert, dass der eigentliche Nutzer dieser Services (entweder Mitarbeiter des eigenen Unternehmens oder Kunden/Lieferanten) gar nicht mehr feststellt, wo dieser Service eigentlich herkommt.

Forschung & Entwicklung (R&D)

Vielfach als die höchste Stufe in der Entwicklungskette angesehen, umfasst Research and Development auch die eigentliche Softwareproduktentwicklung. Dies geht also über die Entwicklung einfacher Teilprodukte nach genauen Kundenanforderungen weit hinaus und beinhaltet die eigenständige Entwicklung ganzer Produkte von den initialen Anforderungen bis hin zur Auslieferung und Wartung. In diesen Bereich gehört außerdem auch das Abwickeln kompletter Forschungsaufträge, von der Grundlagenforschung bis zum „Brain Lab" für die Neuproduktentwicklung.

Knowledge Process Outsourcing (KPO)

KPO ist ein relativ junger Bereich in diesem Sektor, der deshalb noch nicht gesondert statistisch erfasst ist. Bei KPO handelt es sich um Dienstleistungen, die besonders in den analytischen Bereich gehen, also etwa eine Analyse von eigenen, weltweiten Verkaufszahlen, Benchmarking mit anderen Sektoren, Konkurrenzanalyse, Marktforschung und dergleichen. Der Sektor wächst sehr stark und baut vor allem auf die hervorragenden analytischen Fähigkeiten indischer MBA und Ingenieure. Ein wichtiger Player auf diesem Markt ist die indisch-schweizerische Firma Evalueserve mit etwa 1 500 Mitarbeitern.

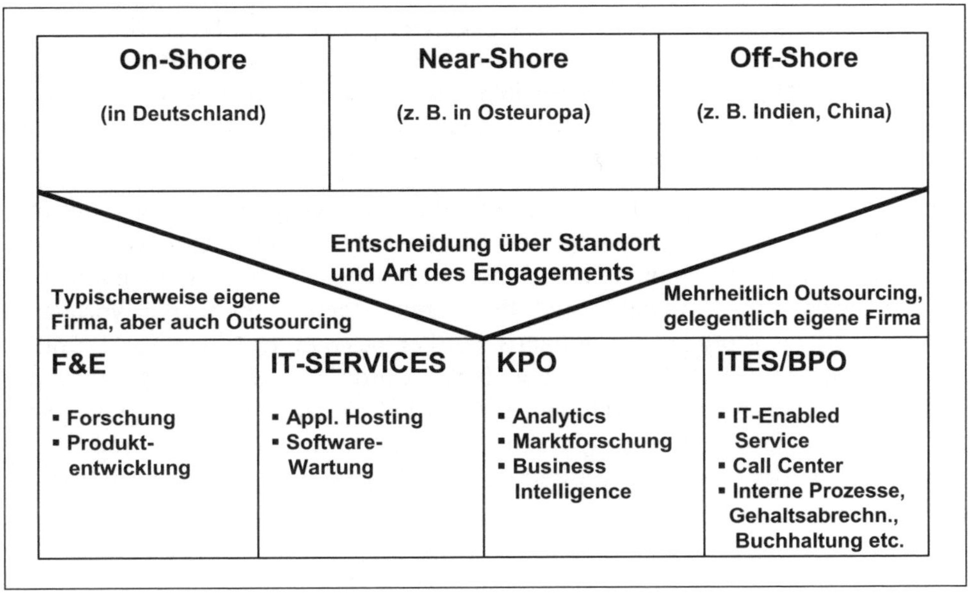

Abbildung 4: *IT-Dienstleistungen aus Indien*

Viele Unternehmen sind nach zehn oder mehr Jahren in Indien inzwischen so weit aufgestellt, dass sie vollständige Software und IT-nahe Produkte entwickeln können. Führend aus deutscher Sicht sind Firmen wie Robert Bosch und SAP, aus US-Sicht ist die Firma General Electric mit ihrem „John F. Welch Technology Centre", in dem 1 300 promovierte Wissenschaftler forschen, am weitesten gegangen. Im Gegensatz dazu haben sich viele Unternehmen (darunter bekannte Namen wie Dell, Micrososoft, IBM) strategisch anders positioniert und liefern aus Indien nur kleine Teile von Projekten oder klar spezifizierte Services. Bei diesen Firmen werden die indischen Unternehmensteile eher als verlängerte Werkbank genutzt.

Sicherlich ist die gesamte IT-Branche der zukunftsträchtigste Sektor der indischen Wirtschaft. Das starke Wachstum der rein wissensbasierten Industrien und hier insbesondere der Informationstechnologie spricht für sich: War vor zehn Jahren gerade einmal ein Prozent der indischen Exporte IT-Dienstleistungen, so sind es 2007 bereits über fünf Prozent, immerhin eine Verfünffachung des Anteils und eine Verachtfachung im Volumen. Dieser Anteil wird weiter wachsen, denn erstens ist das weltweite Potenzial zum Offshoring von IT-Dienstleistungen noch lange nicht ausgeschöpft, und zweitens ist Indien so gut wie kein anderes Land der Erde positioniert, von der Erschließung dieses Potenzials zu profitieren.

Indien besitzt den mit weitem Abstand größten Pool an englischsprachigen, sehr gut ausgebildeten IT-Fachkräften, und der Abstand zu anderen Nationen wächst. Gleichzeitig haben indische Unternehmen ihre Qualitätsprozesse so verfeinert, dass es Firmen aus anderen Ländern schwer haben werden, dieses Service- und Qualitätsniveau zu erreichen.

Der IT-Sektor kann eigentlich nur durch zweierlei „ausgebremst“ werden. Das eine Szenario wäre ein weiterer Trend lokaler Politiker, unsinnige Vorschriften zu erlassen, wie z. B. Quoten für bestimmte Sprach- oder Bevölkerungsgruppen bei der Einstellung (Karnataka spielt hier bereits einen unrühmlichen Vorreiter). Das andere Szenario wäre ein dramatischer Fehlbestand qualifizierter IT-Kräfte, der zu massiven Gehaltssteigerungen führen würde, bei gleichzeitigem Sinken der Produktivität, bedingt durch häufige Fluktuation der Mitarbeiter. Beide Szenarien können durch eine enge Zusammenarbeit zwischen Wirtschaft und Politik vermieden werden – es bedarf allerdings des Willens dazu, der nicht immer erkennbar ist.

4. Kulturelle Einflussfaktoren

4.1 Morallehren/Religion

4.1.1 Von Religion, Gurus und Ashrams

Indien ist unter den großen Staaten dieser Welt das Land, in dem Spiritualität die vergleichsweise größte Bedeutung hat. Kein anderes Land hat so viele verschiedene gleichberechtigte Religionen, spirituelle Führer sowie Klöster und Ashrams. Auch im täglichen Leben wird dies deutlich, haben doch die Inder einen starken Bezug zu ihrer Religion und bekennen sich offen zur spirituellen Richtung, der sie angehören. Faszinierend für Ausländer ist bei dieser Relevanz der Religion die Unbekümmertheit um den Glauben des jeweils anderen; in unserer Familie sitzt man bei Tisch und stellt erst nach langer Zeit fest (wenn überhaupt), dass Muslime, Hindus, Christen und ein Parse hier gemeinsam speisen, jeder nach seinen Regeln, aber dennoch gemeinsam. Dies gilt natürlich nicht für alle Inder.

Religiosität in Indien bedeutet nicht nur die offizielle Zugehörigkeit zu einer Religion, die dann mehr oder weniger gelebt wird, wie dies im Christentum der Fall ist; Religiosität in Indien ist der tägliche Umgang mit den Göttern, die tägliche Zwiesprache, das Anrufen der Götter bei allen Problemen, die Teilnahme an Prozessionen und rituellen Handlungen, die Durchführung vorgeschriebener „pujas", von Zeremonien zur Verehrung von Göttern.

Aber ebenso gehört der zwanglose Umgang mit Göttern dazu, mit denen man lacht, die in Comics vorkommen oder deren Anbetung man mangels Zeit auch einmal schnell im Internet erledigen kann!

Beten online – auch das ist Indien.

In Indien herrscht Religionsfreiheit, und auch im täglichen Geschäftsleben spielt die Zugehörigkeit zur Religion keine Rolle. Unglücklicherweise genügen aber oft kleine Anlässe, um die Volksseele zum Kochen zu bringen – und dies endet oft in Pogromen. Die bekanntesten Ereignisse aus der jüngeren Geschichte waren die Verfolgung der Sikhs nach der Ermordung Indira Gandhis (1984) sowie die gegenseitige Ermordung von Hindus und Moslems, nachdem in Ayodhya ein Tempel auf dem Gelände einer Moschee gebaut werden sollte und diese Moschee von Zehntausenden fanatischen Hindus zerstört wurde (1992), oder die

Verfolgung der Moslems in Gujarat, nachdem ein Eisenbahnwaggon mit hinduistischen Pilgern in Brand gesteckt worden war (2002). Diese Verfolgungen werden von bestimmten politischen Gruppen bewusst gesteuert und ausgelöst – oft aus machtpolitischem Kalkül. Nachdem dann viele Tausend Menschen grausam zu Tode gekommen sind und Hunderte von Häusern gebrandschatzt wurden, stirbt das Pogrom wie von Geisterhand gesteuert.

Doch es dominiert die friedliche Seite der Spiritualität. Im Westen sehr bekannt sind die sogenannten Ashrams, die letztlich nichts anderes sind als ein Ort der Ruhe und Besinnung, meist dominiert von einem Tempel, in dem Menschen unterschiedlichster Herkunft arbeiten und leben. Das Leben folgt strengen Regeln; aber im Gegensatz zu dem uns bekannten Klosterleben sind die Mauern nicht ganz so hoch. Besuche sind also erlaubt, wenn nicht gar erwünscht, und in den meisten Ashrams können die Anhänger einen Tag, eine Woche, ein Jahr oder eben ihr ganzes Leben bleiben. In unserer etwas eingeengten westlichen Sicht empfinden wir Ashrams als einen Hort, an dem sich mit ihrem Leben unglückliche Menschen oder manchmal gar etwas verwirrte Geister einfinden, um etwas zu suchen, was unsere Gesellschaft ihnen nicht (mehr) bietet. In der Tat sind die meisten westlichen Besucher oder Bewohner verbliebene Reste der Hippie- und Aussteigerkultur oder alleinstehende Menschen (meist Frauen) mittleren Alters, die einen neuen Sinn für ihr Leben suchen. In Indien jedoch ist es nicht außergewöhnlich, dass sich auch hochbezahlte Experten der unterschiedlichsten Berufsrichtungen für ein paar Wochen oder Monate in einen Ashram zur Besinnung und Selbstfindung zurückziehen und danach „erneuert“ ins Berufsleben zurückkehren.

Viele moderne Inder kann man nicht mehr als besonders tiefgläubig bezeichnen – das ist in Indien nicht anders als in anderen Ländern auch, wo die Bedeutung der Religion als einziger Wertmaßstab abnimmt. Dennoch herrscht ein stark verwurzelter Glaube vor, dass es für bestimmte Ereignisse von Bedeutung „gute“ und „schlechte“ Tage gibt und dass nur ein Priester diese Tage bestimmen kann. Niemals würde ein Inder sein neues Haus einweihen, ohne vorher den besten Tag dafür mit einem Priester bestimmt zu haben. Auch eine Hochzeit muss zwingend diesen Regeln folgen. Als in Indien lebender ausländischer Geschäftsmann muss man auch lernen, dass jedes Bauprojekt nur an bestimmten Tagen starten kann sowie auch jeder Gebäudeteil später durch eine Zeremonie mit einem Priester eingeweiht werden muss. Es ist sehr wichtig, diese Regeln zu befolgen, da Mitarbeiter sich sonst sehr unwohl fühlen oder gar die Arbeit verweigern – insbesondere wenn bestimmte ungünstige Ereignisse darauf zurückgeführt werden, dass die Tage für die Grundsteinlegung oder Eröffnung eines Gebäudes nicht nach den Regeln der Religion bestimmt wurden.

Es gibt in Indien Hindus, Muslime, Christen, Buddhisten, Parsen, Jains, Sikhs, um nur die wichtigsten zu nennen. Dass diese Religionen und Morallehren in einem Land mit über einer Milliarde Menschen weitgehend friedlich koexistieren, erscheint uns nahezu unverständlich. Wir möchten daher auf einige dieser Glaubensrichtungen im Folgenden näher eingehen und versuchen darzulegen, wie sehr und in welchen Bereichen der Alltag der Inder von diesen beeinflusst wird. Das Wissen darüber ist ein wesentlicher Baustein in dem Bemühen, unsere indischen Geschäftspartner zu verstehen. Ohne die Kenntnis der unten nur sehr allgemein dargelegten Ausführungen ist ein Verstehen Indiens unmöglich.

4.1.2 Buddhismus

Obwohl der Buddhismus als Morallehre durch Gautama Buddha in Indien entstand und dort auch seine ersten Anhänger fand, ist er heute in Indien nur relativ schwach vertreten (ca. 7,3 Millionen Anhänger). Dies ist vor allem durch die Vielzahl der Eroberungen und Kriege der vergangenen Jahrhunderte zu erklären, durch die der Islam und das Christentum mehr mit dem Schwert als mit spiritueller Überzeugungskraft in Indien verbreitet wurden. Da diese Weltreligionen die Gewalt als legitimes Mittel akzeptierten, konnten sie eine auf Gewaltfreiheit ausgerichtete Religion wie den Buddhismus erfolgreich verdrängen. Trotzdem spielt der Buddhismus eine Rolle, da sich die Inder der Wurzeln dieser Religion sehr wohl bewusst sind und die Geschichte Buddhas Teil vieler Kinderbücher und der Schulbildung ist.

Siddharta Gautama wurde vermutlich im 3. oder 4. Jahrhundert v. Chr. in Nordindien, an der Grenze zum heutigen Nepal geboren. Als er geboren wurde, so will es die Legende, konnte er bereits sprechen und laufen; verschiedene weitere glückverheißende Zeichen führten dazu, dass man ihn „Buddha", d. h. „Er, der sein Ziel erreicht hat", nannte. Als Prinz lebte er im Palast seines Vaters und ahnte nichts von der realen Welt. Erst nach seiner Heirat verließ er den Palast; was er draußen sah, nämlich einen kranken Menschen, einen Greis und einen Leichnam, erschütterte ihn zutiefst. Er zog mit Mönchen umher, meditierte und erfuhr schließlich die Erleuchtung. Den Rest seines Lebens widmete er dem Predigen seiner Lehre, die von der Vergänglichkeit allen Seins handelt. Im Gegensatz zum Hinduismus, in dem zwar der Körper vergeht, die Seele jedoch physisch real und unsterblich ist (atman), gelangte Buddha zu der Erkenntnis des „anatman", des „Nicht-Ich": Alles vergeht. Die „vier Wahrheiten" seiner Lehre lauten: Alles Leben ist Leiden; Ursache des Leidens ist die Begierde oder auch das Streben nach Werden und Nichtwerden, wodurch der Kreislauf der Wiedergeburt entsteht; gibt es dieses Streben nicht mehr, gibt es auch kein Leid; der Weg dahin ist der „Edle achtfältige Pfad".

Um also der ewigen Wiedergeburt, dem Rad der Reinkarnation, zu entkommen, gab Buddha bestimmte Übungen vor: die Übungen der Weisheit, der Moralität und der geistigen Disziplin. Durch ständige Meditation versucht man, einen höheren Bewusstseinszustand zu erreichen, um letztlich Geist wie Körper von allem Streben und allen Leidenschaften zu befreien. Diese Lehre von der Wahrheit und dem Pfad der Erleuchtung wird „dharma“ genannt.

Wie der Hinduismus kennt auch der Buddhismus das Konzept des „karma“, der Tat. Jegliche Tat hat Auswirkungen auf die nächste Wiedergeburt; es gilt daher, möglichst viele „gute“ Taten zu vollbringen, um der Erleuchtung näher zu kommen. Dies geschieht durch beten, opfern, spenden an die Armen etc.

Nach dem Tode Buddhas bildeten sich verschiedene Schulen, da seine Lehre unterschiedlich interpretiert wurde. Waren die einen der Auffassung, jeder könne zu einem Buddha werden (den quasi Interimszustand des nach Erleuchtung Strebenden nannte man „bodhisattva“), so meinten andere, Buddhisten sollten nicht nach Selbstbefreiung streben, sondern nur anderen helfen, diese Befreiung zu erreichen. Es entstand die Schule des „Großen Fahrzeugs“, „Mahayana“ genannt, der zufolge jeder zur Befreiung gelangen kann, und das „Kleine Fahrzeug“, „Hinayana“, in der der Einzelne sich um seine Befreiung kümmert.

Von Indien aus breitete sich der Buddhismus über ganz Asien aus; heute findet man seine Anhänger von der Mongolei über Tibet (Lamaismus) in Vietnam, Kambodscha, Sri Lanka und Japan. In vielen Ländern ist er die vorherrschende Religion und auch eng mit der Politik verwoben; in Indien selbst erlangte er eine Blütezeit um 300 v. Chr. unter König Ashoka, verlor aber später zusehends an Bedeutung.

Es gibt also keinen Gott im Buddhismus, keine Seele etc. Alles Leben ist Leiden; diesem gilt es zu entfliehen durch Entsagung allen Verlangens. Der Buddhismus ist eine sehr tolerante Religion, die andere Religionen neben sich bestehen lässt; hierin ähnelt er dem Hinduismus und unterscheidet sich deutlich von Christentum und Islam.

4.1.3 Hinduismus

Der Hinduismus (etwa 83 Prozent aller Inder sind Hindus) ist zweifellos die bestimmende Religion in Indien. Aber er hat nicht die uns gewohnte Form einer monotheistischen Religion: Es gibt nicht eine Kirche, ein religiöses Oberhaupt, ein religiöses Symbol oder ein heiliges Zentrum. Manche Hindus verehren einen Gott, andere viele Götter, Dämonen, Geister. Neben der Nichtverletzung von

Lebewesen, „ahimsa" genannt, stehen Tier- und Menschenopfer; neben Askese und Yoga stehen Blutopfer und Tantrismus. Also ist der Hinduismus überhaupt eine Religion? Wie können so viele Gegensätze nebeneinander bestehen?

Schon die Herkunft des Namens ist bezeichnend für die Unsicherheit, die Nicht-Hindus mit diesem Glauben verbindet. Die Perser nannten all diejenigen, die am Indus-Fluss (Nordwestindien) lebten, Hindus. Später wurde dies der Begriff für alle Nicht-Muslime. Die Briten schließlich, in dem Versuch einer Klassifizierung aller Religionen in Indien, bezeichneten im 19. Jahrhundert all diejenigen als Hindus, die nicht in der Lage waren, ihre Religion eindeutig anzugeben! Hindus waren also stets alle, die man nicht anderweitig zuordnen konnte; die Inder selbst haben sich früher nie als Hindus bezeichnet. Erst 1955 übernahmen sie die britische Definition und bezeichneten fortan im Hindu Marriage Act alle Inder als Hindus, die nicht einer anderen Religion angehören. Heute bezeichnen sich viele Inder als Hindus, bis hin zu den Angehörigen der BJP (Bharatiya Janata Party), der wohl bekanntesten der radikal-hinduistischen Gruppierungen. Aber zu einer eindeutigen Definition des Hinduismus sind wir noch immer nicht gelangt.

Ohne zu theoretisch werden zu wollen, ist doch schon der Begriff der „Religion" schwierig, da der Hinduismus hier nicht hineinzupassen scheint. Inder sprechen eher von Dharma, was etwa mit „Recht und Sitte" wiedergegeben werden kann, in welchem „das richtige Handeln" wichtiger ist als die jeweilige innere Beteiligung. Dharma unterscheidet sich je nach Geschlecht, Herkunft oder auch Alter. Ein Krieger hat ein anderes Dharma als eine Prostituierte; aber jeder hat, wenn er sich entsprechend seinem Dharma verhält, eine Hoffnung: die Hoffnung auf eine (bessere) Wiedergeburt. Dies ist die Besonderheit des Hinduismus (im Gegensatz zum Buddhismus): die Relativität des Dharma. Vereinfacht ausgedrückt: Verschiedenen Menschen stehen verschiedene Verhaltensweisen zu.

Es ist also schwierig, den Hinduismus zu definieren; zu viele unterschiedliche Strömungen lassen sich in Indien finden, die wenig miteinander zu tun haben scheinen. Die Unterschiede verschiedener Glaubenbekenntnisse innerhalb des Hinduismus sind manchmal größer als jene zwischen Judentum, Christentum und Islam, die ja in historischer Hinsicht sehr viel gemein haben. Alle Zahlen zu den Anhängern dieser „Weltreligion" sind daher kritisch zu betrachten, da die Definition eines „Hindu" – wie dargestellt – an sich schon schwierig ist. Hindus haben kein Problem damit, gleichzeitig buddhistischen Strömungen zu folgen, an Jesus Christus zu glauben oder Zen-Ritualen zu folgen. Es geht nicht um verschiedene Religionen, sondern um unterschiedliche Wege, die aber gleichwertig sind. Hindu ist man durch Geburt, nicht durch Konversion: Man kann nicht in eine Religion konvertieren, die es als festes Gebilde ja gar nicht gibt. Man kann sich als Hindu bezeichnen, egal woran man glaubt.

Hinduismus ist also eine Sammlung verschiedener religiöser Lehren, die ihren Anfang vor mehr als 4 000 Jahren im Nordwesten von Indien nahmen. Der Hinduismus hat das Kastenwesen als soziale Ordnung wenn nicht akzeptiert, so doch entwickelt und verehrt überwiegend Wesen wie Krishna, Shiva, Vishnu, Rama oder auch Ganesh als göttlich. Die ersten schriftlichen Zeugnisse finden wir in den „Veden", heiligen Büchern, die wohl schon um 1500 v. Chr. zusammengestellt, aber erst viel später niedergeschrieben wurden. Es handelt sich um Hymnen und Rezitationen, Verse, in denen die indischen Schöpfungsmythen niedergelegt sind. Auch die hierarchische Denkweise des Kastensystems findet hier ihren Ursprung.

Die Vorstellung einer Reinkarnation (die nicht nur Wiedergeburt, sondern ja auch Wiedertod impliziert), kam wohl gegen 500 v. Chr. auf; durch gute bzw. schlechte Taten („karma") kann man sein nächstes Dasein beeinflussen. Sterblich ist nur der Körper, die Seele wandert weiter, bis sie eines Tages aus diesem Rad befreit wird und „moksha" erreicht, die Befreiung von Geburt, Tod und Wiedergeburt etc.

Hieraus folgt eine höhere Wertschätzung des spirituellen Reichtums als des materiellen; jener hilft mir für das nächste Leben, dieser nur für dieses, das ohnehin bald vergangen sein wird. Das Kastenwesen (siehe Kapitel 4.1.9) sichert jedem seinen Platz innerhalb der festen Hierarchie der indischen Gesellschaft zu; Name und Beruf geben Hinweise darauf. Im Buddhismus gibt es kein Kastenwesen, ein wichtiger Unterschied zum Hinduismus.

Die Mehrzahl der Inder praktiziert das tägliche Gebet; hinduistische Tempel sind in Indien an jeder Straßenecke, in jedem Geschäft zu finden. Jedes Haus, sei es auch noch so klein, besitzt einen Gebetsraum oder zumindest eine Gebetsecke – wobei der Ort nicht dem Zufall überlassen wird, sondern von einem Priester zu bestimmen ist.

Der Hinduismus hat somit nicht nur als Morallehre Einfluss auf das tägliche Leben, sondern auch als Ort der Besinnung. In einem Land wie Indien, in dem die Unterschiede zwischen Arm und Reich so manifest sind wie sonst an keinem Ort der Welt, spielt die Religion eine große Rolle als Mittlerin und moralische Instanz, die den Menschen diese Unterschiede erklären muss.

Es ist der Hinduismus, der den Menschen einen Platz innerhalb der indischen Gesellschaft zuweist und sie anspornt, durch ein „gutes" Leben ihren Platz in der Hierarchie in ihrem nächsten Leben zu verbessern und irgendwann diesen Kreislauf der Reinkarnation endlich zu verlassen. Bis dahin aber ist das jetzige Leben nur eines von vielen, in nur einer von vielen Erscheinungsformen.

Der Hinduismus hat aber in den vergangenen Jahren auch vermehrt Einzug gefunden in die Politik, wo sich Parteien mit einem klaren Bekenntnis zum Hinduismus verstärkt in den Wahlen durchsetzen konnten.

Abbildung 5: *Reklame für vegetarische Zahnpasta (Mumbai)*

Auch im Westen bot (und bietet) der Hinduismus vielen Menschen, die auf der Suche nach einer weniger materialistisch gesinnten Welt waren, eine Alternative. Die berühmten Ashrams in Poona (heute Pune) nahe Mumbai, die Hare-Krishna-Anhänger – gerade in den letzten Jahrzehnten des 20. Jahrhunderts. waren die meisten Indienreisenden primär an der spirituellen Seite Indiens interessiert. Aber auch 2006 kamen zu einer Kundgebung von Sri Sri Ravi Shankar (einem der weltweit bekanntesten Gurus, Gründer der „Art of Living Foundation“, nicht identisch mit dem Musiker!) über eine Million Menschen nach Bangalore; darunter Abgesandte der Europäischen Union und deutsche Politiker. Dieser spiritueller Führer unterhält auch im Ausland Ashrams (z. B. im Schwarzwald) und ist ein gefragter Redner. So sprach er beispielsweise schon beim World Economic Forum Davos, vor der UN-Vollversammlung und im Deutschen Bundestag. Es ist daher deutlich zu differenzieren zwischen den religiösen Führern, die auf das Seelenheil ihrer Anhänger konzentriert sind, und den in den 80er Jahren in Verruf geratenen Gurus wie „Baghwan Shree Rajneesh“ (später Osho genannt), der mit seinen Sanyasins genannten Anhängern auch in Deutschland für zweifelhaftes Aufsehen sorgte.

4.1.4 Karma und Reinkarnation

Die Reinkarnation, die Lehre von der Wiedergeburt in einem neuen Leben, ist nicht die einzige Nachtodvorstellung, die im Hinduismus zu finden ist. Da Reinkarnation aus westlicher Sicht zu den festen Bestandteilen indischer Kultur gehört, sollen hier die Vorstellung der Seelenwanderung und des Kreislaufs der Wiedergeburten (Samsara) erläutert werden. Was hat es also damit auf sich?

Zunächst kam die Idee auf, dass der Ort und auch die Art der Wiedergeburt (ob Mensch, Tier oder Pflanze) von den Taten (Sanskrit: „karma“) im irdischen Leben abhänge. Worin nun die „richtigen“ Taten bestanden, wurde erst im Laufe vieler Jahrhunderte herausgearbeitet. Die Konzeption einer Seelenwanderung existiert wohl ab dem 6. vorchristlichen Jahrhundert; hier entsteht vermutlich auch die Lehre des „Karma“: einerseits Befreiung, nämlich von der endlosen Reihe der Wiedergeburten, andererseits auch Herleitung des leidvollen Jetzt aus den Taten früherer Existenzen.

Jede Tat im Diesseits wirkt sich auf das nächste Leben aus. Karma sind also nicht gute oder schlechte Taten, Karma ist im Hinduismus, wie auch im Buddhismus und im Jainismus, die Folge jeglichen Tuns. Ziel muss es daher sein, dass das eigene Tun überhaupt keine Wirkung mehr hat, nur so ist dem Kreislauf der Wiedergeburten zu entkommen.

Allerdings können im Einzelfall die Götter durchaus Einfluss nehmen auf die weitere Entwicklung. Es wäre daher zu kurz gegriffen, wenn man sagte, Schicksal in Indien sei stets fatalistisch gesehen; der Inder ergäbe sich seinem Schicksal, da es ohnehin nicht zu ändern sei. Mitnichten. Man kann die Götter zu beeinflussen suchen, damit sie wiederum das eigene Schicksal wohlwollend ausrichten.

Mit dem Tod stirbt daher nur der stoffliche Teil des Wesens; die Seele besteht weiter und wird in einer anderen Form wiederkehren. Auf diese erneute Wiederkehr kann man einen gewissen Einfluss nehmen durch seine Taten im Jetzt. Dieses Bewusstsein ist es, was die tiefe Religiosität der Inder ausmacht, nicht die Ergebenheit in ein unausweichliches Schicksal.

4.1.5 Islam, Christentum, Judentum

Auf diese Religionen soll hier nicht inhaltlich eingegangen werden; wir wollen kurz die Situation in Indien schildern. Wenn auch nur 12 Prozent der Inder Muslime sind, so übersteigt allein diese Anzahl die der gesamten pakistanischen Bevölkerung! Im hinduistischen Indien leben also mehr Muslime als im islamischen Pakistan. Aus europäischer Sicht erscheint es schwierig, diese Kulturen miteinander in Einklang zu bringen. Aber in Indien ist das im Alltag (und vor allem im Geschäftsleben!) überhaupt kein Problem; Muslime und Hindus essen zusammen, arbeiten zusammen, heiraten einander! Tempel und Moscheen koexistieren; natürlich gibt es muslimisch geprägte Stadtviertel in den Großstädten, aber im alltäglichen Straßenbild muss man schon auf die Schriftzeichen achten, um festzustellen, wem ein Geschäft gehört. Jahrhundertelanges Zusammenleben hat zu einem entspannten Umgang miteinander geführt, der nur von religiösen oder politischen Fanatikern gelegentlich unterbrochen wird.

Hin und wieder kommt es zu religiös motivierten Auseinandersetzungen; dies soll nicht verschwiegen werden. Aber in Anbetracht der Relevanz, die die Religionszugehörigkeit derzeit in der westlichen Welt spielt, und der damit einhergehenden klischeehaften Vorverurteilung gelingt es den Indern, diese Problematik weitestgehend im Griff zu haben.

Christentum

Etwa 20 Millionen Christen leben derzeit in Indien; mit den Sikhs bilden sie die drittgrößte Religionsgruppe, wenn auch mit deutlichem Abstand zu den beiden großen Gruppen Hindus und Moslems. Schon seit fast 2 000 Jahren gibt es Christen in Indien; wenn auch viele ihre Herkunft auf angebliche Missionsreisen des Apostel Thomas zurückführen, waren es vermutlich Händler aus Mesopotamien, die um 300 n. Chr. nach Südwestindien kamen und sich dort niederließen. Die sogenannten St.-Thomas-Christen leben noch heute in Goa mit eigenen Kirchen. Erst im 19. Jahrhundert erfuhr Nordindien eine starke Missionierung, sodass heute dort der relativ größte christliche Bevölkerungsanteil aller Bundesstaaten besteht: in Mizoram sind es 97 Prozent, in Nagaland 65 Prozent, in Meghalaya 47 Prozent.

Die Hälfte der indischen Christen gehört der katholischen Kirche an, weitere 30 Prozent den orthodoxen Kirchen und der Rest den evangelischen Kirchen. Problematisch war stets die Verbindung der Missionstätigkeit mit der politischen Komponente; die Fremdherrschaft führte dazu, dass der Missionierung immer mit großem Misstrauen begegnet wurde. In der letzten Zeit kam es im Zuge hindunationalistischer Ausschreitungen auch immer wieder zu Übergriffen gegen christliche Gemeinden.

Islam

Der Islam breitete sich in Indien durch Invasionen aus dem Nordwesten aus (siehe Kapitel Geschichte); großen Zulauf erhielt er (wie das Christentum, der Jainismus und auch der Buddhismus) aufgrund der Tatsache, dass er das Kastenwesen ablehnt; vor allem die Unberührbaren, die unter dem Kastenwesen am meisten litten, wandten sich daher diesen ausländischen Religionen zu. Die Mehrheit der indischen Muslime gehört zu den Sunniten. Trotz der im Vergleich zu Pakistan hohen Anzahl von Muslimen spielt diese Gemeinschaft in Indien nur eine untergeordnete Rolle; auch hier gilt, dass die Religionen überwiegend friedlich miteinander leben. Ausschreitungen sind die Ausnahme; in vielen hinduistischen Familien ist auch eine Heirat mit einem Muslim durchaus akzeptiert. (Zu den Problemen im Zusammenhang mit der Teilung Indien siehe Kapitel 2: Historischer Überblick.)

Judentum

Nur etwa 6 000 Juden leben in Indien; vermutlich seit dem 11. Jahrhundert sind sie nach Indien eingewandert. Nach der Unabhängigkeit Indiens im Jahr 1947 verließen viele das Land und zogen nach Israel.

4.1.6 Jainismus

Die ca. 3,5 Millionen Jains, die heute in Indien leben, glauben wie Hindus und Buddhisten an die Lehre der Wiedergeburt und des Karma; in ihrem Glauben, dem Jainismus, steht der asketische Aspekt jedoch sehr deutlich im Vordergrund allen Tuns. Der Jainismus ist wie der Sikhismus als Gegenbewegung zum Hinduismus entstanden und lehnt das Kastenwesen ab.

Da Ahimsa, das Nicht-Verletzen von Lebewesen, eine zentrale Rolle spielt, sind Jains in vielen Berufen, die eine Verletzung dieser Regel mit sich bringen, nicht zu finden. Jains sind häufig Bankiers oder Händler, nie Bauern, da schon die Bearbeitung des Ackerbodens eine Verletzung von Lebewesen mit sich führen kann. Sie essen daher zumeist auch nur Nahrungsmittel, die über der Erde wachsen. Die Zwiebel ist ein wichtiger Bestandteil der indischen Küche; bei vielen Banketten (Hochzeiten) werden spezielle Speisen ohne Zwiebeln und anderes für Jains angeboten. Jains sind, wie auch die Parsen, häufig wohlhabend und stark im karitativen Bereich engagiert.

4.1.7 Parsen

Bei den Parsen („Perser“) handelt es sich um eine – heute vorwiegend in Indien lebende – Gemeinschaft von Anhängern des Zoroastrismus (persischer Glauben, Lehre des Zarathustra), die vermutlich etwa im 6. bis 8. Jahrhundert n. Chr. aus Persien nach Indien einwanderten. Ihre genaue Zahl ist nicht bekannt, wird aber mit etwa 70 000 bis 90 000 angegeben, die meisten davon leben in Mumbai.

Man kann nicht zu diesem Glauben konvertieren, sondern nur hineingeboren werden. Da auch nur eine Heirat innerhalb der Glaubensgemeinschaft erlaubt ist, geht die Zahl der Parsen kontinuierlich zurück. Parsen sind oft sehr wohlhabend und gelten als weltoffen. Bekannt sind die wohl bedeutendste Unternehmerdynastie Indiens, Tata, wie auch der Dirigent Zubin Metha. Übrigens war auch Freddie Mercury von der Rockgruppe Queen Parse; er wurde auf Sansibar in eine aus Indien stammende Parsenfamilie hineingeboren.

Da nach Meinung der Parsen die Elemente Luft und Erde nicht verschmutzt werden dürfen, auch nicht nach dem Tod, ist eine Bestattung im üblichen Sinne nicht möglich. Die Toten werden daher in den sogenannten „Towers of Silence“ abgelegt; dort verweste früher der Körper in der Sonne; heute werden Geier gerufen, denen die Leichname dargeboten werden. Die Knochen werden dann dem Meer oder auch Hunden übergeben. Da diese Türme in Mumbai in der Stadtmitte liegen und inzwischen auch nicht mehr die höchsten Gebäude der Stadt sind, kommt es immer wieder zu unangenehmen Zwischenfällen, wenn die Geier mit ihrer makabren Fracht zwischenlanden oder etwas verlieren ... Lässt sich diese Art der Bestattung nicht durchführen, wird meist die Feuerbestattung vorgenommen (so auch bei Freddie Mercury).

4.1.8 Sikhs

Der Glauben der Sikhs („Schüler“) unterscheidet sich signifikant von den anderen indischen Religionen, da er jegliche Hierarchie aufgrund von Beruf oder Geschlecht ablehnt; folglich wird auch das Kastenwesen nicht akzeptiert. Ja, der Glauben geht noch weiter: Männer und Frauen sind völlig gleichgestellt, Rituale wie Fasten, Totenverehrung, Verehrung bildlicher Gottesdarstellungen, Asketentum oder Bettelei zur Erlangung der Erleuchtung werden als unnötig angesehen. Ehrliche Arbeit, ein hoher moralischer Anspruch und der Glaube daran, dass alle Menschen gleich sind (auch Angehörige anderer Religionen!) und auch ohne

„Mittler“, also Priester oder Mönche, zur Erleuchtung kommen können, kennzeichnen diese Strömung, die als Gegenbewegung zum Hinduismus oder zum Buddhismus etwa im 15. Jahrhundert entstanden ist. Weltweit gehören ca. 20 Millionen Menschen diesem Glauben an, etwa 15 Millionen davon leben in Indien.

Es gibt daher keine Priester; insgesamt zehn Gurus, also Lehrer, haben in den letzten 500 Jahren gelebt. Nach dem Tod des letzten von ihnen gibt es auch keine Lehrer mehr; jeder Mensch ist selbst in der Lage, durch seinen Lebenswandel zu Gott zu finden. Auch gibt es kein zentrales Heiligtum; der Goldene Tempel von Amritsar (in der primär von Sikhs bewohnten Provinz Punjab im Nordwesten gelegen) gilt zwar als das bedeutendste religiöse Zentrum, ist aber kein Wallfahrtsort für Sikhs.

Der Respekt gegenüber allem Leben (der nicht per se mit Gewaltlosigkeit einhergeht) gebietet es gläubigen männlichen Sikhs, fünf Regeln einzuhalten. Hierzu zählt u. a., das Haupthaar nicht zu schneiden; es wird traditionell unter einem Turban aufgewickelt getragen. Als weiteres Zeichen ihrer Gemeinschaft tragen männliche Sikhs alle den Nachnamen Singh („Löwe“); prominentestes Beispiel ist der derzeitige (2007) indische Premierminister M. Singh. Die Farbe des Turbans spielt übrigens keine Rolle, sondern bleibt dem individuellen Geschmack überlassen.

1984 kam es unter der Regierung von Indira Gandhi (vgl. Kap. Geschichte) zu Unruhen, die Frau Gandhi schließlich mit der Erstürmung des „Goldenen Tempels“ beendete. Zahlreiche Sikhs fanden den Tod. Kurz darauf wurde Indira Gandhi von ihren beiden Leibwächtern, beide Sikhs, erschossen. Man hatte sie gewarnt, aber sie war der Meinung, bei ihren Leibwächtern sicher zu sein.

4.1.9 Das indische Kastensystem und das Denken in Hierarchien

Das sogenannte „Kastensystem“ gehört untrennbar zur indischen Kultur und ist ein spezifisch indisches Phänomen. Man weiß, dass die Zugehörigkeit zu einer bestimmten Kaste alles Weitere im Leben bestimmt – von der Schulbildung über den Ehepartner, den sozialen Status, den Beruf bis letztlich auch zur Beerdigung.

Wie auch beim Wort „Hinduismus“ beginnt die Problematik schon mit der Bezeichnung. Das Wort „Kaste“ ist nicht indischen Ursprungs; bis heute ist die genaue Herkunft umstritten. Gängige These ist der portugiesische Ursprung (casta, Rasse/Abstammung), der sich wiederum vom lateinischen „castus“ (keusch, nicht vermischt) herleitet. Allerdings wurde der Terminus sehr unterschiedlich verwendet, so im Sinne von Rasse oder Stamm, aber auch als Familie, Glaubensrichtung und anderes. Eine der ersten Erwähnungen des indischen Kastenwesens ist von Megasthenes überliefert, dem Botschafter Alexander des Großen am Hofe von Pataliputra (dem heutigen Patna). Um 300 v. Chr. schrieb er: „Niemandem ist es erlaubt, jenseits seiner Kaste zu heiraten …“ Das von ihm verwendete Wort bedeutet eigentlich „Bevölkerungsteil“.

Vermutlich spielte auch die Einwanderungswelle der Völker aus dem Nordwesten, die sich selbst als die „Reinen“ (Arier) bezeichneten, eine Rolle bei der Entstehung des Kastenwesens; ihr Bestreben, sich von den Eroberten zu distanzieren, sich selbst als „rein“ zu sehen.

Der ursprüngliche indische Terminus „varna“ (Farbe) bezeichnet nur eine Klassifikation, die auf Menschen ebenso zutrifft wie auf Tiere oder Pflanzen. Im engeren Sinne geht es um eine Ständeordnung, in welcher zunächst folgende vier Stände unterschieden werden: Brahmanen (Priester), Kshatriyas (Krieger und Aristokratie), Vaishyas (Händler und Bauern) und Shudras (Diener und Handwerker; heute „backward castes“ genannt). Man ordnete die Varnas den Körperteilen Brahmas zu: Der Brahmane war sein Mund, die Arme die Kshatriyas, die Schenkel die Vaishyas, die Füße schließlich die Shudras. Die fünfte Gruppe, die Unberührbaren (die nicht einmal einen eigenen Namen tragen), kam erst später hinzu. Heute werden sie als Dalits („Unterdrückte“) bezeichnet; etwa 150 Millionen Inder werden ihnen zugerechnet.

Varna ist daher eine festgelegte und nicht überschreitbare Aufteilung der Gesellschaft in vier Kasten. Daneben ist der Begriff „Jati“ (Geburt) in Indien sehr verbreitet. Hierbei handelt es sich um eine Aufteilung in ca. 3 000 berufsspezifische Kasten. Diese Systeme existieren parallel; man gehört daher sowohl einer der vier Varna-Kasten als auch einer der berufsspezifischen Jati-Kasten an.

Was ist denn nun eine Kaste? Der Heidelberger Indologe Axel Michaels definiert es so: eine Einheit von Menschen, eine Berufsgruppe oder Ethnie, deren Zusammengehörigkeit aus gemeinsamen Merkmalen konstruiert wird. Die Berufsgruppe ist somit wesentliches Merkmal; daraus folgend kann man aber auch dieses belastete Wort vermeiden. In diesem Sinne ist das Kastensystem also wirklich eine westliche Erfindung, die negativ belegt ist. In einem wertfreien Kastensystem könnte es ja per definitionem keine „Kastenlosen“ geben.

Eine Kaste beschränkt die Person daher auf eine hierarchische Ebene und beschränkt ebenso die Wahl des Heiratspartners auf die eigene Kaste. Jede Kaste tradiert ihre eigenen Wertvorstellungen, ihre Ge- und Verbote. Diesen Normen zu gehorchen bedeutet „richtiges Handeln“, dharma. Und hier liegt ein entscheidendes Problem: Es gibt keine übergeordneten Werte und Normen, die für alle „richtig“ sind, wie sie z. B. in der Bibel für die Christen festgelegt sind. Es ist nur wichtig, sich konform mit den Regeln der eigenen Kaste zu verhalten. Ob dies nun im Sinne der Allgemeinheit ist oder nicht, ist zunächst irrelevant.

Rituelle Reinheit ist ein wichtiges Kriterium für die verschiedenen Kastenhierarchien. Am reinsten ist ein Brahmane, am unreinsten ein Dalit. Sind Berufsgruppen mit Körpersubstanzen oder gar dem Tod in Verbindung gebracht, so gelten sie als besonders unrein: Friseure, Schuster, Gerber, Latrinenreiniger etc. Schon die Anwesenheit eines Unberührbaren kann einen Höherkastigen beschmutzen; ihre Gemeinschaft wird folgerichtig gemieden. Ein gemeinsames Essen ist unvorstellbar. Die Kaste tritt als differenzierendes Merkmal sogar vor das Geschlecht: Eine brahmanische Frau ist höher angesehen als ein niedrigkastiger Mann.

Oft ist die Kastenzugehörigkeit aus dem Namen ersichtlich. Es gibt typisch brahmanische Namen, typische Namen für Angehörige der Dalits. Auch die Übersetzung der Namen hilft weiter, wie auch im Deutschen der Namen „Müller" auf die einstige Berufszugehörigkeit hinweist.

Die Briten verfeinerten das Kastenwesen geradezu, indem sie eine hierarchische Systematik etablierten und möglichst alle Gruppen einzuordnen versuchten. Darüber hinaus mischten sie sich nicht ein und profitierten davon, dass das hierarchische Denken ihren Machtansprüchen entgegenkam. Mahatma Gandhi brandmarkte das indische Kastensystem als ungerecht und als wider den Geist der Freiheit und Gleichheit. Konsequenterweise wurde das Kastenwesen nach der Unabhängigkeit Indiens offiziell abgeschafft – doch natürlich existiert es weiter. Schon mit der indischen Verfassung von 1949 gab es Quotenregelungen für unterschiedliche Kasten – ungeachtet der Tatsache, dass es ja keine Kasten mehr gab! 15 Prozent der Stellen im öffentlichen Dienst waren für die „Unberührbaren" reserviert. Gandhi hatte sich persönlich sehr stark für die „Harijans", die Kinder Gottes, eingesetzt. Er dachte dabei jedoch nicht an eine Abschaffung des Kastenwesens, sondern an eine Verbesserung der Stellung innerhalb desselben.

Seit 1990 sind es sogar 27 Prozent aller Stellen, die für die Angehörigen sogenannter benachteiligter Kasten (backward castes) reserviert sind! Daneben gibt es die „scheduled tribes" (Ureinwohner) und die „scheduled castes" (die eigentlichen Unberührbaren). Diese neue Definition umfasst fast die Hälfte der indischen Bevölkerung. In der Folge kam es zu landesweiten Protesten, da diejenigen, die nicht zu den benachteiligten Kasten gehörten, sich plötzlich in der Minderheit sahen. Es war zum beruflichen Vorteil geworden, zu einer der unteren Kasten zu gehören.

Aber wie sieht die Realität aus? Noch immer sind in den höheren Ebenen des ICS (Indian Civil Service) weniger Unberührbare vertreten, als die Quote es erforderte; und was nützt es andererseits den Angehörigen niedriger Kasten, wenn sie den Müll nun im staatlichen Auftrag entsorgen? Ein sozialer Aufstieg ist damit nach wie vor nicht verbunden.

Das Kastenwesen ist zu einer indischen Form der gesellschaftlichen Organisation geworden, auch wenn es vielleicht die Ausländer waren, die die Vorstellung einer Einteilung in Kasten erst den Indern „bewusst machten". Die religiöse Herkunft mag umstritten sein; die westliche Vorstellung undurchdringbarer Schranken zwischen den Kasten ist sicher nicht mehr in jedem Falle haltbar. Nicht immer sind es die Brahmanen, die die höchste Kaste stellen, je nach Region haben unterschiedliche Kasten eine unterschiedliche Gewichtung. Es geht um soziale Konzepte, die Hierarchien und Organisation gewährleisten.

Obwohl die meisten gut ausgebildeten Inder, mit denen Ausländer heute zu tun haben, natürlich behaupten, das Kastenwesen spiele gar keine Rolle mehr im urbanen Indien, höchstens auf dem Lande, so ist es doch interessant, die Sonntagsausgabe beispielsweise der „Times of India" zu lesen. Die Heiratsanzeigen sind noch immer nach Kasten gegliedert! Für die wichtigste Entscheidung im Leben (eben die, welcher Mann meine Tochter heiratet), wird dann sehr wohl auf die „richtige" Kaste Wert gelegt. Es ist auch nicht ungewöhnlich, dass die Kaste bei Einstellungsbögen von Unternehmen abgefragt wird oder dass eine Einstellung (die ja letztlich meist einer Einzelperson unterliegt) eben doch durch die Kaste und die Herkunft beeinflusst wird. Der Manager fühlt sich einfach wohler bei dem Gedanken, dass der Bewerber aus der gleichen Kaste kommt oder eine vergleichbare Familienherkunft hat.

4.2 Die Bedeutung der Familie in der indischen Gesellschaft

Neben der Religion ist die Familie die wichtigste Instanz im Leben der meisten Inder. Die Familie rangiert in der Priorität klar vor persönlichen Zielen oder beruflichem Erfolg oder gar den Zielen der Firma. Der Mensch wird nicht in seinen individuellen Errungenschaften oder Leistungen betrachtet, sondern in seiner Funktion als Ehepartner, Sohn etc.

4.2.1 Zur Stellung der Frau in Indien

Wie bekannt, hatte Indien schon in den siebziger Jahren eine Premierministerin, war also der westlichen Welt diesbezüglich weit voraus. Aber noch heute gibt es – in allerdings sehr abgelegenen Regionen – Witwenverbrennungen, werden viele Frauen von ihrer Familie sehr schlecht behandelt und sind nicht gleichberechtigt.

Die durchschnittliche Frau auf dem Lande führt ein hartes Leben, kümmert sich um die Kinder und den Haushalt, verrichtet daneben schwerste körperliche Arbeit (z. B. Wasserholen) und muss dafür sorgen, dass die Wünsche ihres Mannes erfüllt werden. Zumeist ist der Mann der „Gebieter“; viele Frauen sagten in einer Umfrage, es sei wichtig, dass ihr Mann auch seine körperlichen Bedürfnisse befriedigen könne – das sei ihre Pflicht. Worin diese genau bestehen, war vielen nicht klar; Aufklärung ist nach wie vor nicht üblich. Auf die entsprechende Frage an einer Schule erzählte die Direktorin, ja, Aufklärung gebe es, die Lehrer würden regelmäßig informiert ... die Lehrer!

Ganz anders das Leben in den Städten. Hier kann man drei Gruppen differenzieren:

1. Untere Mittelklasse; jeder Tag ist Kampf ums Überleben. Kinder, Haushalt plus zumeist Arbeit in einer reichen Familie, um etwas Geld hinzuzuverdienen. Der Ehemann ist oft arbeitslos, trinkt viel, schlägt sie (klischeehaft überspitzt).
2. Mittelklasse; auch hier muss die Frau selbst kochen und putzen, geht aber einer ordentlichen Arbeit nach, ihr Mann ebenso, die Eltern kümmern sich um die Kinder. Das Leben ist anstrengend bietet aber Aussichten auf sozialen Aufstieg.
3. Oberklasse; „servants“ kümmern sich um Küche und Haushalt, die Kinder besuchen Privatschulen, die Frauen können reisen, viel Zeit mit „socializing“ verbringen, engagieren sich in „welfare organizations“. Aber auch sie sind mit der Familie verheiratet, nicht nur mit ihrem Mann. Man tut, was die Familie erwartet, nicht was man selbst gern tun möchte. Hierzu gehört die Sorge für die Eltern, aber auch für die Schwiegereltern, in deren Haus man oft wohnt, sowie sehr viel Zeitaufwand für familiäre Angelegenheiten aller Art.

4.2.2 Eltern und Kinder

Kinder wachsen in sehr engen emotionalen Bindungen in Indien auf. Solange die Kinder klein oder in Ausbildung sind, ist den Eltern kein Weg zu weit oder keine Mühsal zu anstrengend, um das Beste für ihre Kinder zu erreichen. Kinder werden umsorgt, nicht erzogen in unserem westlichen Sinne. Sie müssen nicht lernen, selbständig zu werden, sondern lernen, mit anderen Familienmitgliedern in einer Gemeinschaft zu leben. Nicht die individuelle Entwicklung steht im Vordergrund; die Familie ist alles. Positive Entwicklungen werden weniger gelobt, den Wünschen des Kindes wird mehr und länger nachgegeben als in westlichen Gesellschaften.

In den ersten Jahren ist es die Mutter, die sich um die Kinder kümmert; erst mit dem Schulalter tritt der Vater, primär in Bezug auf den Sohn, als Erzieher in Erscheinung. Diese Vater-Sohn-Beziehung ist aber oft distanziert, von tiefem Respekt des Sohnes gegenüber dem verehrten Vater geprägt. Dieses Verhalten, dass auch Frauen häufig den Männern gegenüber an den Tag legen, bleibt bis ins hohe Alter erhalten.

Das eng umsorgende Element in der Kindererziehung bedeutet nicht, dass Kinder (wie etwa in China) von der Wiege bis zum Schulabschluss verhätschelt werden, sondern eher, dass die Eltern alles in ihrer Macht Stehende tun, um die Kinder optimal auf das spätere Leben vorzubereiten. Insbesondere in der Ausbildung zeigt sich das ganz deutlich. Es ist eher der Normalfall als die Ausnahme, dass ein Drittel des Einkommens für die Schulbildung der Kinder ausgegeben wird – und je höher das Einkommen der Eltern ist, desto besser muss die Schule sein, die die Kinder besuchen. Einfache Schulen mit 60 bis 70 Kindern in einer Klasse kosten etwa 20 Euro Schulgebühr im Monat, exzellente Schulen in den großen Städten mit 20 bis 25 Kindern pro Klasse können durchaus bis zu 1 000 Euro pro Monat kosten.

Wenn die jährlichen Abschlussprüfungen anstehen, sind die Mütter von jedem gesellschaftlichen Leben ausgeschlossen, da sie mit den Kindern Tag und Nacht lernen müssen. Das Jahresabschlusszeugnis des Kindes ist damit immer auch ein Prüfstein für die Leistungsfähigkeit der Eltern.

Wo so viel in Kinder investiert wird (monetär wie nicht-monetär), entsteht schon früh ein hohes Verantwortungsbewusstsein auch in die andere Richtung. Die Kinder verstehen früh, dass die Eltern sehr viel Kraft und Geld aufbringen müssen, um ihnen die Ausbildung zu ermöglichen, und versuchen, dies durch allerbeste Schulleistungen zurückzugeben. Natürlich können nicht alle Kinder gleichermaßen Spitzenleistungen erbringen, dadurch entsteht bei den weniger Erfolgreichen ein hoher Leistungsdruck. In Indien liegt die Selbstmordrate bei Kinder und Jugendlichen erheblich über dem Durchschnitt westlicher Länder (in Südindien fast zehnmal so hoch wie im weltweiten Durchschnitt!).

Später, wenn die Kinder erwachsen sind und einen Beruf haben, kommt die Zeit der „Rückzahlung“. Es ist die Erwartung der alternden Eltern und auch die gefühlte Verantwortung der Kinder, nun für die ältere Generation zu sorgen. Dies geht weit über einen monatlichen Scheck heraus und umfasst in aller Regel, dass die Eltern zu ihren Kindern (meist einem der Söhne) ziehen. Wird ein Elternteil krank, ist die Pflege zu Hause selbstverständlich, und manch ein gut bezahlter Softwareentwickler hat seinen Job bei SAP gekündigt, um für die letzten Monate der schwer kranken Mutter oder des Vaters zu Hause zu sein.

Im Zweifelsfall ist der Platz immer bei den Eltern. Dies zeigt sich auch im beruflichen Alltag, wo manch ein deutscher Manager sich schon gewundert hat, wie indische Kollegen von einem Tag auf den anderen wegen familiärer Krisen kündigen oder zumindest einen langen Urlaub antreten. Es ist völlig normal, dass die betriebliche Krankenversicherung für die Mitarbeiter auch die Eltern der Mitarbeiter umfasst!

4.2.3 Schwiegertochter und Schwiegereltern

Wahrscheinlich ist in allen Kulturen das Verhältnis zwischen den Schwiegereltern (insbesondere der Schwiegermutter) und der Schwiegertochter ein besonders schwieriges. In Indien ziehen Ehepartner nach der Eheschließung oft zu den Eltern des Mannes oder die Eltern ziehen beim jungvermählten Brautpaar ein. Die Erwartung an die Schwiegertochter ist dann oftmals, dass diese sich um das Wohlergehen ihrer Schwiegereltern zu kümmern hat. Sie wird also oft gezwungen, ihren Beruf aufzugeben oder ihre Ausbildung (in einem uns bekannten Fall eine vielversprechende Promotion) abzubrechen, um zu Hause familiäre Pflichten zu übernehmen. Dies nimmt manchmal groteske bis dramatische Züge an, da die Schwiegermama die Frau ihres Sohnes als Leibeigene behandelt und natürlich stets besser weiß, wie es der geliebte Sohn haben will (vom Essen bis zu den Hobbys). Besonders dramatisch wird es, wenn sich keine Kinder einstellen und dann der implizite Druck auf die Schwiegertochter immens groß wird (wer sonst sollte schuld sein?) bis hin zu regelrechtem Mobbing.

Bedauerlicherweise wird dann auch in manchen Fällen über die Lösung des „Problems“ der Schwiegertochter dahingehend nachgedacht, dass ihre Ermordung geplant und durchgeführt wird. Meist durch einen „Kochunfall“ getarnt, wird die arme Frau verbrannt (in der Familie meines Fahrers kam dies zweimal vor – jedes Mal akzeptierte die Polizei die Version mit dem Kochunfall). In Indien gehen die Zahlen dieser „Unfälle“ in die Tausende pro Jahr – es gibt eine enorme Dunkelziffer, da kein echtes Interesse daran besteht, diese Morde aufzuklären –; sie werden meist als innerfamiliäre Angelegenheit betrachtet. Schon die als Mord registrierte Zahl von über 5 000 Fällen pro Jahr ist erschreckend.

4.2.4 Ehepartner

Die Ehe ist eine wichtige Institution in Indien und wird als solche auch nicht der Entscheidung der Eheschließenden überlassen. Die Wahl des richtigen Ehepartners ist in den meisten Fällen Sache der Eltern. Wird die Wahl nicht von den Eltern getroffen, so ist doch zumindest deren Zustimmung einzuholen. Die sogenannte „arranged marriage“ ist sowohl auf dem Land als auch in der Stadt durchaus üblich, und die jungen Erwachsenen akzeptieren diese Form des „Verheiratet-Werdens“ auch im modernen Indien als normalen Bestandteil ihres Lebens. Viele Inder haben ihren Ehepartner vor der Hochzeit nur einmal gesehen (und das noch in Gegenwart unzähliger Verwandter). Die Ehe gilt nach wie vor als Voraussetzung sexueller Beziehungen, auch wenn das die junge Generation in den Städten ganz sicher nicht mehr so sieht. Trotzdem ist Sex vor der Ehe im Wesentlichen tabu, und sexuelle Beziehungen während der Studienzeit oder danach werden zumeist streng geheim gehalten – zumindest vor den Eltern.

Die hinduistische Hochzeit ist ein wichtiges, öffentlich vollzogenes Ritual. Alle Freunde und Verwandten werden eingeladen; schon bei mittleren Größenordnungen können dies in Städten wie Mumbai durchaus 600 oder 900 Gäste sein. Der Vater der Braut, der all dies finanziert, verschuldet sich nicht selten bis an sein Lebensende, um seinen Gästen eine standesgemäße Hochzeit bieten zu können. Eine (scherzhaft gemeinte) Beschimpfung eines Freundes lautet: „Mögest du zehn Töchter haben, und mögen sie gut heiraten!“ Die Gäste sind feierlich gekleidet, das Buffett ist verschwenderisch, die Damen sind mit kostbarstem Schmuck behängt. Die Rituale sind sehr vielfältig und können hier nicht beschrieben werden; sollten Sie die Gelegenheit zu einer Teilnahme an einer hinduistischen Hochzeit haben, so nehmen Sie sie wahr!

4.2.5 Witwenverbrennung

Witwenverbrennung kommt nur äußerst selten vor, und doch soll das Thema hier kurz angesprochen werden, da es in den westlichen Klischees über Indien fest verwurzelt zu sein scheint und auch in unseren Seminaren immer wieder angesprochen wird. Grundsätzlich verurteilt der Hinduismus die Selbsttötung, weil sie schädliches Karma bedeutet. Ausnahmen hat es immer gegeben; so ist der religiös motivierte Selbstmord im Volk durchaus hoch angesehen.

Von der Witwenverbrennung lesen wir erstmals gegen Mitte des ersten Jahrtausends nach Christi. Deutungen zielen zumeist auf die hoffnungslose soziale und finanzielle Lage der Witwe sowie auf andere Motive, die unserem Heldentod nahe kommen. Auch mag die Hoffnung auf eine bessere Wiedergeburt ein Grund sein; pure Verzweiflung oder Zwang seitens der Familie des Mannes sind jedenfalls keine ausreichende Begründung. War es oft eine Entscheidung der Witwe, diesen Weg zu gehen, so gab (und gibt) es durchaus auch die Verwandtschaft, die die Frau quasi auf den Scheiterhaufen warf. Die Briten verboten die Witwenverbrennung im Jahr 1829. Heute liest man gelegentlich davon; Vorstellungen von einer in Indien durchaus üblichen Sitte entsprechen jedoch keinesfalls der Realität.

4.2.6 Relevanz für das Unternehmen

Für das Personalmanagement wird der Komplex „Beziehung und Ehe“ vor allem dann bedeutsam, wenn sich eine Kollegin und ein Kollege ineinander verliebt haben und ein (oder beide) Familien strikt gegen diese Beziehung sind. Dann spielen sich oft Dramen ab. Der Besuch der Eltern im Büro ist keine Seltenheit und das HR Department ist mit viel Fingerspitzengefühl gefordert, hier zu vermitteln. Es gibt Fälle, bei denen ein sofortiger Transfer in ein anderes Land erwogen werden muss, um die Gesundheit der Beteiligten zu schützen (zumindest so lange, bis sich die Gemüter der Eltern wieder beruhigt haben).

Ein weiterer Problemkreis sind außereheliche Beziehungen am Arbeitsplatz, die mitunter zu dramatischen Verwicklungen führen können (und übrigens keine Seltenheit sind). Bedingt durch die Tatsache, dass es Scheidungen in Indien zwar gibt, diese aber immer noch gesellschaftlich geächtet sind, kommt es in diesen Fällen oft zu jahrelangen Schwierigkeiten ohne klare Entscheidungen.

Auch muss stets in Betracht gezogen werden, dass eine Frau nach der Hochzeit „Arbeitsverbot“ von ihrem Mann oder den Schwiegereltern auferlegt bekommt – sodass oft nach der Hochzeit die Mitarbeiterinnen kündigen. Diese Fälle werden aber zum Glück seltener in den vergangenen Jahren. Im Gegenteil, ein überwiegender Teil der Frauen kommt sogar nach der Geburt des ersten Kindes binnen eines Jahres an den Arbeitsplatz zurück.

4.3 Symbolik

Die höchste Gottheit des Hinduismus ist Brahma, aber im alltäglichen Leben werden andere Gottheiten verehrt. In der hinduistischen „Trinität“ gilt Brahma als Gott der Schöpfung, Vishnu als Gott der Erhaltung, Shiva als der Gott der Zerstörung. Außerhalb dieser Dreiheit steht Shiva aber auch für die Erhaltung; auch hat er viele weitere Namen: Die indische Götterwelt ist zu komplex, um sie hier auch nur in den Grundzügen darstellen zu können.

Rama und Krishna, Shiva und Vishnu, diese repräsentieren die jedem vertrauten Bildnisse und Statuen, die auf dem gesamten Subkontinent allgegenwärtig zu sein scheinen. Sie immer korrekt zuzuordnen ist einem Nicht-Hindu kaum möglich, da ihre Erscheinungsformen sehr vielfältig sind. So kann Vishnu als Schildkröte dargestellt werden, ebenso als Fisch, Zwerg oder als eine seiner Inkarnationen, nämlich Rama oder Krishna.

Rama ist der Held in der bekanntesten aller Sagen, dem „Ramayana" – er verkörpert Mut und Tugendhaftigkeit.

Krishna ist der Gott für Wunder und Unheil. Er lebte der Sage nach als Kuhhirte; die Verehrung der Kuh in Indien wird auch hierauf zurückgeführt. In der „Bhagavadgita", die ein Teil des Epos „Mahabharata" ist, wird sein Leben erzählt.

Shiva, der für Erneuerung ebenso wie für Zerstörung steht, hat oft ein drittes Auge auf der Stirn.

Zu den im Westen bekanntesten indischen Gottheiten zählt sicher Ganesha, der Gott mit dem Elefantenkopf. Die Sage berichtet, Shivas Frau habe sich aus Lehm einen Sohn als Beschützer geformt; während sie badete, wachte dieser vor der Türe. Er ließ auch Shiva nicht an sich vorbei; Shiva schlug ihm daraufhin den Kopf ab.

Abbildung 6: *Gebetsstätte mit Ganesh*

Als er erkannte, dass er seinen Sohn getötet hatte, nahm er den Kopf des ersten Tieres, das vorbeikam (ein Elefant), und setzte ihn auf den Rumpf seines Sohnes. So entstand Ganesh, die im Westen zumindest bildlich wohl bekannteste Gottheit Indiens. Er gilt als der beliebteste Gott, er steht für Weisheit, Wissen, Glück und ist auch Schutzgott der Kaufleute!

In keinem indischen Büro darf Lakshmi fehlen, die Göttin des Reichtums und des Glücks. Die sehr körperbetonte Darstellung hält ein Muschelhorn in der Hand, aus welchem sich der Reichtum ergießt.

Kali ist die Göttin der Dunkelheit; ihr Rock besteht aus abgeschlagenen Armen, ihre Halskette aus Totenschädeln. Sie wird verehrt, weil sie alles Übel zerstört.

4.4 Indische Epen

Neben den Veden stellen das Ramayana und das Mahabharata die bedeutendsten volkstümlichen indischen Erzählungen dar. Im Ramayana wird das Leben des Rama erzählt, einer Inkarnation Vishnus. Das Werk besteht aus 24 000 Doppelversen; die Autorschaft ist mythischen Ursprungs. Rama wird als rechtmäßiger Thronfolger verbannt und geht mit seiner Frau Sita in den Wald, dort wird Sita von dem Dämonenfürsten Ravana entführt. Mit Hilfe des Affenkönigs Hanuman gewinnt Rama seine Frau Sita wieder und kehrt an den Königshof zurück.

Im Mahabharata lesen wir in über 100 000 Zweizeilern (zu je 32 Silben!) von einem Bruderkrieg um die Macht. Der Gott Krishna greift schließlich ein und entscheidet den Kampf nach 18 Tagen. In diesem Werk finden sich hinduistische wie auch buddhistische Elemente; dieses längste Gedicht der Welt verbindet Mythen und Sagen aus der indischen Historie in sehr unterhaltsamer Form.

Noch heute am meisten gelesen wird wohl die Bhagavadgita, ein Abschnitt von 18 Gesängen innerhalb des Mahabharata. Vishnu und Krishna treten auf, wichtige Wege zu Erlösung werden aufgezeigt.

Zu beachten:

> Das „richtige Handeln", das „moralisch Richtige" – das wird dharma genannt. Aber jede Person muss ihrem eigenen dharma entsprechend leben; es gibt keine allgemeingültigen Werte, keine Wahrheit, die für alle gilt. Man hat so zu handeln, wie es der Situation entspricht. Mangels tradierter und konsensfähi-

ger Anleitungen (Zehn Gebote) kommt es zu einem „ethischen Relativismus“, wie der indische Psychoanalytiker Sudhir Kakar es treffend bezeichnet.

Jede Handlung kann richtig oder falsch sein, und somit wird der Einzelne bis zu einem gewissen Grad der Verantwortung für sein Tun enthoben. Dies ist die positive Seite der indischen Psyche, die zu einer gewissen Unbekümmertheit im Umgang mit Regeln führt, aber auch zu innovativem Vorgehen.

Andererseits enthält jede persönliche Entscheidung ein großes Risiko: Ist das Ergebnis nicht kasten- bzw. dharmakonform, kann dies problematische Konsequenzen haben.

Mehr Sicherheit verspricht die Taktik, sich streng an die Vorgaben der Kaste zu halten.

Selbständiges, kreatives Verhalten wird auf diese Weise nicht gefördert.

4.5 Praxishinweise

- Laden Sie in Deutschland Inder zum Essen ein, so fragen Sie nach den jeweiligen Religionszugehörigkeiten. Rechnen Sie mit sehr heterogenen Zusammensetzungen einer Delegation.
- Sind Sie zu einem indischen Essen eingeladen, so passen Sie Ihre Trinkgewohnheiten den Gastgebern an. Viele Inder trinken Alkohol, aber manche fühlen sich bei Tisch belästigt, wenn ein Anwesender Alkohol trinkt.
- Informieren Sie sich über die verschiedenen Religionen, zeigen Sie Interesse an Tempelbesichtigungen etc.
- Fragen Sie nicht nach heiligen Kühen und schon gar nicht nach Witwenverbrennung; diese Klischees möchten viele nicht mehr thematisieren. Inder sind stolz auf andere Errungenschaften ihrer Kultur.
- Machen Sie sich ein wenig mit der Götterwelt vertraut, um Ihr Interesse zu bekunden. Niemand wird erwarten, dass Sie jeden Gott erkennen!
- Fragen Sie indische Priester, was beim Bau einer Halle, eines Büros etc. zu beachten ist. Und kommunizieren Sie, dass Sie diese Hilfe in Anspruch genommen haben!

- Verurteilen Sie nicht lautstark Kastenwesen und andere, uns unverständliche Phänomene. Wenn Sie Gast in Indien sind, dann verhalten Sie sich auch so: höflich, zurückhalten, zuhörend!
- Beachten Sie stets die Hierarchien! Ein zu „kumpelhafter“ Umgang mit Untergebenen wird Ihnen eher schaden als nutzen!

5. Unternehmerisches Engagement in Indien

5.1 Grundsätzliches

Die indische Unternehmenslandschaft unterscheidet sich strukturell in zwei Dingen von der mitteleuropäischen Landschaft.

Einerseits besteht eine Dominanz von Familienunternehmen. Viele der großen Firmen (beispielsweise Reliance, Tata, Wipro, Infosys) sind im Wesentlichen in Familienbesitz und werden durch Inhaber an der Spitze gesteuert. Andererseits gibt es viele Unternehmen (z. B. ONGC, Indian Oil, HAL), die sich zu großen Teilen in staatlichem Besitz befinden. Multinationale Unternehmen und Joint Ventures spielen in ihrer Wirtschaftskraft zwar eine wachsende Rolle, sind aber bei weitem nicht so dominant wie beispielsweise in China.

Andererseits spielt sich ein Großteil des wirtschaftlichen Geschehens im sogenannten „unorganisiertem Sektor" ab. Das sind also vor allem kleinste Familienunternehmen, mit einem bis zehn Angestellten, die sich vor allem im Handel und Service etabliert haben. Laut Metro werden derzeit 95 Prozent aller Waren, die an Endverbraucher gehen, in Indien außerhalb organisierter Supermärkte oder Einkaufszentren verkauft, über kleine „Tante Emma Läden".

Innerhalb dieser Struktur gibt es für ausländische Unternehmen genug Raum für unternehmerische Entfaltung. Allerdings sollte dabei beachtet werden, dass „Low Cost" nicht im Vordergrund stehen sollte. Gleichzeitig bedeutet ein Engagement immer auch ein relativ hohes Risiko. Indien kann weder mit einem „Low risk/low exposure" wirklich erschlossen werden, noch hat eine Produktion auf geringem Scale die notwendige Masse, um wirklich effektive Vorteile zu bringen. Oder um es anders zu sagen: Zumeist lohnt sich Indien nur, wenn man mutig ist und auch „Geld in die Hand nehmen" will.

Ist die Entscheidung getroffen, ein Engagement in Indien zu starten, stellt sich anschließend die Frage, welche rechtliche und organisatorische Form das Engagement haben sollte. Dieses Buch erhebt sicherlich nicht den Anspruch, hier einen rechtlichen Überblick über alle Kooperationsformen zu geben, denn diese Entscheidungen werden oft nur einmal getroffen und bleiben dann für sehr lange Zeit unverändert. Dieses Kapitel soll Hinweise bezüglich der Vor- und Nachteile geben und eine Hilfestellung bieten, wie sich der Manager innerhalb der gewählten Rahmenbedingungen am besten bewegt. Wir beleuchten die meisten Organisationsformen aus der Sicht einer integrierten Produktion bzw. Forschung.

Die aufwändigste Form des „Offshorings“ nach Indien ist sicherlich der Aufbau eines eigenen Entwicklungszentrums oder einer eigenen Produktion, die ausschließlich im Auftrag der Mutterfirma arbeitet und als solche die geleisteten Dienste direkt an das Stammhaus exportiert. In aller Regel wird mit solchen Produktionsstandorten ein Geschäftsbesorgungsvertrag geschlossen und das Zentrum wird dann im Konzern als Profitcenter oder als Kostenstelle konsolidiert.

Zwei Kriterien spielen bei der Wahl der Organisationsform eine entscheidende Rolle: das Risko, das Sie bereit sind einzugehen, und der Aufwand, den Sie bereit sind zu tragen. Die Matrix in Abbildung 7 soll dies veranschaulichen, wobei es sich natürlich nur um eine erste Abschätzung handelt:

	Eigenes F&E-Zentrum oder eigene Produktionsstätte	**Joint Venture**	**Outsourcing**
Start-up-Risiko	Mittel	Mittel	Niedrig
Start-up-Aufwand	Hoch	Mittel	Niedrig
Management-Aufwand	Hoch	Hoch	Niedrig
Risiko im laufenden Betrieb	Niedrig	Mittel	Niedrig

Abbildung 7: *Modelle unternehmerischen Engagements im Risiko- und Aufwand-Vergleich*

Betrachtet man die Tabelle, so erscheint das Modell, F&E oder auch die Produktion gemeinsam mit einem externen Dienstleister anzugehen, als geradezu ideal. Sowohl Aufwand als auch Risiko sind überschaubar. Deshalb wird dieses Modell auch gerne gewählt, insbesondere in der Textil- und Lederwirtschaft, wo große Firmen teilweise nur für zwei bis drei Kunden exklusiv fertigen, allerdings zu 100 Prozent als Auftragsarbeit. Auch im Dienstleistungsbereich und insbesondere im boomenden IT-Services-Sektor ist dieses Verfahren sehr dominant.

Allerdings ist hier zu beachten, dass es auch noch andere Faktoren gibt, die einen Einfluss haben, etwa die geplante Größe der Outsourcing Operation, deren Skalierbarkeit, die notwendige Kontrolle über das Management und IP-Rechte sowie die Vermeidung von Streitigkeiten oder anderen Risiken, die bei der Zusammenarbeit mit Partnern inhärent sind.

5.2 Outsourcing: Produktion und Forschung mit externen Dienstleistern

Noch bis vor wenigen Jahren war Outsourcing hauptsächlich im produzierendem Gewerbe verbreitet. Wir alle hatten uns daran gewöhnt, dass Turnschuhe, T-Shirts, Spielzeug und weite Teile der Unterhaltungselektronik eben nicht mehr von den Markenherstellern selbst, sondern von anderen Betrieben hergestellt wurden. Kaum jemand konnte sich in Deutschland noch vor wenigen Jahren vorstellen, dass dieser Trend auch Dienstleistungen erfassen würde. Zu groß erschien der Wissensunterschied zwischen den Billiglohnländern und den Industriestaaten, zu groß wurde der notwendige Wertschöpfungsanteil im Heimatland gesehen und als zu schwierig der notwendige Wissenstransfer eingeschätzt. Während Firmen aus Großbritannien und den USA schon seit Mitte der 90er Jahre verstärkt auf Indien als Outsourcing-Standort setzten, entwickelte sich in Deutschland dieses Bewusstsein erst mit der Öffnung Osteuropas und der sich dort rasch verbessernden Infrastruktur. Vor etwa zehn Jahren begannen deutsche Firmen, in den östlichen Nachbarstaaten Teile ihrer internen Wertschöpfungskette auszulagern, wie etwa Call Center, Kundenreklamationen, aber eben auch die Abwicklung interner Geschäftsprozesse wie die Lohnabrechnung oder Finanzbuchhaltung.

Indien erschien für deutsche Firmen im Bereich Outsourcing lange nicht interessant zu sein, nicht zuletzt wegen der kulturellen Distanz und der Sprachbarriere. Dies änderte sich erst in den letzten Jahren, einerseits durch den Aufbau von Sprachkompetenz auf der Seite der indischen Anbieter, andererseits aber auch dadurch, dass viele Dienstleistungen inzwischen auch in Deutschland in englischer Sprache akzeptiert werden.

Inzwischen bieten BPO-Anbieter so ziemlich alles an, was irgendwie räumlich und zeitlich verteilt werden kann, von medizinischen Dienstleistungen wie Zahnersatz oder Analyse von Blutproben über Ingenieur-Dienstleistungen wie grafische Entwürfe oder Zeichnungen, bis hin zu betriebswirtschaftlichen Dienstleistungen wie aufwändige Marktstudien oder Konkurrenzanalysen. Dem Wachstum in diesem Bereich scheinen keine Grenzen mehr gesetzt zu sein, und für fast jeden Bedarf wird ein Unternehmen heute in Indien den passenden Anbieter finden.

Der F&E-Bereich hat beim Outsourcing sicher noch etwas Nachholbedarf. Die meisten Unternehmen haben Bedenken, Teile ihrer Forschung zu verlagern, einerseits wegen des notwendigen möglicherweise komplexen Wissentransfers, andererseits wegen des befürchteten Wissensabflusses und der mangelnden Kontrollmöglichkeiten.

Für Ihre Produktion, internen Dienstleistungen oder Ihre Forschung sollten Sie das Modell des Ousourcings nach Indien vor allem in Betracht ziehen, wenn folgende Bedingungen gegeben sind:

- *Es geht auch langfristig* darum, den Managementaufwand möglichst gering zu halten.
- *Kostensenkungen* für Tätigkeiten, die nicht das Kerngeschäft betreffen.
- *Möglichst rascher Zugang zu Ressourcen,* die Ihrem Unternehmen ansonsten nicht zur Verfügung stehen würden (z. B. spezifische IT-Skills – Erstellen eines Webshops oder Einführung einer neuen Software).
- *Möglichst rasche Skalierung* bei Abdecken von Bedarfsspitzen (z. B. beim Testen von Applikationen, Entwicklungen oder bedingt durch einen Großauftrag).
- *Hauptsächlich werden technische Fähigkeiten benötigt* und es ist nicht unbedingt tiefes Geschäftsprozesswissen erforderlich.
- Das *Start-up-Risiko* soll möglichst gering gehalten werden.

Wichtig beim Outsourcing sind sicherlich neben eindeutigen Verträgen auch die Beziehungen zum gewählten Partner. Dabei kommt es vor allem darauf an, dass Sie auf indischer Seite dicht genug vernetzt sind, am besten zur Geschäftsführung, damit die eigenen Anliegen im Zweifel auch Priorität haben. In der Produktion kann es beispielsweise besser sein, einen eher kleinen Partner zu haben, dort aber die Top-Priorität zu genießen, als bei einer sehr großen Firma nur einer unter vielen zu sein und nicht wirklich nach oben durchzudringen. Pünktliche Lieferung in der vereinbarten Qualität ist das A und O, da sollten Sie sich nicht auf die Zusicherungen irgendwelcher untergeordneten Chargen eines Großunternehmens verlassen.

Wichtig ist es insbesondere in Indien auch, dass das zukünftige Geschäft mit Ihrer Firma für den indischen Partner noch als attraktiv eingeschätzt wird. Hat Ihr indischer Partner den Eindruck, dass Sie in der Zukunft eher weniger als mehr Ihres Gesamtvolumens über ihn abwickeln oder ist das Geschäft mit Ihnen rückläufig, ändern sich sehr schnell auch die Prioritäten, egal wie lange Sie bereits gemeinsam im Geschäft sind. Hier müssen Sie Ihr Wertebild etwas anpassen – es gibt eine Vielzahl von Fällen, wo Aufträge überhaupt nicht mehr abgewickelt wurden, weil keine Aussicht mehr auf ein Anschlussgeschäft bestand – die Anzahlung des deutschen Unternehmens floss aber auch nie mehr zurück.

5.3 Joint Venture

Joint Ventures haben in den vergangenen Jahren vor allem in der Produktion und später dann in den noch nicht völlig liberalisierten Finanzmärkten eine starke Rolle gespielt. In Letzteren spielte vor allem die Tatsache eine Rolle, dass eine 100 Prozent Eigengründung noch nicht erlaubt war (z. B. bei Telekommunikation, Flugverkehr, Versicherungen und Banken). Dadurch kam es dann zu einigen sehr bekannten Joint-Venture-Gründungen wie z. B. der „Modi-Luft“, „Baja-Allianz“ oder „Mico-Bosch“. Daneben spielen natürlich die üblichen Erwägungen wie Marktzugang und lokale Expertise eine große Rolle. Inzwischen sind jedoch mit ganz wenigen Ausnahmen alle Branchen für ausländisches Kapital und auch 100 Prozent-Töchter geöffnet.

Die Zahl der Joint-Venture-Gründungen geht daher stetig zurück und ist vor allem für Firmen, die von Indien aus exportieren wollen (z. B. im F&E-Bereich und bei den IT- Dienstleistungen), eine eher vernachlässigbare Form unternehmerischen Engagements. Der Grund ist im Wesentlichen, dass die behördlichen und bürokratischen Schranken zur Eigengründung sehr gering sind und dass es andererseits eine Vielzahl von indischen Dienstleistern gibt, die Ihnen die gesamte Wertschöpfungskette von Ingenieurdienstleistungen über Softwareentwicklung bis hin zu kundennahen Dienstleistungen abdecken.

Gleichzeitig kann eine Eigengründung auch durch große Dienstleister in einem BOT-Verfahren (das später in Kapitel 5.4.3 noch besprochen wird) durchgeführt werden, was sich nicht wesentlich von einem Joint Venture unterscheidet, aber mit geringeren Risiken verbunden ist und bei dem die Option der kompletten Fortführung durch das (deutsche) Mutterhaus von Anfang an vereinbart ist.

Für die meisten Firmen besteht daher hinsichtlich der Unternehmensgründung in Indien keine zwingende Notwendigkeit, ein Joint Venture einzugehen. Dies mag nur für diejenigen Firmen anders sein, die im lokalen Consumer-Markt tätig sein wollen und dringend auf die Hilfe eines starken lokalen Distributors angewiesen sind. Die diversen Formen des lokalen Retailgeschäfts würden aber den Rahmen dieses Kapitels sprengen.

Sollten Sie dennoch ein Joint-Venture in Erwägung ziehen, betrachten Sie unbedingt die Vorteile eines BOT oder einer direkten Eigengründung und stellen Sie für sich selbst sicher, dass Sie keinesfalls in der Lage wären, diese Art der Gründung durchzuführen. Sollten Sie ein Joint Venture hauptsächlich wegen des lokalen Marktzugangs gründen wollen, so sollten Sie auch hier eine sehr tiefgehende Studie über die wirkliche Fähigkeit Ihres Partners für diesen Marktzugang verfassen und sich auch sicher sein, dass Sie auch mittels des Anwerbens entsprechender Experten einen solchen Marktzugang nicht erreichen können. In Indien müssen Sie sich auf sehr rational denkende JV-Partner gefasst machen, die mit Ihrem Unternehmen nur so lange verbunden bleiben wollen, solange dabei auch ein klarer Vorteil für ihre Seite besteht.

Ein Joint Venture ist letztlich immer ein zeitlich begrenzter Vertrag und selbiger sollte immer wieder daraufhin geprüft werden, inwieweit Aufwand und Nutzen noch in einem vernünftigen Verhältnis zueinander stehen.

5.4 Die 100-Prozent-Tochter

Die meisten ausländischen Firmen gründen heute eigene Töchter – das gilt vor allem für große Unternehmen, aber zunehmend auch für Mittelständler. Wenn Sie gerade Ihr Engagement über eine Lizenzproduktion oder einen Outsourcingvertrag überprüfen oder auch wenn Sie ein neues Engagement erwägen, sollten Sie folgende Kriterien in Betracht ziehen:

- Entscheidungskriterien
  - *Es geht mittel- und langfristig* darum, Kontrolle über sämtliche Prozesse auf allen Ebenen zu haben.
  - *Wachstum des Unternehmens* soll fortgesetzt werden, allerdings zu geringeren Kosten.
  - *Langsamer Aufbau von Fachwissen und Geschäftsprozesswissen* an einem eigenen Standort.
  - *Möglichkeit zur Skalierung,* allerdings in kontrollierten Schritten, mit dem regelmäßigen Aufbau von Fachwissen.
  - *Vollständige Kontrolle* über Patente, Lizenzen und Geschäfts-geheimnisse soll erhalten bleiben.
  - *Vermeidung jeglicher vertraglicher und anderer typischer Risiken,* die letztlich in jedem Partnerschaftsabkommen oder Outsourcing-Vertrag existieren.

Eine 100-Prozent-Tochter, die durch Personen/Unternehmen mit Sitz im Ausland gegründet wird, darf nach geltenden Gesetzen in Indien in nachfolgenden Bereichen Geschäfte abwickeln:

- Export and Import von Waren und Dienstleistungen,
- Ausführen von Beratungsleistungen,

- Ausführen von Forschungsleistungen, in denen das Mutterhaus involviert ist,
- Technische und finanzielle Kooperation zwischen indischen Firmen und dem Mutterhaus bzw. deren anderweitigen Töchtern,
- Repräsentanz des Mutterhauses in Indien und Agent für alle Arten von Waren-an- und -verkauf,
- Ausführen von Leistungen im Bereich der Informationstechnologie und Softwareentwicklung,
- Anbieten von technischer Unterstützung und Wartung für Produkte, die das Mutterhaus nach Indien geliefert hat,
- Dienstleistungen für Flugverkehr und Schiffsverkehr.

Daneben gibt es aber noch eine Vielzahl von Sektoren, in denen 100 Prozent ausländisches Direktinvestment erlaubt ist, die lokal verantwortlichen Manager/Direktoren ihren Wohnsitz jedoch in Indien haben müssen, wobei in Indien zwischen der „Automatic Route" und der „Non-automatic Route" unterschieden wird: Erstere bedeutet, dass die Firma zwar angemeldet werden muss, aber grundsätzlich immer genehmigt wird, wenn sie den normalen lokalen Auflagen entspricht. Im „Non-automatic"-Fall ist ein expliziter Genehmigungsprozess erforderlich und die Behörden haben hier auch Ermessensspielraum.

Viele deutsche Firmen über alle Sektoren hinweg haben sich in den vergangenen Jahren dafür entschieden, eine 100-Prozent-Tochter zu gründen oder ihre bislang in Lizenz vertriebenen Produkte nun durch eine eigene Tochtergesellschaft zu vertreiben. Dazu gehören namhafte Unternehmen wie Merck (stockte seinen Anteil 2005 von 51 Prozent auf 100 Prozent auf), Puma (beendete seinen Lizenzvertrag mit „Planet Sports" 2005 und vertreibt seither seine Produkte direkt durch die eigene Tochter), Adidas (seit 2006), Messe Düsseldorf (seit 2006), SAP (seit 1998) oder Siemens. Auch die deutsche Automobilindustrie ist im Wesentlichen durch eigene Töchter vertreten, angefangen mit DaimlerChrysler (bereits seit 1994, produziert im CKD-Verfahren seit 2001 für den lokalen Markt) über Volkswagen (Produktion des Skoda in Indien seit 2001) bis Porsche (seit 2007).

Non-Automatic Route where Government Approval is required	■ Airports ■ B2B e-commerce ■ Trading companies within notified policy ■ Drugs and pharmaceuticals not falling on the automatic route ■ Integrated township development ■ ISPs without gateways, electronic mail and voice mail ■ Courier services other than distribution of letters
Automatic Route	■ Most manufacturing activities other than those, which attract compulsory licensing/sectoral equity, cap or are reserved exclusively in small scale industries ■ Non-banking financial services ■ Infrastructure such as roads and highways, ports and harbours, electricity generation transmission and distribution, mass rapid transit systems, LNG projects etc. ■ Drugs and pharmaceuticals that does not attract compulsory licensing and involve recombinant DNA technology ■ Hotels and tourism ■ Food processing ■ Electronic hardware ■ Software development ■ Film industry ■ Hospitals ■ Private oil refineries ■ Pollution control and management ■ Exploration and mining of minerals other than diamonds and precious stones ■ Management consultancy ■ Venture capital funds/companies

Abbildung 8: *Unterschiedliche Genehmigungsverfahren*

Auch viele Mittelständler gehen zwischenzeitlich diesen Weg, denn sind die anfänglichen behördlichen Klippen erst einmal mit Hilfe eines exzellenten Anwalts genommen, gestaltet sich die weitere Führung der Tochter oft überraschend gut. Oft ist es die anfängliche Sorge vor dem Unbekannten in Indien, die gerade Mittelständler und kleinere Firmen vor einem solchen Engagement zurückschrecken lässt. Dabei gibt es viele Beispiele erfolgreicher Unternehmer, die den Schritt gewagt haben und höchst erfolgreich in Indien und aus Indien heraus operieren. Exemplarisch zu nennen wären hier etwa die Uniware Gmbh im IT-Bereich oder die Digisound GmbH mit der Produktion elektronischer Präzisionsteile. (Webpage der Initiative „Mittelstand goes India“: http://www.girt.de.)

5.4.1 Exkurs: 100-Prozent-Tochter als interner Dienstleister

Von seiner Natur her wird ein Offshoring-Zentrum für Inhouse-Prozesse in aller Regel als interner Dienstleister geführt, wobei es dann die Entscheidung des Managements ist, sich für eine Profit-Center-Struktur oder eine Cost-Center-Struktur zu entscheiden. Die Erfahrung vieler deutscher und europäischer Unternehmen, die solche internen (F&E oder Ingenieurdienstleistung)-Zentren in Indien führen, lässt den Schluss zu, dass sich die Kostenstellenstruktur eher bewährt hat.

Der Vorteil, eine F&E-Operation als Kostenstelle zu führen, liegt darin begründet, dass es damit im ureigensten Interesse der globalen Business Units ist, ihre jeweilige Subunit in Indien erfolgreich zu führen. Das Konfliktpotenzial (das ja bei Offshoring nach Indien ohnehin schon sehr hoch ist), wird dadurch deutlich verringert, da sowohl das Management im Mutterhaus (also in Ihrem Fall zumeist in Deutschland) als auch das Management in Indien gemeinsam für den Erfolg der Projekte verantwortlich sind.

Für den Standort Indien bedeutet das also, dass der lokale Managing Director sowohl Verantwortung für mindestens einen signifikanten Entwicklungsbereich hat als auch die Führung des Labs als Standort besitzt. Er ist also Standortverantwortlicher, wenn es z. B. um die Abstimmung der HR-Prozesse geht, die Finanzplanung, die interne IT usw.

Natürlich wäre es auch denkbar (und es wurde innerhalb der SAP auch lange Jahre so gehandhabt), dass der Managing Director der Labs ausschließlich administrative Verantwortung innehat und sich in die Belange der einzelnen Business Units überhaupt nicht einmischt.

Inwieweit diese Modelle im Einzelnen tragen, muss sicherlich von Fall zu Fall entschieden werden und es hängt teilweise von den für die verschiedenen Bereichen zur Verfügung stehenden Managern im eigenen Haus ab.

Sind die Würfel für ein Engagement (in welcher Rechtsform auch immer) gefallen, so sind anschließend eine Reihe wichtiger Entscheidungen zu fällen. An erster Stelle steht dabei die Wahl des richtigen Standorts.

5.4.2 Standortwahl und Standortausbau

Es gibt bei der Standortwahl eine Reihe von Faktoren, die das zukünftige Wachstum, die Kosten und den Erfolg insgesamt entscheidend beeinflussen. Diese Faktoren sind natürlich je nach Branche sehr unterschiedlich: Während es also für ein Unternehmen wie SAP oder Infineon durchaus sinnvoll war, sich in Bangalore niederzulassen, kann das vielleicht für Metro schon ganz anders aussehen. Aus diesem Grund sollen an dieser Stelle nur ganz zentrale Kriterien genannt werden, die natürlich im Einzelfall eine Due Diligence nicht ersetzten können.

Auch wenn Sie bereits in Indien vertreten sind, kann es wichtig sein, den jetzigen Standort immer wieder zu überprüfen und statt einer ständigen Erweiterung auch die Eröffnung eines weiteren Standorts in Erwägung zu ziehen. Indien ist ein sehr dynamisches Land und was vor wenigen Jahren noch galt, mag heute schon ganz anders aussehen. Es ist ratsam, sich auch von neutraler Stelle beraten zu lassen oder sich selbst ein Bild vor Ort zu verschaffen, denn das lokale Management wird immer dazu tendieren, den eigenen (existierenden) Standort zu präferieren. Das ist verständlich, denn ein zusätzlicher Standort gefährdet das eigene Machtpotenzial, ist ggf. unliebsame Konkurrenz und schafft vor allem erst einmal Ineffizienzen.

Beachten Sie daher, unabhängig davon, ob Sie eine Neubewertung existierender Standorte vornehmen oder die Suche eines ganz neuen ersten Standortes im Vordergrund steht, folgende Kriterien:

- *Absatzmarkt & Logistik:*
  Wenn Sie aus diesem Standort den lokalen Markt bedienen wollen: Wie viele Kunden in welchen Teilen des Landes können Sie realistischerweise aus diesem Standort heraus bedienen? Wie ist das zukünftige Potenzial? Wie funktioniert die Logistik aus diesem Standort in andere Landesteile? Wie sehen die internen Steuern für Warenbewegungen aus, wenn Sie aus diesem Standort heraus andere Teile des Landes bedienen?

- *Arbeitsmarkt:*
  Gibt es ausreichend qualifizierte Arbeitskräfte an diesem Standort, oder ist er bereits überlaufen (z. B. Bangalore) oder entwickelt sich nicht günstig (wie manche der „2nd tier cities“, z. B. Trivandrum oder Noida)?

- *Kosten:*
  Wie sieht die Gesamtkostenbetrachtung aus, unter Einbeziehung der lokalen *Gehälter* für qualifiziertes Personal, der Mieten (sehr wichtig!) und für Infrastruktur? Selbst innerhalb der großen indischen Städte schwanken diese Faktoren oft um +/- 50 Prozent. Gibt es *steuerliche Vergünstigungen,* wie etwa in den Special Economic Zones? Auch dieser Punkt kann einen sehr großen Einfluss ausüben.

- *Geschäftsklima:*
  Dieser Faktor wird sehr oft unterschätzt. Letztlich sind für Genehmigungen lokale Behörden zuständig und deren Interesse an Ihrer Investition kann durchaus unterschiedlich ausfallen. Erwarten Sie nicht, überall den roten Tep-

pich ausgerollt zu bekommen. Erkundigen Sie sich bei Firmen, die bereits an einem bestimmten Standort sind, wie das Geschäftsklima dort ist. Wie schnell bekommen Sie notwendige Genehmigungen? Wie stark ist die Korruption? Gibt es möglicherweise staatliche Anschubfinanzierung? Gibt es Quoten für die Besetzung von Arbeitsplätzen, z. B. nach Kasten, lokaler Zugehörigkeit oder sozialem Status? Es gibt hier zwischen den indischen Bundesstaaten immense Unterschiede.

- *Politische Risiken:*
  Auch dies ist ein Faktor von hoher Brisanz. In einigen Bundesstaaten gibt es häufiger terroristische Akte von Separatisten (Naxalities), in anderen kommt es häufig zu überraschenden Streiks, die das gesamte öffentliche Leben lahmlegen (sogenannten Bundhs). Erkundigen Sie sich, wie die Situation in den letzten drei bis fünf Jahren dort war und wie die Tendenz ist. Auch hier gilt: Die Unterschiede zwischen den einzelnen Bundesstaaten sind erheblich.

- *Infrastruktur & Umwelt:*
  Auch wenn es auf den ersten Blick banal erscheint: Werfen Sie einen genauen Blick hinter die Kulissen. Braucht jedes Unternehmen und jedes Gebäude einen eigenen Generator zur Stromerzeugung? Wie gut funktioniert die Wasserversorgung? Wie sieht die zukünftige Planung der lokalen Regierung aus? Während nämlich einige Bundesstaaten Energieüberschuss haben (wie etwa Westbengalen, Hauptstadt Kolkata), wird in anderen (wie z. B. Karnataka, dessen Hauptstadt Bangalore ist), regelmäßig der Strom abgestellt, weil einfach nicht genug Energie vorhanden ist, um den Bedarf der hungrigen Provinz mit ihrer wachsenden Industrie zu decken.

Es gibt in Indien eine Vielzahl von Beispielen, in denen die Standortentscheidung sich im Nachhinein als falsch herausgestellt hat. Dies war dann entweder bedingt durch eine mangelhaft durchgeführte Due Diligence, eine fehlende langfristige Betrachtung des Standortes oder ganz einfach weil bestimmte Führungskräfte einen Standort intern durchsetzten konnten, der ihnen persönlich am meisten nutzt. Letztere Gefahr ist vor allem gegeben, wenn sich Unternehmen auf einen „guten Freund" aus Indien verlassen oder einer ihrer Manager aus Indien kommt. Im Ergebnis liegt dann der Idealstandort des Zentrums immer „zufällig" in der Heimatprovinz des wohlmeinenden Ratgebers, oft noch mit der Begründung, man habe dort gute Beziehungen und könne alle auftretenden Probleme jederzeit in den Griff bekommen. Obwohl das auf den ersten Blick sogar schlüssig erscheint, hilft es eben letztlich wenig, wenn zwar das eine oder andere lokale Problemchen schneller gelöst wird, aber Ihr Unternehmen nicht skalieren kann, weil es keine Arbeitskräfte auf dem Markt gibt oder weil die Infrastruktur nicht stimmt.

Indien bietet aufgrund seiner Größe eine unglaubliche Menge potenzieller Städte und Standorte für Produktion, Offshoring, Dienstleistungen und Distribution. Zunächst sind da die vier großen Megastädte zu nennen, die in Indien die „Metros“ genannt werden: New Delhi, Mumbai (früher Bombay), Chennai (früher Madras) und Kolkata (früher Kalkutta). Diese haben nicht nur eine zweistellige Millionenzahl als Einwohner, sondern verfügen auch alle über internationale Konsulate und Flugverbindungen. Die Region „Greater Bombay“ hat sich als Banken- und Handelszentrum in Indien etabliert, vergleichbar von der lokalen Bedeutung in etwa mit der Bedeutung Shanghais für China. Chennais Bedeutung liegt vor allem in der Eigenschaft als Umschlagshafen für Güter aus Südostasien, als Standort für die Automobilindustrie und auch als IT-Hub des Südens (neben Bangalore und Hyderabad). Delhi, die Hauptstadt Indiens, ist wichtig für all diejenigen Unternehmen, die einen guten Kontakt zu den Ministerien benötigen (Stahl, Luftverkehr, Telekom), aber hat sich durch die Einbindung der „neuen“ Städte wie Gurgaon und Chandigarh zu einem Service-Zentrum entwickelt, mit der Ansiedlung vieler Call Center und BPO-Firmen. Und schließlich noch Kolkata, die ehemalige Hauptstadt des „British Raj“ in Indien, von deren altem Glanz nur noch sehr wenig zu erkennen ist. Dafür tut aber seit einigen Jahren die (kommunistische) Regierung von Westbengalen viel, um Industrieansiedlungen, vor allem IT, rings um Kolkata zu fördern.

Daneben gibt es noch die Millionenstädte, die in den letzten zehn Jahren massiv aufstreben und mittlerweile auch in Deutschland recht bekannt sind, wie Bangalore, Hyderabad oder Pune. Natürlich verfügen auch Bangalore und Hyderabad inzwischen über internationale Flugverbindungen nach Asien und Europa. Und dann gibt es noch eine Vielzahl von Städten, die von den lokalen Regierungen als zukünftige Wachstumszonen identifiziert worden sind, wie Noida, Chandigarh, Trivandrum, Mangalore, Mysore. Letztlich werden Sie in all diesen Städten bereits Unternehmen finden, die sich dort mit eigenen Töchtern niedergelassen haben, und die meisten werden auf ihren eigenen Standort „schwören“.

5.4.3 Start-up-Möglichkeiten für die 100-Prozent-Tochter

Grundsätzlich haben Sie beim Aufbau einer eigenen 100-Prozent-Tochter die folgenden drei Möglichkeiten:

1. BOT (Built Operate & Transfer)
2. Akquisition eines existierenden Unternehmens
3. Aufbau eines neuen Unternehmens von Grund auf

Möglichkeit 1: BOT-Modell

Im Allgemeinen werden sogenannte Built-Operate-and-Transfer-Modelle, kurz BOT genannt, vor allem in der Infrastrukturentwicklung genutzt. Ausländische Investoren sind eingeladen, in Projekte wie Straßenbau oder Kraftwerkerstellung zu investieren, für diese Projekte über eine festgelegte Zeit Einnahmen zu erzielen (z. B. über den Verkauf des Stroms oder Straßenmaut) und dann das gesamte Projekt nach Ablauf der Vertragsdauer an den Staat zu übergeben zur weiteren Nutzung. Diese eher klassische Art des BOT-Investments steckt in Indien noch in den Kinderschuhen, und seit den Ereignissen um das Kraftwerksprojekt in Dhabhol, als die Regierung von Maharashtra die Verträge der Vorgängerregierung gegenüber dem Investor (Enron) nicht mehr anerkennen wollte, sind ausländische Investoren bei großen BOT-Investments in Indien sehr vorsichtig geworden.

Das BOT-Modell funktioniert aber auch umgekehrt innerhalb der privaten Wirtschaft, und dort wird es zwischen ausländischen und indischen Unternehmen seit vielen Jahren erfolgreich eingesetzt. Vereinfacht dargestellt funktioniert es so, dass der ausländische Investor eine andere (indische) Firma beauftragt, das gesamte „Start-up“ des eigenen Unternehmens zu organisieren und durchzuführen, einschließlich des Hirings und der gesamten Infrastruktur. Nach einem vorher festgelegten Plan (und Preis!) wird dann zu einem bestimmten Zeitpunkt das gesamte Unternehmen überführt, einschließlich aller Mitarbeiter.

Dieses Modell besticht natürlich durch das geringe Anfangsrisiko und durch den Vorteil, die große Erfahrung des ausgesuchten Build-up-Partners direkt zu nutzen. Es wird daher von Unternehmen genutzt, die weder die Zeit noch die Ressourcen investieren wollen, sich mit den beiden anderen Möglichkeiten auseinanderzusetzen. Allerdings sollte eine Reihe von Punkten auf jeden Fall (vertraglich und organisatorisch) geklärt sein:

- *Welche Services werden überhaupt vom Partner benötigt?*
  Welche Produktionsbereiche oder Büroräume werden benötigt, wie sollen sie ausgestattet sein? Welche IT-Infrastruktur wird gebraucht, wer entscheidet über die Besetzung von Schlüsselpositionen usw.?

- *Welche Richtlinien sollen gelten?*
  Sollen z. B. im HR-Bereich bereits die Gehaltsstruktur & Benefits des eigenen Unternehmens gelten oder die des Partners? Wie sieht es mit den Richtlinien zu Einkauf, Geschäftsreise oder IT-Security aus?

- *Facilities:*
  Soll der initiale Aufbau in den Geschäftsräumen/Produktionshallen des Partners stattfinden oder außerhalb? Gibt es Überlegungen zur (späteren) Skalierung?
- *Organisation & Governance:*
  Sind die gegenseitigen Erwartungen in diesem Bereich völlig klar? Wer berichtet an wen? Können Expatriates bzw. Spezialisten des Mutterhauses in die BOT-Operation integriert werden? Wie werden Code of Conduct bzw. Kultur des Mutterhauses in die Unit eingebracht? Diese anfänglichen Entscheidungen und Vereinbarungen können einen erheblichen Einfluss auf die spätere Überführung des BOT ins eigene Unternehmen ausüben.
- *Prozess- und Projekt-Management:*
  Während das eigene Unternehmen eventuell noch mit Prozessen arbeitet, die zwar bewährt, aber schon etwas verstaubt sind, hat der BOT-Partner vielleicht neuere Ansätze bereits erfolgreich implementiert, die aber zu den eigenen nur bedingt oder gar nicht passen. Dies bedeutet dann, dass solche unterschiedlichen Prozesse an die gemeinsam vereinbarten angepasst werden müssen. Vor allem im Qualitätsmanagement, bei der Zertifizierung oder im Delivery-Modell kommt es häufig zu völlig unterschiedlichen Ansätzen.
- *Gründung der eigenen Geschäftsstelle und Beendigung des gemeinsamen BOT:*
  Zu Beginn wird das BOT nur eine eigenständige Geschäftseinheit im Betrieb des Partners sein. Es ist aber notwendig, zu Beginn (oder zu einem festgelegten späteren Zeitpunkt) darüber zu entscheiden, wie diese Einheit letztlich zu einer eigenen Firma in Indien werden soll. Es ist ebenfalls wichtig, eindeutige Regeln dafür zu treffen, was geschieht, wenn einer der Vertragspartner die gemeinsame Unternehmung vorzeitig zu beenden gedenkt. Hier sind klare Regeln zu vereinbaren über den Transfer des Anlagevermögens, des Knowhows, über Mitarbeiter, Kündigungsfristen usw. Die Erfahrung zeigt, dass alles, was hier nicht eindeutig niedergeschrieben wird, später zu unnötigem Streit führt.

Möglichkeit 2: Akquisition eines bestehenden Unternehmens

Wenn Sie die Kinderkrankheiten einer Neugründung umgehen wollen, empfiehlt sich in vielen Branchen möglicherweise der Kauf eines bestehenden Unternehmens. Im IT-Bereich kann das besonders attraktiv sein, da es einige Tausend solcher Unternehmen unterschiedlichster Größe gibt, die vielfach bereits etabliert sind, einen gewissen Kundenstamm haben und zudem Erfahrung im lokalen Arbeitsmarkt haben. Gleichzeitig schleppen nur die wenigsten dieser Unternehmen Altlasten mit sich herum, wie z. B. Pensionsansprüche früherer Mitarbeiter, große Darlehen oder gar einen Stamm von Mitarbeitern, der prinzipiell unkündbar ist (im Unterschied zu einer Akquisition im Bereich Chemie, Banken oder Luftfahrt, wo traditionell sehr starker staatlicher Einfluss bestand und noch besteht).

In einem Industriebetrieb ist der Kauf eines Unternehmens allerdings nur empfehlenswert, wenn man als Käufer bestimmte Altlasten genau bewerten kann. Dazu zählen vor allem:

- unklare Eigentumsrechte (das kann ggf. ein großes Problem sein in Indien, selbst bei Grund und Boden),
- anhängige Verfahren und Untersuchungen durch die Reserve Bank of India bzw. die Steuerbehörden,
- Darlehen, auch solche außerhalb der Bücher,
- gewerkschaftlich organisierte Arbeitskräfte, die nicht ausgelastet sind.

Wenn Sie eine Offshore-IT-Firma, einen Dienstleister oder ein bereits bestehendes Entwicklungszentrum erwerben, sollten natürlich die gleichen Due-Diligence- Kriterien gelten, die Sie ansonsten auch anwenden würden. Zusätzlich ist es wichtig, dass Sie sich auf die Herausforderung vorbereiten, die wichtigsten Mitarbeiter alle zu behalten. Immerhin – Sie arbeiten in der wissensbasierten Industrie und jeder der Mitarbeiter ist ein potenziell wichtiger Wissensträger, den es zu halten gilt. Die Hardware und das Büro können Sie schnell wechseln; wenn die Mitarbeiter erst weg sind, kommen sie wahrscheinlich nicht wieder.

Klären Sie vor einer möglichen Akquisition innerhalb Ihres eigenen Hauses die nachfolgenden Fragen und stellen Sie sicher, dass Sie Antworten darauf finden:

- Wie viele Mitarbeiter sollte die zu akquirierende Firma idealerweise haben? Können wir die Anzahl wirklich in unsere globale Struktur integrieren?
- Wo soll das Unternehmen seine Schlüsselqualifikationen haben? Was ist für uns wichtig?
- Welche internationale Erfahrung erwarten wir vom Unternehmen und seinen Mitarbeitern?
- Was passiert mit der bestehenden Kundenbasis des Unternehmens?
- Wie sollen die Geschäftsräume und Infrastruktur aussehen?
- Haben wir Pläne für das lokale Management? Welche Manager müssen wir auf jeden Fall behalten, welche Positionen besetzen wir lieber selbst?

- Wie wird der initiale Knowledge- und Technologietransfer in die neue Einheit organisiert?
- Wie wird das Unternehmen in die eigene Organisations- und Reportingstruktur eingebunden?

Beispiel

Die Akquisition der Firma K&V durch SAP

In den Jahren 1998 und 1999 akquirierte die Firma SAP in Deutschland die Firma Kiefer und Veittinger in Mannheim. Neben der Produktpalette der Firma K&V (Sales Force Automation), einem Bereich, in dem SAP zu diesem Zeitpunkt nicht optimal aufgestellt war, bestand natürlich vor allem Interesse am spezifischen Know-how der Mitarbeiter von K&V, die in die SAP Gruppe integriert werden sollten. Während das in Deutschland noch relativ einfach zu bewerkstelligen war, bedingt durch die räumliche Nähe, war andererseits eine offene Frage, was mit den damals knapp 100 K&V-Mitarbeitern in Indien geschehen sollte. In bestimmten Technologiebereichen hatte K&V das gesamte Wissen in Bangalore aufgebaut, sodass schnell klar wurde, dass diese Mitarbeiter einen sehr wichtigen Teil des immateriellen Vermögens von K&V darstellten. SAP entschied sich, durch die Gründung eines eigenen Entwicklungszentrums (SAP Labs India), alle K&V-Mitarbeiter zu übernehmen und gleichzeitig diese Akquisition als Nukleus für ein weiteres Wachstum des Entwicklungsstandortes Bangalore zu nutzen. Das Top-Management des neuen Standortes wurde paritätisch mit einem Manager aus dem (ehemaligen) Hause K&V und einem Manager der SAP besetzt, um von Anfang an klar zu machen, dass hier keine Verhältnis zwischen großem und kleinem Bruder, sondern Gleichberechtigung herrscht. Die Schlüsselqualifikationen der Teams in Indien wurden einem Assessment unterzogen und dann wurden die Teams organisatorisch in größere Gruppen der Kernentwicklung der SAP überführt, wobei natürlich der Standort Bangalore beibehalten wurde. Schließlich wurde durch die Entsendung einiger Softwarearchitekten und Manager nach Indien der Wissenstransfer in beide Richtungen auf stabile Füße gestellt.

Die Büroräume von K&V im Zentrum von Bangalore ließen keine weitere Skalierung an diesem spezifischen Standort zu, zudem entsprachen sie auch nicht dem weltweiten SAP-Standard. Daher gab man diese innerhalb weniger Monate auf und zog um in einen der neu erstellten Hightech-Parks etwas außerhalb des Stadtzentrums.

Sämtliche Manager der ehemaligen K&V India wurden von SAP übernommen und erhielten vergleichbare Positionen im neunen Unternehmen SAP

Labs India. Neben den Entwicklungsleitern waren dies vor allem der HR Manager, der Facility Manager und der Verantwortliche für die IT-Infrastruktur.

Hinsichtlich der diversen internen Richtlinien, Gehaltsstruktur und Bonussystem wurden neue Regelungen geschaffen, die einerseits den Verbund mit SAP AG in Walldorf vereinfachten, andererseits auf lokale Gegebenheiten Wert legten. Da zu dem damaligen Zeitpunkt auch innerhalb der SAP Gruppe kaum global gültige Richtlinien existierten, war die notwendige Flexibilität vorhanden, hier auch für die Mitarbeiter sehr wichtige Punkte zu berücksichtigen. Verschiedene andere Benefits der ehemaligen K&V wurden aber auch gestrichen und vor allem das Bonussystem komplett umgestellt.

Während all dieser Veränderungen versuchten das Management von SAP und die neue Doppelspitze von SAP Labs India, durch ständige Kommunikation zu den Mitarbeitern Transparenz zu schaffen, was gerade passiert und als Nächstes geplant war. Selbst ein Vorstandsmitglied der SAP flog nach Indien, um direkt mit den Mitarbeitern zu sprechen.

Der Aufwand – und die Beachtung der oben genannten acht Punkte – zahlte sich aus: Ende 1999 (ein Jahr nach der Akquisition) waren noch 90 Prozent der ehemaligen K&V-Mitarbeiter an Bord von SAP, eine erstaunlich hohe Quote, wenn man bedenkt, dass dies das Jahr war, in dem die Internetblase auf ihrem Höhepunkt war und angeheizt durch den Hype durchschnittlich 15 Prozent bis 20 Prozent Fluktuation bei IT-Unternehmen in Indien herrschte.

Möglichkeit 3: Eigenständige Gründung einer Geschäftsstelle als 100-Prozent-Tochter

Sicherlich ist die Gründung eines Unternehmens „von Null“ aus eigener Kraft die zunächst aufwändigste Art, einen Standort in Indien zu begründen. Anfänglich müssen erhebliche Kosten einkalkuliert werden, bedingt durch die Tatsache, dass im eigenen Unternehmen spezifisches Indienwissen meist fehlt. Auf der anderen Seite steht aber der entscheidende Vorteil, dass man vom ersten Tag an die volle Kontrolle über den Aufbau des Standorts besitzt und zudem auch später die Kostensituation selbst steuern kann – was zumeist bedeutet, dass man geringere Kosten hat als bei allen anderen Modellen.

Es gibt allerdings einige Kriterien, die erfüllt sein sollten, bevor man sich in das Abenteuer der Gründung eines eigenen F&E-Zentrums stürzt. Auch wenn einige dieser Kriterien nachfolgend einleuchtend erscheinen, so hat sich dennoch gezeigt, dass viele F&E-Zentren genau daran gescheitert sind:

a) Klare Strategie für den Standort Indien

Nur allzu oft handelten Unternehmen in den vergangenen Jahren einzig und allein aus dem Grund „me too“ – das heißt, man glaubt etwas zu verpassen, wenn das eigene Unternehmen nicht bei der „Indien Party“ dabei ist. Dies ist sicherlich fundamental falsch und kann absolut kein ausreichender Grund sein, sich mit einem Entwicklungszentrum in Indien zu engagieren! Auch der Grund „Wir müssen die Kosten reduzieren“ ist kein alleiniger valider Grund eines tiefgehenden Engagements in Indien. Es muss natürlich das Ziel sein, außer einem effizienten Kostenmanagement gleichzeitig auch gleichbleibend hohe Qualität und letztlich auch höhere Effizienz zu erreichen. Es besteht kein Zweifel, dass ein genauer strategischer Plan im Unternehmen existieren muss, was mit dem F&E-Zentrum in Indien ursächlich bezweckt werden soll und wie die langfristigen Pläne aussehen. Ein solcher Plan sollte die folgenden, wichtigen Fragen beantworten:

- Wie soll das Tranferpricing-Modell mit dem Mutterhaus aussehen?
- Wie wird das Funding funktioneren, haben wir Pläne für die Initialinvestition und den Cash Flow?
- Welches sind die initialen Projekte, die in Indien abgewickelt werden sollen?
- Welches sind die initialen Manager, die die neue Geschäftseinheit führen?
- Wie wird der initiale Knowledge- und Technologietransfer organisiert?
- Was sind die initialen Meilensteine?
- Wie sieht das geplante Wachstum der ersten zwei Jahre aus – wie soll es erreicht werden?
- Welche Risiken bestehen und wie sieht die Mitigationsstrategie aus?
- Wie messen wir den Erfolg des initialen Set-ups? Welche KPI sind realistisch?

Ein deutscher Produzent von Werkzeugmaschinenteilen in Indien beschreibt die initialen Entscheidungen so:

„Wir hatten von Anfang an eine klare Strategie für den Standort Indien: Dort sollten in einem ersten Schritt vor allem einfache Bauteile hergestellt werden, für die wir keine aufwändigen Werkzeugmaschinen benötigen würden. Trotzdem war die Erstellung einer neuen Produktionshalle in Indien unumgänglich, und die notwenigen Maschinen waren teilweise unsere gebrauchten Maschinen aus Deutschland und teilweise Maschinen, die wir in Indien direkt gekauft bzw. von asiatischen Herstellern importiert haben. Beim Import der gebrauchten Maschinen gab es übrigens einige Probleme mit dem indischen Zoll, denn wir hatten diese Maschinen bereits abgeschrieben, der Zoll wollte sie aber zunächst wie Neuware behandelt wissen. Das klärte sich aber schnell.

Nachdem klar war, welche Teile aus Indien zugeliefert werden sollten, entschieden wir uns für eine 100 Prozent Export Oriented Unit (EOU), das heißt, wir planten von Beginn an, alle Teile an andere Standorte des Unternehmens zu exportieren. Das initiale Investment wurde teilweise als Cash nach Indien transferiert und teilweise lokal als Darlehen aufgenommen, um die in Indien fest gebundenen Vermögenswerte nicht zu groß werden zu lassen. Als Transferpricing wurden die tatsächlichen Stückkosten plus 6 Prozent Gewinnmarge festgesetzt.

Anfänglich entsandten wir den lokalen Managing Director und einige Ingenieure nach Indien, allesamt aus dem Mutterhaus in Deutschland. Dies war auch von Anfang an so geplant gewesen. Dagegen überließen wir die lokalen Beziehungen und HR-Prozesse zwei lokal eingestellten indischen Managern. Unsere Strategie war, während der ersten drei Jahre um 30 Prozent p. a. zu wachsen, sowohl beim Output als auch bei der Mitarbeiterzahl. Anschließend sollten wir in der Lage sein, die Produktivität stärker zu steigern als die Mitarbeiterzahl.

Wir hatten verschiedene Risikoszenarien durchgespielt und uns unsere möglichen Reaktionen genau überlegt, aber wir waren dann doch überrascht, welche unvorhergesehenen Dinge in Indien so geschehen können. Man benötigt sowohl vom Cash Flow als auch innerhalb des Produktionsprozesses hohe Puffer.

Für den Erfolg des Start-ups wurden neben der Zeit bis zum Start der Produktion auch die Einhaltung der vereinbarten Mengen- und Qualitätsziele gesetzt. Dies können aber anfänglich nur Richtwerte sein, denn die Zahl der Unwägbarkeiten ist doch zu hoch, um hier für mehrere Jahre eine detaillierte Vorgabe an das lokale Management zu machen."

b) Klares Bekenntnis der Unternehmensleitung zum Standort Indien

In den meisten Unternehmen wird sich entweder im Management oder bei Teilen der Mitarbeiter Widerstand gegen die Indienpläne regen. Dies ist natürlich, haben doch die meisten zunächst keine Erfahrung mit der Komplexität des Vorhabens; das Offshoring eines Teils der Produktion wird letztlich im Heimatland als etwas Bedrohliches empfunden. Diese Bedenken sind unbedingt ernst zu nehmen und sollten entsprechend adressiert werden.

Unabdingbar ist deshalb ein klares Bekenntnis der Unternehmensleitung zum Standort Indien. Dies sollte sich nicht nur in Powerpoints zeigen, sondern auch durch aktives Engagement gezeigt werden. Wichtige Fragestellungen sollten gemeinsam mit den verantwortlichen Managern erörtert, kritische Fragen gestellt und Hilfestellung bereitgestellt werden. Vor allem intern im Mutterhaus sollte die Einstellung herrschen: „Das ist entschieden, es gibt keine Alternative – jetzt müssen wir alle gemeinsam am Erfolg arbeiten!"

Auf allen Ebenen müssen die Verantwortlichen (sowohl im Mutterhaus als auch in Indien) zum Erfolg verpflichtet werden. Lokal ist es wichtig, dass alle Stränge bei einem einzelnen Verantwortlichen (gewöhnlich der Managing Director) zusammenlaufen. Dies ist notwendig, weil die lokalen Funktionen wie HR, Facilities oder IT-Infrastruktur koordiniert werden müssen und als eine Einheit zurück ins Headquarter berichten.

Es gibt auch eine Reihe von Beispielen, wo diese Vorgabe anfänglich nicht so klappte. Mindestens drei Dax-Firmen sind uns bekannt, die bereits 1999 Entwicklungszentren in Bangalore besaßen, aber bei denen die Einbindung ins Mutterhaus nicht von höchster Stelle gefördert wurde. Es wurden die falschen Zeichen gesetzt, einerseits ohne klare Wachstumsstrategie, andererseits durch einen lokalen verantwortlichen Managing Director, der überhaupt nicht dem Mutterhaus verhaftet war. Ein zwar fähiger indischer Ingenieur (in einem Fall sogar ein promovierter Wissenschaftler) wurde in Bangalore zum Chef gemacht, hatte aber keine realistische Chance, sich durch die im Mutterhaus auf mittlerer und unterer Ebene bestehenden Widerstände zu kämpfen. Ohne ein gutes Netzwerk steht ein Einzelner „Unbekannter" aus Indien natürlich auf völlig verlorenem Posten. Das Resultat war, dass eine dieser Firmen komplett an einen indischen IT-Service-Anbieter verkauft wurde, die andere geschlossen wurde und die dritte erst durch ein komplettes Umkrempeln der Strategie und den Austausch des lokalen Managing Director (durch einen aus dem Mutterhaus stammenden Entwicklungsleiter) auf Wachstumskurs gebracht werden konnte, nachdem sie jahrelang wenig Erfolge vorzuweisen hatte.

Während für Mittelständler und kleinere Unternehmen dies kaum zutrifft, da zumeist der Eigentümer bzw. Geschäftsführer sich zu Beginn selbst um das Indienengagement kümmert, scheint es vor allem bei großen Unternehmen oft einen Bruch zu geben in der Kommunikation des Indienengagements und dessen konsequenter Umsetzung.

c) Kontrolle durch das Mutterhaus

Die Kontrolle durch das Mutterhaus ist organisatorisch immer ein „heißes Eisen". Einerseits ist es wünschenswert, der lokalen Geschäftsstelle möglichst weitreichende Freiheiten zu geben, damit sie sich nahtlos in die lokalen Bedingungen einfügen kann, andererseits kann gerade eine Geschäftsstelle in einer weit entfernten Location wie Indien natürlich kein „frei schwebendes Radikal“ sein. Völlige Unabhängigkeit wäre wahrscheinlich zum Scheitern verurteilt. Es sind im Wesentlichen vier Bereiche, in denen die Corporate Governance genau abgestimmt laufen sollte; dies sind:

- Firmenkultur/Code of Conduct
- Human Resources
- Finanzen
- Security (IT, IP usw.)

	Lokale Bedürfnisse des Standortes in Indien	Globale Wünsche/ Corporate Governance
Unternehmens-kultur	Soll nach Möglichkeit auf indische Verhältnisse angepasst sein – es ist wichtig, in Indien als hervorragender indischer Arbeitgeber wahrgenommen zu werden. Lokale Kultur macht das Zusammenarbeiten innerhalb Indiens einfach, da jeder die Standards und ethischen Werte kennt.	Globale Firmenkultur ist wichtig für die Identität mit dem Stammhaus und dem Unternehmen. Keine Kompromisse bei den Core Values der Firma. Gleichzeitig sollten in allen Standorten gleiche ethische Standards gelten und ähnliche Arbeitsbedingungen herrschen.
Human Resources	Muss sich unbedingt nach lokalen Gesetzmäßigkeiten richten, wie etwa beim anwendbaren Recht, der Gehaltsstruktur und den in Indien üblichen Zusatzleistungen. Insbesondere sind Mitarbeiter das Schlüsselkapital – und sie wissen auch darum. Daher sind die lokalen HR Manager oft in einer Zwickmühle, da sie stets das Optimum für die Mitarbeiter wollen, global aber keine Sonderregelungen für Indien getroffen werden sollen.	Weltweites Karrieresystem mit einheitlichem Entwicklungsplan, um Entsendungen und Transfers zu vereinfachen. Gleiche Key Benefits wie Aktienoptionen usw. Globale Reiserichtlinien und globaler Verhaltenscodex; keine spezifischen Regeln für unterschiedliche Länder.

	Lokale Bedürfnisse des Standortes in Indien	Globale Wünsche/ Corporate Governance
Finanzen/ Controlling	Hohe Eigenkontrolle, um die Kostenstruktur im Griff zu behalten, hoher Anteil von „local content“ bei Mitarbeitern, Purchasing, Facilities usw. Anpassung an lokale Geschäftsregeln, die vergleichsweise flexibel sind.	Durchgriff auf alle wesentlichen Funktionen in Finanzen und Controlling. Konsolidierung auf Gruppenebene, genaue Kontrolle der steuerlichen Situation, Cash Flow – Korruptionskontrolle.
Security, IP	Sicherheit ist ein eher flexibler Part und wird mehr als „sichtbare“ Sicherheit verstanden (Securities, Sicherheitsschranken, Scanning usw.); eher ineffizient, beschäftigt aber viele Menschen. Der Schutz von Intellecutual Property ist zweitrangig.	Sicherheitsaspekt sollte genauso streng gehandhabt werden wie im Mutterhaus. Zugangskontrollen nach Möglichkeit automatisiert; IP, das in Indien erstellt wird, muss global geschützt werden; firmeninternes IP muss vor unbefugtem Zugriff gesichert werden – Abwanderung von Wissensträgern verhindert werden.

Abbildung 9: *Wichtige Bereiche der Corporate Governance zwischen Tochterfirma in Indien und Mutterhaus*

Erfüllt Ihr geplantes Set-up zwischen indischer Tochter und Mutterhaus die genannten Kriterien, so stellt sich anhand des in Abbildung 9 gezeigten Konfliktpotenzials sofort die Frage, wie eigentlich lokale Bedürfnisse mit den Wünschen des Mutterhauses in Einklang zu bringen sind.

Um es vorweg zu sagen: Ganz konfliktfrei wird das nie funktionieren. Dennoch hat sich gezeigt, dass es Strukturen gibt, die vor allem anfangs besser funktionieren, während andere mit höherer Wahrscheinlichkeit scheitern. Aus unserer Sicht hat es sich bewährt, auf zwei Aspekte Wert zu legen:

- Initial sollten wichtige Leitungsfunktionen mit erfahrenen Kollegen aus dem Mutterhaus besetzt werden. Die gute Verbindung ins Stammhaus, gepaart mit dem Vertrauensvorschuss sind dann schon die „halbe Miete“, und auch für eine lokale Spitzenkraft praktisch nicht zu erreichen. Im zweiten Level (HR-Manager, Finanzchef, Entwicklungsleiter) können dann Spezialisten aus dem lokalen Markt angeworben werden. Zu oft scheitert ein Engagement in einer

100 Prozent-Tochter in Indien bereits daran, dass sämtliche Top-Positionen mit (zwar ausgezeichneten) lokalen indischen Managern besetzt werden, die es nie wirklich schaffen, die Vertrauensbasis zum Mutterhaus auf solide Füße zu stellen. Das liegt sogar weniger an diesen Personen, sondern eher an der Abwartehaltung in Deutschland.

- Als Leitungsstruktur hat sich die Matrix bestens bewährt. Einerseits gibt es eine Reporting-Linie ins Mutterhaus, um die Unternehmensleitsätze, Kultur und Ziele zu verfolgen, andererseits gibt es eine lokale Reporting-Linie, um den operativen Plan möglichst gut umzusetzen. Um es zu konkretisieren: Der Managing Director sollte ins Mutterhaus berichten und zwar möglichst hoch angesiedelt (Geschäftsleitung, Vorstand). Die Linien Manager wie HR oder Finanzen sollten sowohl eine Reporting-Line ins Mutterhaus (z. B. zum Globalen HR-Chef) als auch eine lokale Reporting Line (zum Managing Director) haben.

Bei SAP existierten immer zwei Grundsätze, die in den vergangenen zehn Jahren des Indienengagements eingehalten wurden. Der erste Grundsatz ist, der Entwicklungsseite der Vernetzung und dem Knowledge-Transfer höchste Priorität einzuräumen. Auf der Entwicklungsseite (F&E-Zentrum: SAP Labs India) wurden immer Manager mit einer exzellenten Verbindung nach Walldorf als Managing Direktor ausgewählt. Dies waren dann fast immer entsandte Deutsche, einfach aus der Erkenntnis heraus, dass die intensive Beziehung zu den in Deutschland verhafteten Entwicklungseinheiten ein wichtigerer Faktor für den Erfolg des Standortes ist als lokale Vernetzung und Expertise. Auch bei vielen neuen Entwicklungsbereichen wurde für einen auf zwei Jahre begrenzten Zeitraum ein erfahrener Entwicklungsmanager aus Deutschland entsandt, um das initiale Netzwerk herzustellen und Fachwissen nach Indien zu bringen. Heute ist SAP auch in der Entwicklung so global aufgestellt, dass das Herz nicht mehr ausschließlich im badischen Walldorf schlägt. Über 300 indische Kollegen haben schon mehr als ein Jahr in der Konzernzentrale gearbeitet und sind jetzt wieder in Bangalore tätig. Viele sind bereits seit fast fünf Jahren dort. Außerdem haben auch die Standorte in Palo Alto, Israel und China an Bedeutung gewonnen. Das bedeutet, dass die verschiedenen Entwicklungsabteilungen viel tiefer als noch zu Beginn des Jahrzehntes über den Globus hinweg vernetzt sind und der Nationalität oder der beruflichen Heimat des Managing Directors eine nicht mehr so bedeutende Rolle zukommt.

Der zweite Grundsatz ist, für den lokalen Markt fast ausschließlich auf lokale Vertriebsleute zu setzen. Hier wurden also erfahrene Vetriebsmanager eingestellt und mit dem Aufbau der initialen Teams beauftragt. Auch die erste Chefin der SAP India war eine Inderin. Durch die gute Kenntnis der Kundenbedürfnisse vor Ort, entsprechende Kontakte und natürlich das weltweit führende Produkt gelang es dem lokalen Management in Indien, binnen zwei Jahren in Indien Marktführer zu werden. Einen ganz entscheidenden Beitrag dazu leistete dabei übrigens die Tatsache, dass SAP die erste Business-Software-Firma der Welt war, die bereits 1995 ihr Produkt für Indien mit großem Aufwand lokalisiert hatte. Insbesondere Anpassungen auf die lokalen Steuergesetze und die Behandlung von Warenbewegungen mussten implementiert werden. Das verschaffte einen entscheidenden Vorsprung vor der meist amerikanischen Konkurrenz, die es zunächst mit der Devise „What works in US will work elsewhere!" versucht hatte.

6. Personalmanagement

6.1 Grundsätzliches

Personalmanagement in Indien gestaltet sich in vielerlei Hinsicht anders als in Deutschland. Nicht nur, dass man sich in einem völlig anderen Kulturkreis bewegt, es unterscheiden sich sämtliche Personalsysteme in den Bereichen Auswahl, Einstellung, Ausbildung, Personalführung, rechtliche Grundlagen, Policies, Motivation, Loyalität und Trennung.

Viele entsandte Manager werden in Indien mit Personalführung konfrontiert, eventuell sogar das erste Mal in ihrem Leben. Doch auch für erfahrene Manager ist es nicht einfach, sich zurechtzufinden, da Bereiche neu gelernt werden müssen.

Gerade das richtige HR-Management macht aber den Unterschied zwischen gut geführten und eher durchschnittlichen Unternehmen in Indien aus. In Indien hat der Betrieb (und somit auch der Manager) eine viel höhere Fürsorgepflicht für seine Mitarbeiter als in Deutschland. Ein Unternehmen hat nicht nur einen Vertrag mit seinen Angestellten (Arbeitsleistung gegen Geld), sondern ist auch der Ansprechpartner für viele private Dinge. Ob es ein plötzlicher Todesfall in der Familie ist, eine Überschuldungssituation, Krankheit, Probleme mit dem Ehepartner oder den Eltern – immer wieder muss der Manager da sein, zuhören und versuchen, eine Lösung zu finden. Mit deutschen Maßstäben kann man hier nicht zu Werke gehen, das führt schnell zu Frustration und Demotivation der indischen Kollegen.

6.2 Der indische Arbeitsmarkt für Fach- und Führungskräfte

Der Arbeitsmarkt für Fach- und Führungskräfte wird vor allem durch die derzeit sehr hohe Nachfrage der stark wachsenden indischen Unternehmen und durch die steigende Zahl an Auslandsinvestitionen bestimmt. Gleichzeitig ist Indien in der Lage, durch eine sehr hohe Anzahl von Studienabgängern vor allem in den Ingenieurberufen einen stetigen Strom ausgezeichnet ausgebildeter junger Berufsanfänger in den Markt zu geben. Angebot und Nachfrage sind seit Mitte der

90er Jahre konstant angestiegen und haben sich in etwa die Waage gehalten. In jüngster Zeit ist zu beobachten, dass es einen gewissen Nachfrageüberhang gibt, der dementsprechend zu steigenden Gehältern führt. Die Abbildungen 10 und 11 stellen diesen Zusammenhang dar.

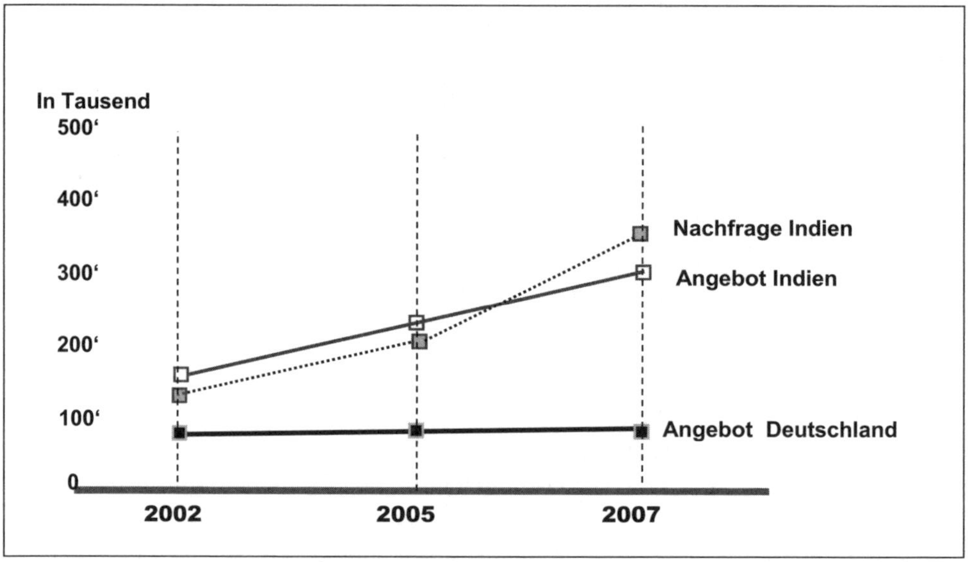

Abbildung 10: *Studienabgänger in Ingenieurberufen in Indien und Deutschland und Nachfrage in Indien (Quelle: Nasscom)*

Es gibt eine ganze Reihe von Gehaltsstudien im Markt, insbesondere Gehaltsstudien zu Fach- und Führungskräften. Die Einstiegsgehälter unterscheiden sich sehr stark – je nachdem, wie attraktiv der zukünftige Arbeitgeber von den Mitarbeitern eingestuft wird. Gute Ingenieure mit zwei bis drei Jahren Berufserfahrung erwarten ein Gehalt in einer Bandbreite von 6 000 Euro bis 12 000 Euro p. a. Die Gehälter steigen sehr stark an, wenn die Mitarbeiter Führungsaufgaben übernehmen. Für Teamleiter (Führungsspanne 10 bis 20 Mitarbeiter) sind dann durchaus 20 000 Euro zu bezahlen, und Bereichsleiter (Führungsspanne 100 bis 200 Mitarbeiter) erwarten 50 000 – 100 000 Euro im Jahr. An dieser Stelle würde es zu weit führen, die einzelnen Branchen und Positionen hinsichtlich ihrer Gehaltsstruktur detailliert zu beschreiben, wichtiger ist ohnehin der Trend.

Branchenübergreifend konnten seit 2002/03 Gehaltssteigerungen beobachtet werden, die sich deutlich über der durchschnittlichen Inflationsrate von 5,5 Prozent bewegten. Vor allem in der Finanzbranche, im Management und in den IT-nahen Berufen sind in den vergangenen Jahren die Gehälter stark gestiegen; der im Verhältnis zur dollargekoppelten Rupie allerdings sehr starke Euro hat aus Sicht eines deutschen Unternehmens diese Entwicklung deutlich abgefedert. Im Jahr 2007 betrugen die durchschnittlichen Steigerungen über alle Branchen hinweg 12 Prozent, und für die kommenden Jahre wird weiterhin mit 8 bis 15 Prozent Steigerung p. a. der Vergütungen gerechnet, die möglicherweise nicht von einem weiterhin sehr starken Euro abgefangen werden.

Es darf aber bezweifelt werden, dass die Gehälter für Fach- und Führungskräfte sich mit den genannten Steigerungsraten über einen sehr langen Zeitraum hinweg weiter entwickeln. Letztlich ist es volkswirtschaftlich nicht sinnvoll, dass die Gehälter deutlich stärker ansteigen als die Arbeitsproduktivität. Und genau das ist in Indien seit einigen Jahren der Fall: Kaum eine Firma behauptet ernsthaft, mehr als 10 Prozent Produktivitätszuwachs im Jahr zu erzielen, aber alle haben unisono die Gehälter deutlich über der Zuwachsrate der Produktion erhöht und das schon seit Mitte des Jahrzehnts, Jahr für Jahr. Für die internationale Wettbewerbsfähigkeit Indiens auf diesem Gebiet ist das nicht gut, denn andere Länder Asiens oder Osteuropas holen den Produktivitätsvorsprung, den Indien gegenüber Ländern wie den Philippinen, Malaysia oder Russland sicherlich hat, sehr rasch auf. Gleichzeitig steigen dort die Gehälter viel moderater.

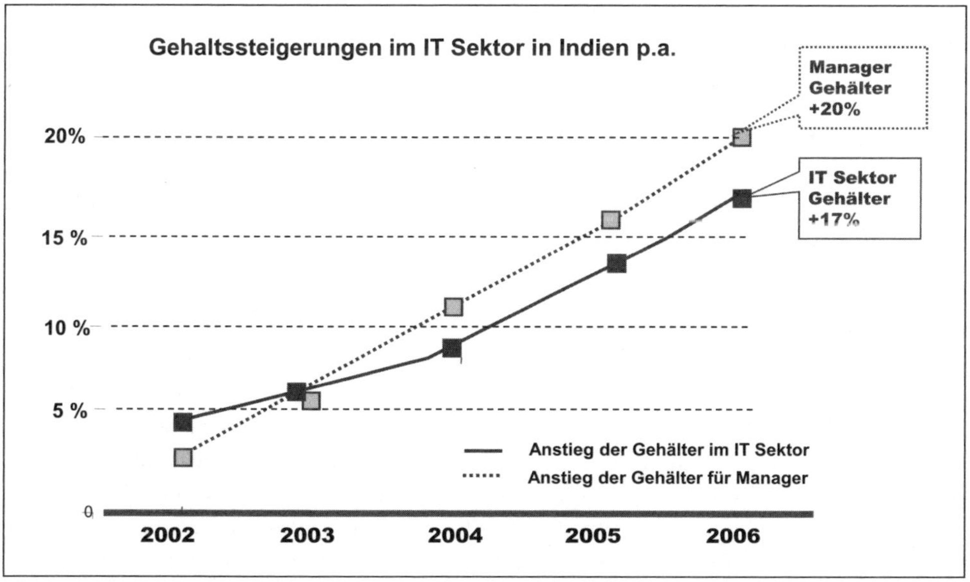

Abbildung 11: *Gehaltssteigerungen für Fach- und Führungskräfte im IT-Sektor p. a. (Quelle: Nasscom)*

Exkurs: Indisches Arbeitsrecht

Das indische Arbeitsrecht beruht auf teilweise sehr alten Wurzeln (z. B. dem „Trade Unions Act“ von 1926 oder dem „Minimum Wages Act“ von 1948) und ist durch eine Vielzahl sich teilweise widersprechender Gesetze der letzten fünf Jahrzehnte nur noch schwer durchschaubar. Es bedarf nach Einschätzung aller Industrieverbände in Indien dringend einer Überholung.

Das wohl wichtigste Gesetz ist der sogenannte „Industry Dispute Act“ von 1947, der mehrfach überarbeitet wurde, aber im Kern die Entlassung von Mitarbeitern immer noch nahezu unmöglich macht. Er gesteht den Arbeitnehmern einen sehr weitgehenden Schutz zu, sogar dahingehend, dass für Entlassungen eine staatliche Genehmigung erforderlich ist, die in der Praxis nicht zu bekommen ist. Vertraut man einer Weltbankskala, auf der von 0 bis 100 abgetragen ist, wie schwer es ist, einen Mitarbeiter zu kündigen, erreicht Indien mit 70 einen internationalen „Spitzenwert“; zum Vergleich: Deutschland und China liegen etwa gleichauf bei 40 Punkten, die USA liegen bei 0.

Auch der gewerkschaftliche Organisierungsgrad ist sehr hoch, wobei hier starke regionale Unterschiede zu beobachten sind: Sind in Westbengalen und Kerala beispielsweise fast 100 Prozent der Arbeitnehmer im produzierenden Gewerbe gewerkschaftlich organisiert, so sind es in anderen Staaten nicht einmal die Hälfte. Im produzierenden Gewerbe muss sich der Geschäftsführer also darauf einstellen, auch regelmäßig mit den Vertretern der Gewerkschaften zu sprechen. Ein positives Signal ist, dass sowohl die Zahl der betrieblich organisierten Streiks als auch die der sogenannten „Bundhs“, eine Art regionaler Generalstreik bei dem das gesamte öffentliche Leben ruht, abgenommen haben.

Im Dienstleistungssektor, insbesondere in der boomenden IT-Industrie, haben die Gewerkschaften es versäumt, sich zu organisieren. Daher spielen sie in diesem Bereich keine Rolle. Auch die Regierung hat (glücklicherweise) nicht schnell genug reagiert, um den gesamten Sektor zu regulieren – daher hat sich ein freier Arbeitsmarkt entwickelt, der kaum reguliert ist und hauptsächlich durch Verträge und Firmenpolicies gekennzeichnet ist. Da das Gleichgewicht der Kräfte durch die hohe Qualifikation der Mitarbeiter und die Tatsache, dass es mehr Nachfrage als Angebot nach Hochqualifizierten gibt, gewährleistet ist, ist diese Freiheit kein Problem. Sie wird von beiden Seiten positiv genutzt, sei es nun beim Jobwechsel oder den Gehaltsverhandlungen.

6.3 Auswahl von Mitarbeitern in/für Indien

6.3.1 Auswahlkriterien

Jeder Betrieb, insbesondere jede Neugründung, steht zunächst vor der entscheidenden Frage: Welche Schlüsselpositionen sind in Indien zu besetzen und mit welchen Mitarbeitern besetzen wir diese Positionen?

Fehler in dieser Phase können immense Auswirkungen auf den Erfolg des Engagements in Indien haben, bis hin zum vollständigen Scheitern. Es gibt in fast jedem Sektor in Indien Beispiele für sehr erfolgreiche Investitionen und für kleinere Katastrophen. Im Maschinenbau und der Automobilzulieferindustrie war beispielsweise die Firma Bosch (in Indien firmiert sie unter anderem auch unter „Mico-Bosch“) außerordentlich erfolgreich, während andere ihre Pforten wieder schlossen. Die Firma SAP baute ihr größtes Entwicklungszentrum außerhalb Deutschlands mit fast 4000 Mitarbeitern auf, während zeitgleich Philips Electric einen Teil ihrer Software Services in Indien verkaufte und Apple Inc. gar die Pforten seines Offshoring Zentrums 2007 ganz schloss. Ein namhafter französischer Hersteller von „Smartcards“ verlegte die gesamte Softwareentwicklung von Indien nach Dubai, nachdem man erkannt zu haben glaubte, dass mit der indischen Mentalität und Fluktuation in der Belegschaft keine vernünftige Software zu erstellen sei.

Was macht nun den Unterschied zwischen den augenscheinlich höchst erfolgreichen Unternehmungen in Indien und offensichtlichem Scheitern aus? Was sind die entscheidenden Faktoren?

Von den Faktoren, die bereits im Kapitel über das unternehmerische Engagement genannt wurden, ist die richtige Personalauswahl nach Meinung vieler Indien-Kenner der wichtigste. Die ausgefeilteste Strategie mit den besten Produkten wird nicht helfen, wenn vor Ort eine Truppe sitzt, die nicht harmonisiert, frustriert ist oder eine ganz eigene Agenda vorantreibt. Die Loyalität der Mitarbeiter, die zuallererst (und sichtbar) dem Unternehmen gelten sollte, ist dabei entscheidend. Letztlich sind es nur einige wenige Schlüsselpositionen, die unbedingt mit der oder dem „Richtigen“ besetzt werden müssen, daher sollte hier ausreichend Zeit und Sorgfalt in die Personalauswahl investiert werden.

Schlüsselpositionen

Wichtig ist zunächst die Position des lokalen *General Managers* (GM) (oder Managing Directors), also desjenigen, der insgesamt die Geschäfte führt und die Gesamtverantwortung hat. Es steht außer Frage, dass diese Position nicht nur wesentlich zur örtlichen Firmenkultur beiträgt, sondern auch die zentrale Schlüsselfigur für den Geschäftserfolg ist. Außerdem ist der GM oft der wichtigste Kommunikationskanal in die (deutsche) Zentrale.

Die Position des General Managers erfordert daher nicht nur eine lange Managementerfahrung, sie erfordert gerade in ihrer Schnittstellenfunktion auch hervorragende Kommunikationsfähigkeiten. Es gilt, sowohl im interkulturellen Kontext mit Deutschen, Indern und anderen Nationalitäten zurechtzukommen als auch lokal ein Gefühl für die Bedürfnisse der Mitarbeiter zu entwickeln. Ein gutes Netzwerk in der Heimatzentrale macht die Arbeit eines GM erheblich einfacher. Die Position kann sowohl von einem Inder als auch von einem entsandten Expat einer anderen Nationalität bekleidet werden, aber:

Die „Soft Skills“ sollten hier Vorrang haben vor den leider immer wieder in den Vordergrund gerückten fachlichen Fähigkeiten!

Ein exzellenter Ingenieur ist nicht automatisch der beste Entwicklungsleiter! Und ein ausgezeichneter Entwicklungschef ist noch kein guter General Manager.

Der General Manager hat vor allem beim Neuaufbau einer Firma einen ganz entscheidenden Anteil daran, wie sich die Firmenkultur vor Ort entwickelt. Der Typ „netter Kollege“ mag sehr schnell nicht mehr ernst genommen werden, wenn er nicht gleichzeitig Autorität ausstrahlt. Ein GM, der den ganzen Tag über „die Inder“ oder „die da in der Zentrale“ schimpft, ist sicher auch eine Fehlbesetzung. Da die Firmenkultur aber ganz massiven Einfluss auf den Erfolg vor Ort hat, ist der „richtige“ General Manager die erste und ganze wichtige Entscheidung.

Der Leiter „Human Resources“ hat entscheidenden Anteil an den „Policies“ der Firma, also Arbeitszeiten, Entlohnung & Bonussystem, Reiserichtlinien usw. Er ist eine zentrale Schlüsselfigur für alle Mitarbeiter, insbesondere auch für die Mitarbeiterzufriedenheit. In der Gründungs- und Wachstumsphase ist er auch der Verantwortliche für die Akquisition neuer Mitarbeiter und für die professionelle Abwicklung des Einstellungsprozesses. Ein guter HR-Chef ist in der Lage, die globale Kultur eines Unternehmens mit einem lokalen Gehalts- und Benefitsystem zu verbinden. Da die Gewinnung von Mitarbeitern zu den kostspieligsten Prozessen (gerade am Anfang) gehört, ist es so wichtig, dass der Leiter HR in der Lage ist, Systeme und Prozesse derart zu gestalten, dass die Rate derer, die das Unternehmen verlassen, möglichst gering bleibt. Es ist essenziell, einen HR-Manager zu gewinnen, der Erfahrung mit den Hauptherausforderungen wie Large-scale-Hiring, Attrition und Motivation hat.

In Indien geht die Rolle des HR-Chefs deutlich über eine vergleichbare Position in Deutschland hinaus, da er nicht nur die Administration inne hat, sondern auch für das Wohlbefinden der Mitarbeiter verantwortlich ist. Er ist erster Ansprechpartner auch und vor allem, wenn es um persönliche Probleme geht – sei es nun die schwere Krankheit eines nahen Angehörigen oder finanzielle Schwierigkeiten. Oft tritt der HR-Manager dann nicht als Vertreter des Unternehmens auf, sondern hat eher die Rolle des Vermittlers zwischen Unternehmensleitung und Mitarbeitern inne. Das verschafft ihm/ihr eine besondere Vertrauensstellung von beiden Seiten. Die Position gehört vor allem im boomenden Dienstleistungssektor zu den bestbezahlten des Unternehmens.

Beispiel

Wie weitreichend sich der HR-Chef um die Belange der Mitarbeiter kümmert, zeigt vielleicht am besten ein Beispiel aus unserer eigenen Entwicklungsgruppe bei SAP. Wir hatten vor einigen Jahren einen jungen und äußerst talentierten Softwareentwickler bei uns in Bangalore beschäftigt, der nicht nur beliebig viele Programmiersprachen beherrschte, sondern auch komplexe Sachverhalte konzeptionell erfassen und in Lösungen umsetzten konnte. Er war durch seine hohe Fachkompetenz in Indien bei den Kollegen und bei seinem Manager in Deutschland gleichermaßen geschätzt.

Eines Tages begannen die E-Mails eben dieses Kollegen etwas wirr zu werden, zunächst nur unmerklich, dann immer deutlicher. Es war zuerst die Führungskraft in Deutschland, die etwas unruhig wurde und sich schließlich an unseren lokalen HR-Manager in Indien wandte, mit der Bitte um einen Ratschlag oder Hilfe. Unser HR-Chef sprach mit dem betroffenen Mitarbeiter, der aber erklärte, es gehe ihm ausgezeichnet, er sei vielleicht nur etwas überspannt gewesen. Trotzdem empfahlen wir ihm, einige Tage Urlaub zu nehmen. An sich wäre die Geschichte hier schon zu Ende, wäre nicht plötzlich aufgefallen, dass jener Entwickler nun einfach nachts ins Büro kam, um zu arbeiten, uns aber in dem Glauben lassen wollte, er habe sich frei genommen. Während seine Arbeitsleistung nachts sogar noch absolut einwandfrei war, begann er weitere äußerst obskure E-Mails zu schreiben; in einer kündigte er die Hochzeit mit einer Mitarbeiterin an und lud alle möglichen Kollegen aus Walldorf und Indien zu dieser Hochzeit ein. Die Mitarbeiterin war aber verheiratet!

Auf Anraten unseres HR-Managers schlossen wir den Mitarbeiter zu seinem eigenen Schutz bis auf weiteres aus der Firma aus, benachrichtigten unseren Sicherheitsdienst, dass er keinen Zugang mehr haben dürfe, und sperrten alle seine Systemzugänge. Natürlich fühlte man sich ihm trotzdem verpflichtet, sodass unser HR-Chef seine Eltern aufsuchte, um sich mit diesen abzustimmen und die Situation zu klären. Es war offensichtlich, unser Kollege war psychisch krank, wollte es aber selbst nicht wahrhaben. Gemeinsam mit den Eltern konstruierte unser HR-Chef dann eine Strategie, wie wir den Kollegen dazu bringen könnten, sich untersuchen und behandeln zu lassen. Er war es auch, der eine Spezialklinik ausfindig machte und empfahl. Gleichzeitig wurde eine gemeinsame Strategie vereinbart, wie zu reagieren sei, sollte er versuchen, während der Behandlungsphase wieder ins Büro zu kommen.

Während der sechsmonatigen Genesungsphase des Kollegen war unser HR-Chef in ständigem Kontakt mit den Eltern des Mitarbeiters und dadurch konnten wir schließlich zweierlei erreichen: Der Mitarbeiter wurde wieder gesund und wir waren sozusagen Teil des Genesungsprozesses. Außerdem hatte die Firma ihre Verantwortung gegenüber dem Mitarbeiter sichtbar wahrgenommen. Es zeigt aber auch, wie weit private Belange und berufliche Belange miteinander verschmelzen in Indien; der HR Manager bzw. seine Mitarbeiter bilden bei diesem Prozess sozusagen die Nahtstelle.

Der *Finanzchef* spielt eine entscheidende Rolle nicht nur in der Kostenkontrolle, sondern auch in Themen wie Legal Compliance (Stichwort: Sarbanes-Oxley Act von 2002), Einhaltung der Firmenstandards bei der Buchhaltung und vor allem der Korruptionskontrolle. Ein absolut integrer Finanzchef mit einem guten Blick für das Ganze ist auch ein gutes Gegengewicht zu den anderen Kräften im Betrieb. Der Leiter der Finanzen sollte in internationalen Finanzstandards erfahren sein und in der Lage sein, den Cash Flow des Unternehmens so zu steuern, dass der Geschäftsbetrieb jederzeit gewährleistet ist. Es kann eine gute Idee sein, den Finanzchef aus dem Mutterhaus zu entsenden.

Und für das Wohlbefinden der Mitarbeiter sehr viel wichtiger als in Deutschland ist auch der *Leiter „Facilities & Administration“,* der über ein Vielzahl wichtiger Kompetenzen verfügt, wie z. B. die Ausstattung der Arbeitsplätze, den Transport der Mitarbeiter zur Arbeit, Kantine usw. Dies mag vielleicht unwichtig anmuten, aber es spielt tatsächlich eine enorme Rolle, eben weil in Indien auch die Standards extrem unterschiedlich sein können. Während es in der einen Kantine Essen gibt, das bereits hygienisch bedenklich ist, ist eine andere Kantine in der Lage, frische, gut schmeckende Küche anzubieten. Wenn überhaupt, dann ist im Bereich der Facilities & Administration am ehesten mit „Kick-back“-Zahlungen diverser Lieferanten an Mitarbeiter zu rechnen. Umso wichtiger ist es, für diese Position den Richtigen zu wählen, damit der Betrieb „sauber“ bleibt.

Bei der Installation eines effektiven Vier-Augen-Prinzips ist es wichtig, auf Details Wert zu legen, die aus deutschem Kontext geradezu absurd erscheinen: Bei

SAP wurde beispielsweise immer darauf geachtet, dass bestimmte Bereiche (Einkauf, Controlling, Administration, Finanzen) nicht nur klar getrennt werden, sondern dass auch keine Verbindungen zwischen den Inhabern solcher Positionen bestehen. Verbindungen können vielfältiger Natur sein, etwa dass Kollegen aus der gleichen Familie stammen (ein klares „No-No“), aus dem gleichen Dorf oder zumindest aus der gleichen Provinz. Schon diese Tatsache lässt dann zu enge Verbindungen und gegenseitiges Pflichtgefühl entstehen. Wahrend also unser Finanzchef aus Gujarat stammt, ist unser Einkaufschef aus Westbengalen und unser Administrationschef aus Karnataka.

Daneben sind auch die Positionen des *Technischen Direktors* (in produzierenden Betrieben) und des Vertriebschefs sehr wichtig in der Besetzung. Hier muss sich lokale Expertise mit Fachwissen paaren, also die Machbarkeit vor Ort mit dem Verständnis des Produktprogramms der Mutterfirma.

Der Technische Direktor kommt anfänglich oft aus dem Mutterhaus und bringt die initiale Expertise mit. Er/Sie ist aber nicht nur profunder Kenner der Produktionsprozesse oder der technischen Spezifikationen, sondern kann diese auch unter den erschwerten Bedingungen des indischen Standortes erfolgreich umsetzen.

6.3.2 Fachliche Anforderungen an vor Ort tätige Mitarbeiter

Für alle Führungspositionen sollte als Grundvoraussetzung die fachliche Kompetenz über jeden Zweifel erhaben sein. Insbesondere bei Entsendungen ist das, bedingt durch den Gehaltsunterschied, den deutsche Mitarbeiter im Vergleich zu indischen in den allermeisten Fällen genießen, sehr wichtig. Indien ist kein Land, wo entsandte Mitarbeiter sich ihre ersten Sporen verdienen sollten, da es im betrieblichen und kulturellen Umfeld ohnehin schon so viel zu lernen gibt, dass die fachliche Kompetenz als gegeben betrachtet werden sollte. Im Gegenteil, die indischen Mitarbeiter sollten die Anwesenheit eines deutschen Kollegen als Bereicherung empfinden und selbiger sollte eine Art „Knowledge Hub“ spielen können.

Indien sollte aber gleichzeitig auch kein Abstellgleis für alternde Führungskräfte sein, die zwar fachlich auf der Höhe sind, aber dann gegebenenfalls in der Motivierung der indischen Kollegen Schwierigkeiten haben. Indien ist ganz bestimmt nicht geeignet zur „Entsorgung“ frustrierter Mitarbeiter aus dem Mutterhaus.

Idealerweise sollte ein Indienengagement für Spitzenkräfte ein wichtiger, zeitlich begrenzter Baustein in ihrer Karriere sein, der nur wenigen offen steht. Entsprechend attraktiv muss ein solches Paket auch geschnürt sein, im Sinne finanzieller Anreize wie auch der festen Verankerung in einen langfristigen Karriereplan.

Die fachlichen Anforderungen an indische Mitarbeiter vor Ort sollten sich idealerweise von denen an deutsche Mitarbeiter (in Deutschland) nicht unterscheiden. Es ist wichtig, dass die indischen Kollegen in Deutschland mittelfristig eine hohe Akzeptanz erreichen und dies kann nicht geschehen, wenn man in Deutschland das Gefühl hat, die indischen Kollegen seien nicht ebenbürtig qualifiziert. Natürlich gibt es Tätigkeiten in Indien, die es in Deutschland eventuell gar nicht gibt, aber für das gleiche Jobprofil (z. B. Abteilungsleiter Produktentwicklung oder Leiter einer Verkaufsregion) sollten auch die gleichen Maßstäbe bei der Besetzung angelegt werden.

Ganz wichtig ist auch die gute Vernetzung, vor allem der Führungskräfte. Lokale Führungskräfte sollten zumindest im lokalen Unternehmen oder in der Branche exzellent vernetzt sein. In Service- und F&E-Zentren ist die Vernetzung mit den zentralen Abteilungen oder Business Units wichtig. Hier sollte genau überlegt werden, denn vielfach ist die Vernetzung nicht einfach zu beurteilen.

6.3.3 Anforderungen an die Persönlichkeit

Die persönliche Kompetenz ist ebenso wichtig wie die fachliche, sie ist allerdings, das sei vorausgesagt, viel schwieriger einzuschätzen. Schon so mancher Experte im Heimatland hat sich in Indien als völlig überfordert herausgestellt. Häufig werden Entsendungen aus dem Mutterhaus nach dem Prinzip vergeben: „Wer will gehen?“, oder: „Wer hat das richtige fachliche Profil?“ So kommen oft genau die Falschen auf diese kritischen Positionen und sie leisten nicht nur viel weniger, als ihr Potenzial hergibt, sie sind frustriert und verschlechtern das Arbeitsklima in ihrer Abteilung erheblich. Es gibt Teams, in denen wir Kündigungsraten von mehr als 25 Prozent verkraften mussten; nach einem Austausch des Managers ging diese schlagartig auf 5 Prozent zurück.

Ein Manager, der mit dem Umfeld in Indien nicht zurechtkommt, schadet nicht nur sich und seiner Karriere – er wird auch zu einer Belastung für alle anderen.

Wichtig für Entsendungen ist, dass der entsprechende Kollege weiß, was ihn erwartet, und dass er darauf auch vorbereitet ist. Eine große Offenheit für andere Kulturen ist ebenso wichtig wie ein hohes Maß an Toleranz. Indien ist auch ganz gewiss kein Land, in dem Choleriker lange überleben können, vor allem die nicht, die erwarten, dass „hier alles so zu funktionieren hat wie zu Hause“. Das Geschäfts- und Arbeitsleben in Indien spielt nach ganz anderen Regeln, und wer sich schon maßlos aufregt, wenn eine Kuh übers Firmengelände pilgert – der kann wahrscheinlich nicht damit umgehen, dass es beim ersten Monsunregen ins Gebäude regnet.

Für die Anforderungen an indische Bewerber für die Top-Positionen im Unternehmen gilt Ähnliches. Auch hier muss eine gewisse Toleranz für ungewohnte Verhaltensweisen deutscher Kollegen oder des deutschen Chefs erwartet werden. Es kann auch erwartet werden, dass eine Anpassung an die Corporate Values erfolgt, auch wenn diese vielleicht nicht immer mit der indischen Kultur übereinstimmen. Indische Manager sollten keine Berührungsängste mit deutschen Kollegen haben und in der Lage sein, sich klar zu artikulieren. Vielfach haben wir es erlebt, dass indische Manager zwar perfekt ihre eigene Abteilung organisieren konnten, es aber nicht verstanden, den Erfolg in der Zentrale zu „verkaufen“. Dies ist aber wichtig für den Erfolg der Abteilung oder der ganzen Geschäftsstelle.

Beispiel

Wir hatten vor einigen Jahren einen Manager nach Indien geholt, der ein Team aufbauen und führen sollte. Der Hauptgrund für die Wahl dieses Kollegen war sein Fachwissen. Von der Persönlichkeit her handelte es sich um einen typisch deutschen Ingenieur – sehr beharrlich und mit einer genauen Vorstellung davon, wie Dinge zu laufen haben. Er war mit seiner Frau nach Indien gekommen, die für dieses Assignment ihren Job in Deutschland aufgegeben hatte.

Schon bald nach der Ankunft zeigten sich erste Schwierigkeiten: Das Projekt startete nicht wie erwartet, auch bei der Zusammensetzung des Teams gab es Probleme. Die Fluktuation im Team war hoch, auch weil aus Deutschland zunächst keine klare Strategie hinsichtlich der langfristigen Zukunft des Teams kommuniziert wurde. Der neue Kollege hatte Schwierigkeiten, eine solche Perspektive für die Kollegen zu entwickeln. Er konzentrierte sich ausschließlich auf die Projektarbeit und die fachliche Leitung. Er hatte auch wenig Verständnis für andere Arbeitsweisen. Vor allem mit den lokalen Managern bei HR oder Finanzen gab es oft Reibereien, und sein Argument „In Walldorf wird das auch so gemacht ...“ half ihm wenig oder war sogar eher kontraproduktiv.

Die Frau unseres Mitarbeiters kam mit der Situation in Indien überhaupt nicht zurecht, sie fühlte sich sichtlich unwohl. Beide waren auch überrascht, dass sie ihren gewohnten sportlichen Aktivitäten (Schwimmen, Rad fahren) in Bangalore nicht nachgehen konnten. Da die Frau nicht arbeitete, entwickelte sie schon bald das „Heimaturlaub“-Syndrom, das heißt, sie verbrachte den überwiegenden Teil ihrer Zeit in Deutschland, getrennt von ihrem Mann. Der wiederum sah das als Anlass, nun seinerseits immer mehr Zeit auf Geschäftsreisebasis in Deutschland zu verbringen. Diese Reisen wurden dann so häufig, dass das gesamte Assignment nach Indien etwas ad absurdum geführt wurde. Schließlich einigte man sich nach 18 zähen Monaten darauf, die Entsendung nach Indien vorzeitig zu beenden – was zum Wohle aller war (aber für die Firma eine teure Erfahrung). Das Team übernahm dann ein inzwischen aufgebauter indischer Kollege – und es wurde eine der Erfolgsgeschichten der Firma.

6.3.4 Kommunikationsmanagement

Viele Situationen eskalieren zwischen Deutschen und Indern aus dem einfachen Grunde, dass man sich im wahrsten Sinne des Wortes nicht versteht. Auf die Überwindung kultureller Barrieren wird in Kapitel 6.5.2.3 eingegangen, hier sollen nur die Kriterien für die Personalauswahl behandelt werden.

Die Inhaber von Schlüsselpositionen in Indien müssen Kommunikationstalente sein. Es geht darum, sich sowohl innerhalb Indiens Gehör zu verschaffen als auch die Kommunikation nach Deutschland zu bewerkstelligen. Dies ist ein ständiger Spagat, da es in Deutschland bestimmte (vielleicht auch unrealistische) Vorstellungen gibt (z. B. Produktionsvorgaben, Qualitätsstandards, Markterwartungen, Globale Policies, Kostensenkungsmaßnahmen), die dann den indischen Kollegen nicht nur kommuniziert, sondern auch glaubhaft verkauft werden müssen. Im Management-Jargon „Buy-in" genannt, spielt das eine zentrale Rolle bei der Führung. Es ist auch wichtig, dass zentrale Maßnahmen für den indischen Kontext „lokalisiert" werden. Das bedeutet: Der Kern der Botschaft muss erhalten bleiben, aber die Art, wie sie transportiert wird, muss angepasst werden.

Beispiel

Sie wollen die Neustrukturierung eines bestimmten Arbeitsbereiches oder einer Abteilung kommunizieren. In Deutschland können Sie das im Allgemeinen per E-Mail tun, in der Sie die neue Struktur und die neuen Verantwortungsbereiche darstellen. Sie gehen dann noch auf die ggf. neuen Positionsinhaber ein und begründen kurz, warum diese Umstrukturierung notwendig ist. Innerhalb der Abteilungen wird dann die weitere Kommunikation übernommen. In Indien müssen Sie diese Umstrukturierung auf jeden Fall in den Kontext des indischen Unternehmens bringen und genau darstellen, was dies für den Standort Indien bedeutet. Sie müssen auch viel klarer darstellen, was die Auswirkungen auf den Einzelnen sind. Wenn Sie keine direkten Auswirkungen erwarten, dann sagen Sie es ausdrücklich, und gehen Sie nicht davon aus, dass jeder schon seine eigenen (richtigen) Schlüsse ziehen wird. Wenn Sie nur kleinste zusätzliche Chancen für Ihre Mitarbeiter in Indien erkennen können, stellen Sie sie deutlich heraus. Und vor allem: Belassen Sie es nicht bei einer E-Mail – trommeln Sie alle betroffenen Mitarbeiter zusammen und erklären Sie die neue Struktur. Stellen Sie sich den Fragen. Idealerweise haben Sie für ein solches Meeting den nächsthöheren Manager mit dabei (zumindest per Video, wenn er außerhalb Indiens sitzt). Das schafft Vertrauen, dass diese Änderungen vom Top-Management mitgetragen werden und dass Ihre lokale Interpretation richtig ist.

Gleichzeitig muss aber der Kommunikationskanal nach Deutschland offen gehalten werden, sodass Indien nicht als „Black Box" empfunden wird und in der Zentrale die Anfragen aus Indien nicht mit einem Kopfschütteln quittiert werden, dem Sinne nach „Was die da unten schon wieder machen ...". Umgekehrt wird es auch oft genug Unverständnis über „den Quatsch aus der Zentrale" geben. Zynismus ist der Anfang vom Ende einer erfolgreichen Zusammenarbeit.

Manager in Indien stehen ständig vor der Herausforderung, diesen Spagat leisten zu müssen – keine einfache Aufgabe, da der Manager letztlich in beide Richtungen Kompromisse schließen muss und gleichzeitig das Gefühl vermitteln soll, alles getan zu haben, was möglich ist. An diesem Kommunikationsmanagement sind schon viele Assignments in Indien gescheitert (Deutsche wie Inder), die entweder die eine oder die andere Seite zu lange vernachlässigt haben. Entweder wird die Zentrale dann nervös und wechselt den Manager aus (und hat wertvolle Zeit verloren und ggf. die Reputation beschädigt) oder sie kommt zu dem (sicherlich voreiligen) Schluss, dass Indien doch zu schwierig sei, und zieht sich zurück.

6.3.5 K.o.-Kriterien: Wer sollte nicht ausgewählt werden?

Eine einfach zu beantwortende Frage: Wer schon in Deutschland oder anderswo Schwierigkeiten hatte, der sollte nicht nach Indien geschickt werden, um diese zu überwinden. Die Gefahr ist viel zu hoch, dass eben diese Probleme in Indien erst voll zutage treten. Dies gilt übrigens auch für indische Mitarbeiter. In Indien brauchen Sie gefestigte Persönlichkeiten, die sowohl beruflich wie privat „im Leben stehen" und die Dinge positiv angehen.

Ein deutscher Mitarbeiter muss in jeder Hinsicht Vorbildfunktion haben – wenn auch nur der leiseste Zweifel besteht (z. B. hinsichtlich des Arbeitspensums, des Einsatzes, der fachlichen Kompetenz, der Integrität) ist das ein klares K.o.-Kriterium.

Ein weiteres K.o.-Kriterium liegt vor, wenn ein Mitarbeiter eigentlich gar nicht nach Indien will. Niemand sollte „überredet“ werden, auch nicht mit hohen finanziellen Anreizen, ein Assignment anzunehmen, wenn er es eigentlich nicht will. Kaum jemand findet dann später Freude an diesem Job und selbiger wird mehr als Mittel zum Zweck angesehen – keine guten Ausgangsvoraussetzungen.

Aus unserer Erfahrung vertragen sich auch bestimmte Persönlichkeitsmerkmale nicht mit einem Engagement in Indien. Eine starke Ungeduld ist ebenso unverträglich wie ein Hang zu Wutausbrüchen oder Cholerik. Was hier in Deutschland noch als „Marotte“ akzeptiert werden kann, ist in Indien völlig untragbar. Introvertierte Typen werden auch mit großen Schwierigkeiten zu kämpfen haben – in einer „High-context“-Kultur wie Indien, in der vieles über verbale Kommunikation, Smalltalk und gesellschaftliche Anlässe läuft.

Und auch das soll nicht verschwiegen werden – obwohl es fast selbstverständlich sein sollte: Männer, die dafür bekannt sind, sich mehr als gewöhnlich für Kolleginnen zu interessieren, sind in Indien völlig untragbar. Wo eine deutsche Kollegin vielleicht noch klare Grenzen aufzeigt, ist eine indische Kollegin eventuell bereits tödlich beleidigt oder zumindest zutiefst verunsichert.

Vorsicht ist zumindest geboten bei Kollegen, die von sich aus auf verschiedenen Wegen und Abteilungen versuchen, eine Entsendung nach Indien zu erreichen (obwohl man sie fachlich nicht unbedingt dort braucht). Hier besteht zumindest die Gefahr, dass es für die Entsendung rein private Gründe gibt (vom Ashram bis zur großen Liebe) und dass das berufliche Engagement vor Ort dabei nur die geringere Rolle spielt. Außerdem zeigt die Erfahrung, dass genau diese Mitarbeiter sich gerne „endlos“ in Indien festsetzen, was auch nicht immer im Interesse des Unternehmens ist.

6.3.6 Personalauswahl

Bei der Auswahl von Personal für Indien, insbesondere für Führungspositionen, spielen neben der fachlichen Qualifikation durchaus auch die Herkunft und der persönliche Lebenslauf eine Rolle.

Prinzipiell gibt es nach Herkunft/Nationalität vier Gruppen, aus denen rekrutiert werden kann (siehe Abbildung 12).

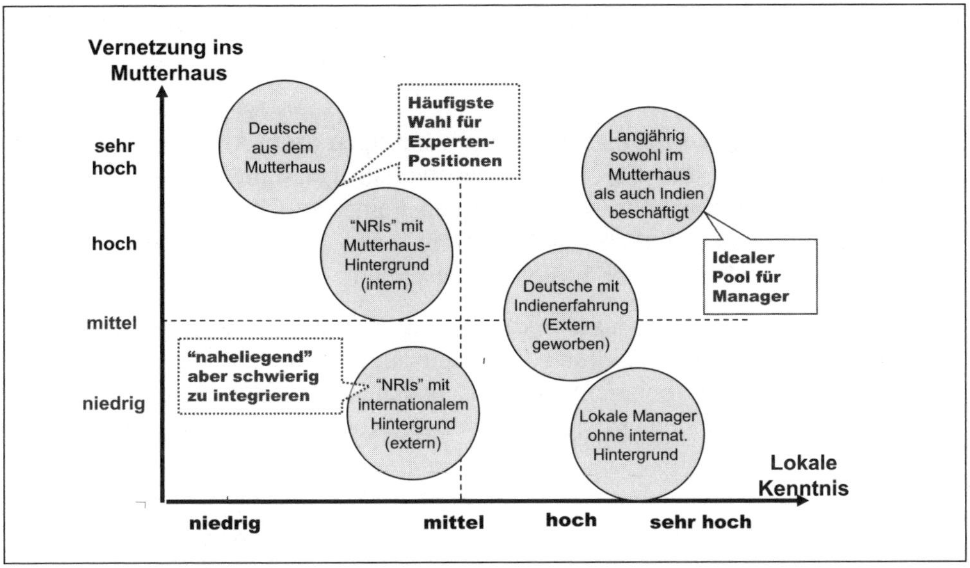

Abbildung 12: *Möglichkeiten der Personalauswahl*

6.3.6.1 Deutsche

Prinzipiell spricht nichts dagegen, Deutsche nach Indien zu entsenden, wenn sie den obigen Kriterien entsprechen und für den gleichen Job niemand auf dem indischen Markt zu finden ist. Es gibt bestimmte Positionen (z. B. die Beziehungen zu Regierungsstellen oder Behörden), die für indische Mitarbeiter sicherlich einfacher sind, aber ansonsten können Deutsche auf fast allen Positionen erfolgreich sein. Ein Vorteil einer Entsendung ist meist die im Vergleich zu indischen Mitarbeitern höhere Loyalität und die bessere Bindung zur Zentrale. Daraus ergibt sich, dass diese Bindung auch vorhanden sein sollte. Je besser der/die Entsandte im Mutterhaus vernetzt ist, desto höher ist der potenzielle Zusatznutzen, die diese(r) stiften kann.

Angesichts der Kosten eines solchen Engagements (für die meisten Firmen bedeutet eine Entsendung inkl. aller Benefits letztlich um 40 bis 70 Prozent höhere Personalkosten als in Deutschland) versteht es sich von selbst, dass mit Entsendungen sparsam umgegangen werden sollte.

Ein gut qualifizierter junger indischer Ingenieur mit zwei bis drei Jahren Berufserfahrung kann in Indien je nach Standort und Branche zwischen 5 000 Euro und 10 000 Euro im Jahr verdienen. Ein deutscher Ingenieur mit vergleichbarer Qualifikation bekommt in Deutschland 40 000 bis 60 000 Euro Gehalt und wird in

Indien selbst bei langen Aufenthalten noch einmal gut 30 000 bis 40 000 Euro teurer, bedingt durch die vielfältigen Zusatzleistungen wie etwa der Zuschuss zur Wohnung oder das Schulgeld für die Kinder.

Allein die Zusatzkosten für diesen Manager betragen im in Abbildung 13 aufgeführten Beispiel 130 000 Euro für einen zweijährigen Entsendungszeitraum – 65 Prozent des Bruttogehalts. Dabei wurden keine extravaganten Benefits berücksichtigt, sondern lediglich das Minimum, ohne das es sehr schwer werden wird, überhaupt Kollegen nach Indien zu entsenden.

Es ist auch wichtig, Entsendungen von vorneherein zeitlich zu begrenzen (drei bis fünf Jahre wird meist als guter Zeitraum angesehen), um einerseits zu vermeiden, dass sich Mitarbeiter im Ausland häuslich einrichten, und andererseits zu vermeiden, dass Kollegen bereits wieder die Koffer packen, obwohl sie gerade erst angekommen sind.

	Kosten in Euro für den gesamten Aufenthalt von 2 Jahren
Umzug (nach Indien und zurück, normale Seefracht und Flug für Familie)	30 000
Zusatzleistungen beim Gehalt (wie Hardship Allowance, ca. 15 Prozent)	30 000
Mietzuschuss (typische indische Großstadt – allerdings nicht Mumbai), 2 000 Euro p. m.	48 000
Sonstige Aufwendungen, die firmenseitig anfallen (Steuerberatung, Sprachkurs etc.)	10 000
Schulgeld für Internationale Schule (p. a. pro Kind mindestens 3000 Euro)	12 000
Gesamte Zusatzkosten für diesen Manager	130 000

Abbildung 13: *Typische Zusatzkosten für einen entsandten Mitarbeiter im mittleren Management, Bruttogehalt in Deutschland bei Entsendung ca. 100 000 Euro, Familie mit zwei schulpflichtigen Kindern*

Letztlich sollte eine Entsendung in ein Niedriglohnland wie Indien immer durch die Notwendigkeit veranlasst sein, genau dieses Wissen oder das Netzwerk (des Entsandten) in Indien zu haben, sowie durch die Tatsache, dass selbiges in Indien nicht vorhanden ist. Nur dann wird der deutsche Kollege die notwendige Akzeptanz vor Ort erreichen und auch den erwarteten Zusatznutzen stiften. Jeder Entsandte ist Botschafter der Zentrale – prüfen Sie immer, ob der Kandidat diese Voraussetzung wirklich erfüllt.

Übrigens „vergessen“ viele Unternehmen ihre Mitarbeiter in Indien gerne. Der Laden läuft und zu Hause ist sowieso keine Position frei, also wird die Entsendung wieder und wieder verlängert. Dies schadet nicht nur der Karriere des Entsandten (er verliert die wichtigen Netzwerke in der Zentrale), sondern er wird auch vor Ort in Indien mit immer argwöhnischeren Augen betrachtet werden. Schließlich fragen sich die lokalen Mitarbeiter nicht ganz zu Unrecht, warum immer noch ein Deutscher an der Spitze eines Projektes oder der Abteilung steht, obwohl sie selbst inzwischen durchaus in der Lage wären, diese Aufgabe zu erfüllen.

Daher ist es wichtig, Entsandte von Anfang an nur für einen bestimmten Zeitraum zu entsenden und diese Vereinbarung nur in Ausnahmefällen zu verlängern. Gleichzeitig sollten die Kollegen auch eine Perspektive aufgezeigt bekommen, was nach ihrem Auslandseinsatz als nächste Position für sie in Frage kommen könnte.

6.3.6.2 NRI (Non-Resident-Indians)

Die sogenannten „NRI“ (Non-Resident-Indians) sind indischer Herkunft, leben aber im Ausland. Oft haben sie eine ausländische Staatsbürgerschaft, im Ausland studiert und gearbeitet. Viele Unternehmen beschäftigen in ihrem Mutterhaus auch einige dieser indischen Mitarbeiter. Sie sind vergleichbar mit den „Overseas Chinese“, die ebenfalls noch eine starke Bindung ins Heimatland haben und sich jederzeit dort ansiedeln können.

Für viele Unternehmen scheint es nahe zu liegen, genau diese Zielgruppe anzusprechen, wenn es um die Besetzung von Führungspositionen in Indien geht. Einerseits sind scheinbar keine kulturellen Anpassungsprobleme zu befürchten, andererseits kennen sie die westliche Kultur, sind dort ausgebildet und haben idealerweise auch noch Kontakte in der Zentrale.

All diese Argumente erscheinen schlüssig, sind aber mit äußerster Vorsicht zu genießen. Unserer Erfahrung nach fällt Indern, die viele Jahre z. B. in den USA oder in Deutschland gelebt haben, die Anpassung in ihrem Heimatland mindestens ebenso schwer wie Deutschen in Indien. Zwar kennen sie noch die Sitten und Gebräuche in Indien, doch ist ihnen oft nicht bewusst, wie weit sie sich selbst und auch ihr Heimatland sich verändert haben. Oft kommen sie mit einer sehr hohen Erwartungshaltung, die dann enttäuscht wird. Auch die lokalen indischen Mitarbeiter, die nicht im Ausland gelebt haben, haben mitunter ein Problem mit den NRIs. Sie werden als vorlaut, überheblich und bevormundend empfunden – man hört Sätze wie „Tu nicht so amerikanisch“ oder „Du bist doch gar kein Inder mehr“. Während gegenüber Deutschen ein gewisser Respekt und auch eine gewisse Toleranz herrschen, wird diese den eigenen Landsleuten aus dem Ausland nicht entgegengebracht. In der Folge kommt es zuweilen zu erheblichen Konflikten.

Besonders delikat ist hier die Frage der Gehaltsfindung. Wird Deutschen von ihren indischen Kollegen bei entsprechnder Leistung noch der „Expatstatus" zugebilligt, so verstehen es die meisten lokalen Fachkräfte nicht, dass indische Landsleute erheblich besser gestellt sein sollen als sie selbst, nur weil sie einige (oder auch viele) Jahre in den USA oder Europa waren. Hier empfiehlt es sich, von vorneherein klare Regeln aufzustellen, die unternehmensweit gelten müssen, auch wenn das dazu führt, dass nicht jeder Wunschkandidat die angebotene Stelle annimmt. Es empfiehlt sich z. B., konsequent nach der Regel „Geburtsland = Heimatland = lokale Payroll" zu verfahren, das heißt, NRI kommen in Indien auf die indische lokale Payroll und erhalten keine Extras. Inzwischen sind für indische Top-Experten die Gehälter ohnehin so hoch (für einen Vice President, mit Verantwortung für 100 Mitarbeiter und 15 Jahre Berufserfahrung sind 60 000 bis 80 000 Euro Jahresgehalt nicht unüblich), dass es allemal attraktiv ist, nach Indien zurückzukehren, wenn man die Lebenshaltungskosten in Betracht zieht.

Hat das Unternehmen schließlich den Mitarbeiter überzeugt, dass es besser ist, nach Indien zu gehen, werden zum Teil absurde Forderungen bei den Firmenleistungen gestellt. Hier ist Vorsicht angebracht: Zuweilen werden solche Vereinbarungen dann sogar ohne Wissen der Geschäftsleitung oder des lokalen Managements in Indien getroffen – was automatisch viele Konflikte nach sich zieht.

Ist auch diese Klippe überwunden, stellt sich sofort die Frage nach der „richtigen" Position. Oftmals sind die Ansprüche an Führungsspanne und Verantwortung sehr groß – sodass sie in Indien kaum erfüllt werden können. Hier gilt es, von Anfang an realistische Erwartungen zu setzen, um nicht hinterher Überraschungen zu erleben.

Bei SAP gab es auch den einen oder andern Fall, dass ein indischer Manager auf eigenen Wunsch nach Indien zurückkehren wollte, oft aus familiären Gründen. Meist war es dann das Management in Deutschland, das versucht hat, mit aller Kraft diesen Managern „Wunschpositionen" in Indien zu verschaffen, sozusagen als „Dankeschön" für die geleistete gute Arbeit in Deutschland. Dabei kam es dann regelmäßig zu Konflikten mit den lokalen indischen Managern, die den Sinn bestimmter zusätzlich zu schaffender Positionen nicht einsehen konnten und deshalb auf solche Vorstöße aus Deutschland verschnupft reagierten. Zumeist haben dann die indischen Manager das Unternehmen verlassen, weil der Wunsch, nach Indien zu gehen und eine angemessene Verantwortung zu übernehmen, größer war als die Loyalität zum Unternehmen.

6.3.6.3 In Indien ausgebildete Inder

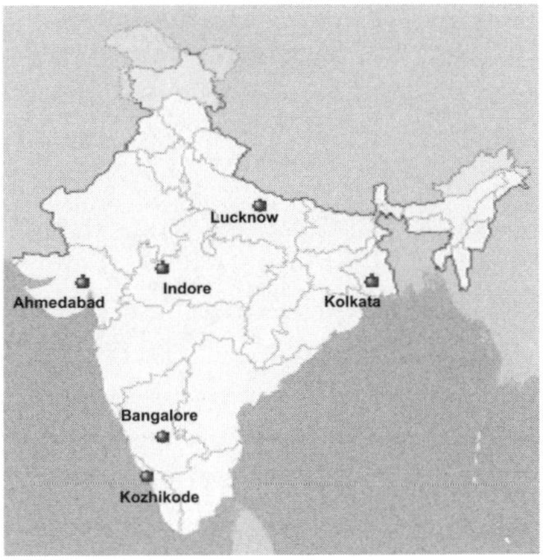

Abbildung 14: *Indian Institutes of Management*

Der lokale Arbeitsmarkt in Indien offeriert in allen Branchen inzwischen ein großes Potenzial exzellent ausgebildeter Fachkräfte.

Die wichtigen Indian Institutes of Management (Ahmedabad, Kolkata, Bangalore, Lucknow, Indore and Kozhikode) und die Indian School of Business (ISB Hyderabad) sind Top-Management-Schmieden, die ihren Vorbildern in den USA und Europa in der Lehrqualität nicht nachstehen – wenn man einmal von der mangelnden Internationalität der Fakultät und der Studentenschaft absieht. Diese Business Schools vergeben MBA-Abschlüsse, und dies sowohl als Full-time-MBA als auch als Abschluss eines Part-time-Programms.

Als Top-Schmieden für Ingenieure haben die Indian Institutes of Technology (IIT) einen exzellenten Ruf. In der Reihenfolge ihrer Gründung sind dies: IIT Kharagpur, IIT Mumbai, IIT Chennai (Madras), IIT Kanpur, IIT Delhi, IIT Guwahat und IIT Roorkee. Die IIT wurden teilweise mit Expertise aus Deutschland (IIT Chennai), den USA und der ehemaligen Sowjetunion aufgebaut, besitzen ein exzellentes Curriculum und bilden auf höchstem Niveau aus.

Sie vergeben die begehrten akademischen Abschlüsse des Bachelor of Technology (B. Tech) und des Master of Technology (M. Tech), im Unterschied zu den anderen Universitäten, die für die Undergraduate-Studiengänge den Titel Bachelor of Engineering (B. Eng) vergeben. Aber auch die Eingangsprüfungen für die begehrten Plätze bei den IIT sind vereinheitlicht – die Zulassung erhält nur etwa jeder tausendste Bewerber.

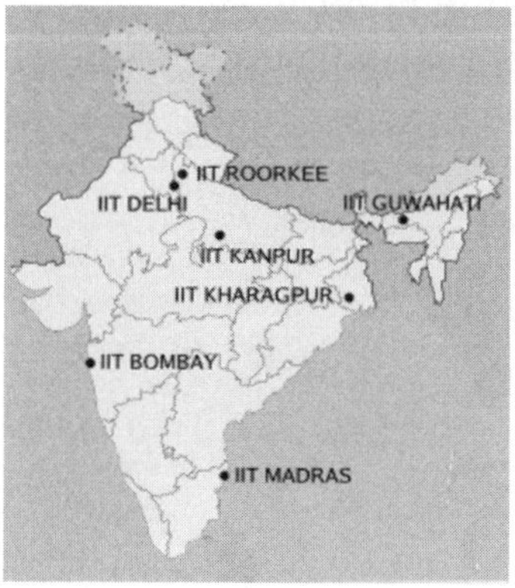

Abbildung 15: *Standorte der IIT*

Neben diesen Top-Hochschulen gibt es eine Vielzahl von weiteren Hochschulen, die ebenfalls nahe an der Qualität der großen Hochschulen liegen.

Bedingt durch den Aufschwung der indischen Industrie und die große Anzahl ausländischer Investitionen, besitzen viele Fachkräfte eine sehr umfassende internationale Erfahrung, die sie rasch im betrieblichen Alltag des neuen Arbeitgebers umsetzen können.

Es hat sich unseres Erachtens bewährt, einen Großteil der benötigten Fachkräfte aus diesem Pool zu schöpfen. Das entbindet natürlich nicht von einer sorgfältigen Einarbeitung vor Ort, gegebenenfalls durch Mitarbeiter vom Stammhaus, die für kurze Zeit nach Indien geschickt werden.

Aufgrund des rigiden Auswahlsystems an den Schulen und Hochschulen neigen in Indien ausgebildete Inder manchmal verstärkt dazu, den Betrieb als Fortgang des allgegenwärtigen Wettbewerbs zu begreifen. Auch wenn es natürlich wünschenswert ist, wenn sich die Kollegen engagieren, folgen als negative Auswirkungen auch Einzelkämpfertum, das Vorenthalten von Informationen, Desinformation etc. Dies lässt sich durch entsprechende Trainings und vor allem die Vorbildfunktion des Managements korrigieren.

Trotz der hervorragenden Qualität der Elite-Hochschulen soll nicht verschwiegen werden, dass die überwiegende Zahl der Institute weit davon entfernt ist, internationalen Standards zu genügen. Laut Kiran Karnik, President von NASSCOM, dem einflussreichen IT-Verband in Indien, sind nur 20 bis 30 Prozent aller Abgänger von Ingenieurstudiengängen auch wirklich in der IT-Industrie zu gebrauchen. Bei allen anderen fehlt es an fachlicher oder auch persönlicher Eignung, wie etwa den ausreichenden Fähigkeiten zur Kommunikation.

6.3.6.4 In Deutschland ausgebildete Inder

Die Gruppe der in Deutschland ausgebildeten Inder ist nach wie vor sehr klein. Im Jahr 2005 studierten etwa 4 000 Inder an deutschen Hochschulen, was zwar eine Verfünffachung der Zahlen des Jahres 2000 bedeutete, aber bei weitem nicht an die Zahlen anderer Länder mit vergleichbaren Studentenzahlen im Heimatland heranreicht. Übrigens: In Indien studieren gerade einmal 250 deutsche Studenten, vor allem im Rahmen von Austauschprogrammen.

Zumeist wollen die indischen Studenten nach ihrem Studium in Deutschland nicht sofort nach Indien zurückkehren, sondern zunächst in Deutschland für ein Unternehmen arbeiten. Bevorzugt sind dabei indische Unternehmen mit Standort in Deutschland oder die großen deutschen Konzerne.

Klar ist, dass die deutschen Sprachkenntnisse ein großes Plus darstellen, insbesondere bei mittelständischen Unternehmen, bei denen Englisch noch nicht allgemeine Kommunikationssprache ist. Trotzdem gelten auch hier hinsichtlich der Anpassungs- und Reintegrationsschwierigkeiten die vorsichtigen Anmerkungen zu den „NRI'" (siehe Kapitel 6.3.6.2).

6.3.7 Vorbereitung zu entsendender Mitarbeiter

Bei der Vorbereitung zu entsendender Mitarbeiter sollte nicht gespart werden. Indien ist ein Dritte-Welt-Land, das sich in Lebensstandard, Kultur, den Menschen, der Nahrung und nicht zuletzt den Freizeitmöglichkeiten von Mitteleuropa erheblich unterscheidet. Eine intensive und gute Vorbereitung hilft, ein realistisches Bild dessen zu entwickeln, was den Mitarbeiter und seine Familie in Indien erwartet, und lindert den nicht ausbleibenden Kulturschock. Besser, jemand verabschiedet sich von sich aus bereits in der Anbahnungsphase aus diesem Abenteuer, als dass es später zum Abbruch des Assignments kommt.

Zu einer guten Vorbereitung gehören:

- Gesundheitlicher Check, ob jemand für Indien geeignet ist; in den meisten Städten Indiens herrscht während des Sommers ein sehr feuchtes heißes Klima – was nicht jeder verträgt; außerdem ist die gesundheitliche Belastung durch Schadstoffe in der Luft und in Lebensmitteln um ein Vielfaches höher als in Deutschland – Indien ist daher kein Land für Menschen, die an Allergien, Neurodermitis oder Asthma leiden.
- Gespräche mit (am besten deutschen) Mitarbeitern aus Indien oder solchen, die gerade von dort zurückkehren.

- Vorbereitungskurse für interkulturelles Management für den Entsandten einschließlich der Familienangehörigen.
- Lesen einschlägiger Literatur.
- Eine „Erkundungsreise“, bei der nicht nur der zukünftige Arbeitsplatz, sondern auch Möglichkeiten der Schulausbildung für die Kinder, Wohnmöglichkeiten usw. ausgelotet werden.
- Klare Vereinbarungen zwischen dem Arbeitgeber (bzw. der entsendenden Abteilung) und dem Entsandten über die Aufgaben und Erwartungen – diese sollten am besten schriftlich festgehalten werden.
- Ein Entsendungsvertrag, der über Rechte, Pflichten und Benefits aufklärt.

6.3.7.1 Exkurs: Reintegration von indischen Mitarbeitern in Indien nach längerem Auslandseinsatz

Eigentlich sieht es so einfach aus – das Unternehmen sucht einige qualifizierte Mitarbeiter/innen in Indien aus, holt sie für einige Jahre ins deutsche Mutterhaus zur Ausbildung und Vernetzung und schickt sie dann, als Brückenköpfe sozusagen, zurück ins Heimatland Indien. Dort dienen sie dann als Multiplikator des Wissens und der Erfahrung, die sie in Deutschland oder anderswo gesammelt haben.

Die Realität ist aber eine ganz andere: Die Mitarbeiter/innen nehmen das Auslandsengagement stets mit großer Begeisterung an und arbeiten auch motiviert in der Zentrale an den diversen Projekten mit. Wenn es um die Rückkehr geht, ergeben sich dann aber oft Schwierigkeiten. Einerseits wollen viele nicht zurückgehen, weil sie sich an ihrem jetzigen Standort sehr wohl fühlen, andererseits sind ist keine klaren Vereinbarungen für die Rückkehr getroffen worden.

Aber auch für diejenigen, bei denen eine klare Vereinbarung über die Entsendungsdauer getroffen wurde, ist es nicht einfach, in der Heimat wieder eine angemessene Position zu finden. Manchmal sind die alten Kontakte abgerissen, vielleicht wurde sogar umorganisiert, sodass alte Strukturen nicht mehr existieren. Die Schuld kann hier nicht einseitig den Unternehmen zugeschoben werden, es liegt natürlich auch in der Verantwortung des/der Einzelnen, sein/ihr „Schicksal“ in die eigene Hand zu nehmen. Bei Großunternehmen gibt es oft den Auslandseinsatz als klar definierte Karrierestation mit bereits fest vereinbarter nächster Station. Aber das ist eher die Ausnahme. In aller Regel sehen sich entsandte Mitarbeiter eher mit der Situation konfrontiert, nach dem Ende ihrer Auslandszeit in Deutschland erst einmal „Türklinken putzen“ zu müssen, um wieder eine adäquate Position zu finden.

Um diese Situation zu vermeiden, ist es wichtig, dass beide Seiten – Unternehmen (Zentrale) wie auch Mitarbeiter – konstant und auch geplant den Kontakt aufrechterhalten. Außerdem sollten entsendende Abteilungen bzw. deren Manager auch daran gemessen werden, wie gut es ihnen gelingt, Mitarbeiter zu reintegrieren. Ist das ein klares Ziel, wird auch etwas mehr Energie darauf verwandt.

6.4 Personalsuche

Die Personalsuche wird in Indien unter anderem über die bekannten Wege wie Annoncen in großen Tageszeitungen und auch Headhunting durchgeführt. Die wichtigsten Kanäle sind allerdings (vor allem für junge Mitarbeiter/innen) das Campus Recruitment und Empfehlungen aus der eigenen Mannschaft.

6.4.1 Campus Recruiting

Das Campus Recruiting ist ein in Deutschland bei großen Unternehmen und Unternehmensberatungen etabliertes Verfahren, bei dem sich die Unternehmen in einem organisierten Prozess den Studenten etwa ein halbes Jahr vor deren Studienabschluss vorstellen und dann schon auf dem Universitätscampus Verträge abschließen können. Hier kommt es sehr darauf an, dass das lokale HR-Management die Beziehungen zu den Hochschulen aufbaut und hält, da das Recruiting häufig nach dem Prinzip „first come first serve" funktioniert. Aus diesem Grund erfordert das Campus Recruiting einige Jahre Aufbauarbeit. Viele Fragen sind dabei zu klären:

- Welche Hochschulen haben die „richtigen" Absolventen?
- Sind Studenten dieser Hochschulen bereit, zu unserem Unternehmen zu kommen?
- Wie sind die Erwartungen der Studienabgänger?
- Wie professionell läuft die Anwerbung auf dem Campus ab?

6.4.2 Empfehlungen

Wichtig ist es auch für bestehende Firmen, einen Prozess zu installieren, der es Mitarbeitern ermöglicht, gute Freunde oder Verwandte zu empfehlen, die sie für geeignet halten die Firma zu verstärken. Dies gilt sowohl in den „Wissensbranchen" als auch im produzierenden Gewerbe.

Natürlich muss dieser Prozess durch finanzielle Anreize attraktiv gemacht werden, das heißt, es wird ein Belohnungssystem für erfolgreiche Einstellungen aufgrund von Empfehlungen installiert. In der IT-Industrie sind dies etwa 200 bis 500 Euro, also ein signifikanter Betrag, vor allem im Vergleich zum lokalen Gehalt. Das mag viel klingen, trotzdem zeigt unsere Erfahrung, dass dies die kostengünstigste Alternative ist, die nebenbei auch den Effekt hat, dass Mitarbeiter, die durch Freunde ins Unternehmen kommen, im Durchschnitt loyaler sind. Das hängt vermutlich damit zusammen, dass diese Mitarbeiter mit einer realistischeren Erwartungshaltung kommen, da sie durch ihre Freunde bereits detailliert informiert sind. Manche Unternehmen (wie z. B. SAP Labs India) stellen bis zu 50 Prozent der neuen Mitarbeiter über diesen Kanal ein.

Wichtig ist, darauf zu achten, dass dieser Prozess in beide Richtungen wirken sollte. Um also zu vermeiden, dass die Mitarbeiter einfach Lebensläufe unselektiert „einsammeln" und an HR weitergeben – obwohl sie die potenziellen Bewerber nicht einmal kennen –, sollten Mitarbeiter bei vielen erfolglosen Empfehlungen für das System gesperrt werden oder entsprechend weniger Prämie bekommen. Meist führt das zu einer sprunghaft höheren Qualität der Bewerber.

6.4.3 Anzeigen in Tageszeitungen

Der klassische Kanal zum Anwerben von Mitarbeitern ist eine Anzeige in lokalen Tageszeitungen – als wichtigste englischsprachige sind hier die „Times of India", der „Deccan Herald" oder auch „The Hindu" zu nennen. Anzeigen in Zeitungen lokaler Sprachen sind meistens nur für gewerbliche Mitarbeiter interessant.

Stellenanzeigen machen auf ein Unternehmen aufmerksam – die „Community" bemerkt, dass hier ein Unternehmen ist, das wächst oder zumindest Bedarf an qualifizierten Arbeitskräften hat. Vielfach werden Stellenanzeigen auch genauso genutzt – anstatt halbseitige Werbeanzeigen zu schalten, wird einfach jede Woche eine auffällige Stellenanzeige platziert, unabhängig vom aktuellen Bedarf.

Der Nachteil von Stellenzeigen liegt in Indien auf der Hand: Das Unternehmen muss sich mit einer sehr großen Anzahl von Bewerbern auseinandersetzen und einen Prozess installiert haben, um die viel zitierte „Spreu vom Weizen zu trennen". Nicht selten kommen 10 000 bis 20 000 Bewerber auf eine Anzeige – da kann man sich vorstellen, dass ein kleines Unternehmen hier schnell überfordert ist. Deshalb sollte man die Vorauswahl einem professionellen Recruiting-Unternehmen überlassen, das dann mit der selektierten Auswahl von einigen Dutzend oder Hundert Bewerbern auf das Management zukommt.

6.4.4 Walk-in Interviews

Walk-in Interviews sind in Indien ein durchaus übliches Auswahlverfahren, vor allem für einfachere Tätigkeiten in der Produktion, Verwaltung, Call-Center oder ähnlichem: Die potenziellen Bewerber werden über Zeitungsanzeigen oder Radiospots gebeten, sich an einem bestimmten Tag und Ort einzufinden (meist wird ein Tag an einem Wochenende gewählt). Das können die Geschäftsräume des Unternehmens sein oder auch ein bekanntes Hotel in der jeweiligen Stadt. Walk-in Interviews sind zunächst wenig selektiv hinsichtlich derer, die kommen werden. Daher ist es wichtig, bei einer solchen Veranstaltung einen mehrstufigen Prozess zu installieren, also z. B.:

1. Kandidaten geben ihren Lebenslauf an einer bestimmten Stelle ab, wechseln ein paar Worte – und werden ggf. wieder hinauskomplimentiert, wenn der „non-fit" offensichtlich ist.
2. Begrüßung der verbliebenen Kandidaten in einem großen Raum mit Kurzvorstellung des Unternehmens und der zukünftigen Aufgabe(n) für Bewerber. (Wieder werden danach sich einige verabschieden.)
3. Verbliebene Kandidaten absolvieren ein Kurzinterview mit professionellen HR-Kräften (HR-Consultants), die die grundsätzliche Eignung verifizieren und die Echtheit des Lebenslaufes versuchen zu prüfen (Kommunikationsfähigkeiten).
4. Nun verbleiben nur noch wenige Kandidaten, die dann ein bis zwei Runden von Experteninterviews durchlaufen, z. B. mit Managern des einstellenden Unternehmens.

6.4.5 Praxistipps

Wir haben wahrscheinlich schon alle Recruiting-Methoden verwendet, und je nach Marktlage, Reputation der eigenen Firma und derzeitigen „Trends" im HR-Markt sind die Methoden unterschiedlich erfolgreich. Doch ist das Thema „Recruiting" mit der Auswahl der oder des richtigen Kandidaten in Indien noch längst nicht erledigt: Nach all den Mühen wird es Ihnen passieren, dass Sie einen völlig überzeugenden Kandidaten gefunden, haben, Ihren „Star" im Team, einen idealen Fit. Sie machen ihm ein wirklich sehr gutes Angebot, er nimmt an, unterschreibt und am ersten Arbeitstag – Fehlanzeige. Kein neuer Mitarbeiter, keine Absage, nichts. Wir hatten auch schon neue Mitarbeiter, die nur für die ersten drei Tage da waren, dann mittags zum Essen gingen – und nie vom Mittagstisch zurückkamen! Wahrscheinlich hatte sie ein HR-Consultat erreicht und mitgeteilt, dass sie nun ihren Traumjob bekommen könnten – und weg waren sie.

An dem Tag, an dem neue Mitarbeiter beginnen, beginnt bereits der Kampf darum, sie zu halten!

Glauben Sie nicht, es käme jemand voller Demut und Dankbarkeit zum ersten Arbeitstag – der Job ist ein Deal, nicht mehr und nicht weniger. Bietet jemand einen besseren Deal, dann ist der erste eben nicht mehr viel wert.

6.5 Managen von Teams in Indien und mit Indern

Zunächst einmal ist es wichtig festzuhalten, dass Management in Indien nicht unbedingt Führen auf einem anderen Stern ist, sondern dass wichtige Managementprinzipien auch in Indien Gültigkeit haben. Jeder Manager muss in der Lage sein, für sein Team die wichtigsten drei Fragen zu beantworten:

- Warum gibt es unser Team/unsere Firma? Was ist unsere Aufgabe?
- Wie trägt die Erfüllung dieser Aufgabe zum Gesamterfolg des Unternehmens bei?
- Welche Vorteile ergeben sich dadurch für das Team bzw. dessen Mitglieder?

Kann ein Manager diese Fragen klar und eindeutig beantworten, ist das ein großer Schritt in die richtige Richtung. So einfach es klingt, ist es erstaunlich, wie viele Manager schon an diesen drei Fragen scheitern.

Es gibt aber auch eine Reihe von Unterschieden im Management, insbesondere in den Bereichen von

- Teamarbeit und -bildung,
- Teammotivation,
- Teamführung.

Hier unterscheidet sich Führung zwischen Europa und Indien erheblich – vor allem in der Intensität der Betreuung der Mitarbeiter, in der individuellen Ansprache, in der Art und Weise des Feedbacks und auch in der persönlichen Beziehung zueinander.

6.5.1 Management von indischen Teams

Die meisten Manager werden in Indien mit der Aufgabe konfrontiert, ein Team zu führen, das ausschließlich aus Indern besteht. Zunächst einmal ist dabei der

Begriff „Führen“ wichtig. Führung wird in Indien ganz anders verstanden als in Deutschland. Während in Deutschland die meisten gut ausgebildeten Mitarbeiter grobe Leitlinien erwarten, an denen sie sich entlangarbeiten können, erwarten Inder, dass eine Aufgabe detailliert beschrieben wird. Die Wichtigkeit der Aufgabe wird dann auch daran gemessen, wie oft der Auftrag wiederholt wird – es ist also durchaus üblich, ein und dieselbe Aufgabe oder Strategie mehrfach zu erklären.

Außerdem wird regelmäßig Feedback über den Arbeitsfortschritt erwartet. In Indien kann ein Manager nicht davon ausgehen, dass eine einmal verstandene Aufgabe oder ein Projekt auch konsequent bis zum Ende durchgeführt wird, wenn er selbst nicht in regelmäßigen Abständen nachfragt, wie der Stand des Projektes ist. Dies muss nicht unbedingt in großen strukturierten Review-Meetings geschehen, es genügen mitunter schon eine kleine Erinnerung, eine E-Mail oder ein paar aufmunternde Worte bzw. ein Ratschlag.

Beispiel

Ich erinnere mich noch gut daran, wie ich als frischgebackener Managing Director in Indien meine ersten Arbeitsaufträge formulierte. Vorsichtig sprach ich an, dass ich mit der derzeitigen Aufstellung der Kosten und des Cash Flows nicht so ganz zufrieden sei und dass ich in Kürze eine andere, standardisierte Aufstellung erwarten würde. Dies wurde auch durch Kopfrollen und zustimmende Worte quittiert – ich ging also davon aus, in wenigen Tagen die Aufstellungen zu erhalten. Es geschah – nichts. Ich wartete noch ein paar weitere Tage, dann sprach ich das Thema in einem der nächsten regelmäßigen Meetings mit meinen Kollegen der Finanzabteilung an. Zu meinem Erstaunen stellte ich fest, dass mein Auftrag von einer Woche vorher nicht nur unbearbeitet geblieben war, sondern dass offensichtlich auch niemand verstanden hatte, was ich eigentlich wollte!

Ich hatte also verschiedene Fehler auf einmal gemacht: einen Auftrag ohne klare Deadline vergeben, dazu noch unbestimmt an eine Gruppe von Kollegen und dann noch, ohne mich zu vergewissern, was verstanden worden ist. Zu allem Überfluss hatte ich auch noch erwartet, dass man daran ohne weitere Erinnerungen arbeiten würde, und nicht bereits am gleichen Abend angefangen, nach dem Arbeitsfortschritt zu fragen. Aus Sicht der indischen Kollegen stellte sich das dann so dar: Der Chef hat eine vage Idee geäußert, die aber aufgrund seines Verhalten überhaupt keine Priorität besitzt und auch zeitlich lediglich „irgendwann“ zu geschehen hat – in einer auf jeden Fall sehr fernen und unbestimmten Zukunft. Wir haben ohnehin nicht genau verstanden, um was es ihm eigentlich ging, aber wenn er eines schönen Tages (in dieser eben unbestimmten Zukunft) noch einmal daran denken sollte, wird er es uns sicher detailliert erklären. Definitiv haben wir derzeit in dieser Sache nichts zu tun.

Viele Deutsche kommen mit dieser Art des Managements zunächst nicht zurecht, da sie es in Deutschland gewohnt sind, dass nur dann nachgefragt wird, wenn etwas unklar ist oder ein Ziel möglicherweise nicht erreicht werden kann. In Indien kann es passieren, dass eine Deadline verstreicht, und es passiert – nichts! Erst auf Nachfragen erfährt man dann, dass es irgendwo Schwierigkeiten gab, die aber nie angesprochen wurden, und der Mitarbeiter wartete einfach auf eine Nachfrage.

Führen in Indien ist also weit mehr als in Deutschland an den Menschen ausgerichtet und nicht so sehr an der Sache.

Während in Deutschland die Aufgabe und deren Erledigung klar im Vordergrund steht, geht es in Indien viel mehr um die Beziehung zwischen Chef und Mitarbeiter, das gegenseitige Verständnis und Vertrauen. Wenn diese Beziehung stimmt, gehen die indischen Kollegen aber gerne die „Extra Mile“ für ihren Chef – denn die Sache ist die Sache des Chefs. Ihm (oder Ihr) ist es wichtig, also ist es auch mir wichtig. Indische Teams und Mitarbeiter gehen für ihren Chef durchs Feuer, wenn diese(r) es verstanden hat, die Verbindung herzustellen.

Ein motiviertes Team zu formen ist in Indien eine ganz andere Herausforderung als in Deutschland. Zunächst gilt es, erlernte Handlungsweisen wie das ständige Denken in Wettbewerbsdimensionen zu durchbrechen. Jeder Einzelne muss verstehen, dass er oder sie alleine gar nichts erreichen kann und dass der Erfolg des Einzelnen nur dann Bedeutung hat, wenn auch das Team erfolgreich ist. Was sich hier als Selbstverständlichkeit anhört, steht aber genau umgekehrt zu den Verhaltensweisen, die das indische Schul- und Erziehungswesen fördert: Aus der Masse herauszuragen, durch persönliche Leistungen, individuelle Sichtbarkeit und Einzelkämpfertum – also gerade nicht Erfolge als Team zu erringen. Der Teamgeist sollte auch nicht in eine Art „Steinzeit-Kommunismus“ münden – im Gegenteil, es gilt, stets die Balance zu halten zwischen der Würdigung herausragender Einzelleistungen und dem Fokus auf den Team-Erfolg. Übrigens ist das positive Herausstellen Einzelner in Indien nicht so verpönt wie in Deutschland – es wird im Gegenteil als Ansporn genommen und nicht (wie oft in Deutschland) mit Missgunst bedacht. Der „Mitarbeiter des Monats“ ist also sowohl im gewerblichen Bereich als auch in den serviceorientierten Unternehmen nichts Ungewöhnliches. In Indien – wo es nach allen Maßstäben gemessen nun einmal immer sehr viele Menschen, Kollegen, Kommilitonen oder Mitbewerber (um gute Jobs beispielsweise) gibt – ist es für den Einzelnen immer wichtig, aus der Masse herauszuragen. Und das eben nicht nur kraft seiner Persönlichkeit, sondern kraft seiner hervorragenden Leistungen.

Bewährt haben sich in Indien Trainings und Events zur Teambildung, die außerhalb des Büros stattfinden. Dies kann eine gemeinsame Fußball- oder Cricketmannschaft sein, regelmäßige Abende zum Bowling oder Dinner; sehr gut geeignet sind sogenannte „outbound Trainings“ in der freien Natur, wo ein Team drei Tage zusammen ist, in Zelten übernachtet und von professionellen Trainern begleitet wird.

Schwierigkeiten im Team zu lösen, insbesondere zwischen Mitarbeitern, ist absolute Management Aufgabe. Führen Schlichtungsversuche nicht zum Erfolg, muss erwogen werden, einen der Streithähne in eine andere Abteilung zu versetzen. Emotionen können in Indien mitunter sehr eruptiv und verletzend sein – ehe also ein größerer irreparabler Schaden entsteht, sollte der Manager hier früh reagieren.

6.5.2 Management von interkulturellen Teams mit Indern und Deutschen

Ein sehr häufiges Szenario im Management stellt die Verteilung von Teams über den Erdball hinweg dar. Hierbei sollte vor allem zunächst genau überlegt werden, welche Projekte überhaupt in einer solchen Struktur angegangen werden und wie die Organisationsstruktur aussieht.

Häufig ist also ein Manager mit der Aufgabe konfrontiert, seine Mitarbeiter in verschiedenen Ländern, Tausende von Kilometern voneinander entfernt platziert zu haben. Dies kann sowohl ein indischer Manager sein, der Inder und Deutsche führt, obwohl das (noch) eher selten ist. Der überwiegende Fall ist sicherlich der Manager im Mutterhaus, der von dort aus versucht, indische und deutsche Kollegen zu einem Team zusammenzuschweißen.

Dies gehört sicherlich zu den größten Herausforderungen, die ein Manager zu bewältigen hat, denn er muss plötzlich ganz verschiedene Menschen gemeinsam ansprechen und doch Rücksicht auf die verschiedenen Befindlichkeiten und Kulturen nehmen. Dazu kommt, dass sich die Teams nur selten in einem Raum befinden, mithin eine Kommunikation über große Distanzen und verschiedene Zeitzonen stattfinden muss.

6.5.2.1 Überwinden von Zeitzonen

Das Überwinden der Zeitzonen nach Indien ist nicht die größte aller Herausforderungen, beträgt doch die Zeitverschiebung zu Deutschland im Winter nur 4,5 Stunden und im Sommer 3,5 Stunden. Es gilt lediglich (vor allem auf der deutschen Seite), ein wenig Sensibilität dafür zu entwickeln, Besprechungen nicht ständig auf den Nachmittag zu legen, sondern eher die Vormittagsstunden zu nutzen, die in Indien auch noch in die regulären Arbeitszeiten fallen. Man muss sich darauf einstellen, dass die Kommunikation etwas verlangsamt wird. Erkennt beispielsweise ein deutscher Mitarbeiter ein Problem am späten Nachmittag und schreibt eine E-Mail an seinen indischen Kollegen, so wird dieser sich erst am folgenden Morgen indischer Zeit darum kümmern können. Zu dieser Zeit ist aber der deutsche Kollege noch nicht im Büro, sodass der Inder keine Rückfragen an Deutschland richten kann, sondern warten muss, bis in Deutschland ein neuer Arbeitstag beginnt. So entsteht dann schnell eine mehrtägige Konversation über E-Mail, die vielleicht an einem einzigen Standort nur einige Stunden gedauert hätte.

E-Mail hat sich in den vergangenen zehn Jahren zum Hauptkommunikationsmedium zwischen Menschen in Büroberufen entwickelt – leider manchmal zu Lasten der direkten persönlichen Kontakte. Anstatt zum Telefonhörer zu greifen, wird ein Sachverhalt aufwändig per E-Mail dargestellt. Neben den typischen Fehlern, die dabei geschehen können, dass z. B. eine Mail anders beim Empfänger „ankommt" als sie gedacht war und dass Sachverhalte dann unnötig eskalieren, gibt es auch typische Verhaltensweisen im interkulturellen Kontext, die schnell zu Missverständnissen führen können bzw. zu Schwierigkeiten zwischen den Teams und den Kollegen.

Beispielsweise kommt es sehr häufig vor, dass indische wie deutsche Mitarbeiter mit einer E-Mail einen Sachverhalt als erledigt empfinden. Wenn der andere nicht antwortet – seine Sache. Bedingt durch die Distanz zwischen den Kollegen kommt es dann zu unnötigen Wartezeiten und Verzögerungen. Ein weiteres Problem ist die unterschiedliche Nutzung der englischen Sprache. Oft wird die eher direkte Formulierung der indischen Kollegen (also z. B. von bestimmten Anfragen oder Bitten um Hilfe etc.) in Deutschland als unverfroren oder zumindest ungewöhnlich empfunden. Eine typische Formulierung wie: „I request you to send me the ABC document" ist in Indien durchaus eine höfliche Anfrage. Ein deutscher Mitarbeiter würde eher erwarten: „Could you please send me the ABC document if time permits." Gleichzeitig wird bei komplexeren Zusammenhängen aus deutscher Sicht oft die Präzision vermisst – dann wiederum gibt es Beschwerden, dass Sachverhalte zu vage und ungenau dargestellt werden.

Aus indischer Sicht wiederum werden höfliche Anfragen oft als unwichtig abgetan – oder zumindest nicht ganz ernst genommen. Wer das Recht zu einer Auskunft hat, soll (und muss) dies auch per E-Mail klar machen, sonst verliert er den Respekt.

Nachfolgend als kleine Hilfe die wichtigsten E-Mail-Regeln, die von entfernt arbeitenden Teams beherzigt werden sollten:

- Nur wichtige Sachverhalte per E-Mail schicken, kleine Sachverhalte besser am Telefon klären.
- Immer den Betreff genau spezifizieren, keine Betreffzeilen mit "Your request" oder "Our discussion".
- Die wichtigen Dinge zuerst und genau nennen – nicht irgendwo im Text verstecken. Klarer Fokus in der Mail.
- Alle E-Mails grundsätzlich kurz halten, aber SMS-Jargon vermeiden (bcoz/ CU /2U).
- Bei E-Mails zum Projektfortschritt klar darstellen, welche (Teil-)Ziele erreicht wurden und welche nicht.
- Erinnerungen sind erlaubt, sollten aber nicht zweimal am Tag geschickt werden.
- E-Mails immer sofort beantworten; wenn das nicht möglich ist, zumindest eine kurze Nachricht senden, wann eine erschöpfende Antwort zu erwarten ist.
- Vertraulichkeit wahren; Firmen-E-Mails bleiben innerhalb der Firma!
- Bei Zeitangaben immer die Zeitzone nennen, also z. B. 3 p.m. IST (Indian Standard Time) oder 11:30 a.m. CET (Central European Time).

6.5.2.2 Überwinden von Distanz

Das Überwinden der räumlichen Distanz ist ein ganz erhebliches Problem. Ständige Flüge zwischen Deutschland und Indien sind unwirtschaftlich. Andererseits kann zwar die heute verfügbare Technologie ein Ersatz für so manches Treffen sein, aber es lässt sich auch über eine noch so ausgefeilte Videokonferenz keine wirkliche Beziehung aufbauen. Technologien eignen sich zur Unterstützung und zum Abarbeiten von Punkten bereits eingespielter Teams, zur initialen Teambildung (dem „Connect") ist aber ein Treffen aller am gleichen Ort unerlässlich.

	Erfolgsfaktoren	Herausforderungen	KPIs
Menschen	■ Auswahl der richtigen Mitarbeiter (Offenheit!) ■ Möglichkeit des Kennenlernens gegeben ■ Change Management implementiert ■ Management steht 100 Prozent hinter dem Modell	■ Zusammengehörigkeitsgefühl muss erst entstehen ■ Begrenztes Zeitfenster ■ Konflikte eskalieren sehr schnell („wir" versus „die da drüben") ■ Schwierigkeiten bei der Festlegung der Prioritäten ■ Transformation und Lernkurve nehmen Zeit in Anspruch	■ Mitarbeiterzufriedenheit ■ Produktivität ■ Anzahl erfolgreicher Crossborder-Projekte ■ Anzahl der gemischten Innovationen
Prozesse	■ Klare Rollen- und Aufgabenverteilung ■ Strikte Disziplin bei der Einhaltung der Spielregeln ■ Change Management	■ Information geht schnell verloren ■ Disziplin ist oft schwer herzustellen über verschiedene Standorte	■ Alle Prozessdokumente sind verfügbar ■ Gemeinsame Scorecard ist etabliert
Technologie	■ Die richtige Technologie für den richtigen Zweck ■ Mitarbeiter müssen an die Möglichkeiten der Technologien herangeführt werden	■ Technologien veralten schnell ■ Verfügbarkeit und Kompatibilität an den Standorten ■ Sicherheit ■ Neue Technologie wird oft abgelehnt	■ Anzahl der Trainings ■ Tracking der Systemverfügbarkeit (und breakdowns)

Abbildung 16: *Erfolgsfaktoren bei verteilten Teams*

Nachfolgend einige Praxistipps für verantwortliche Projektmanager, die helfen können, die Distanz zwischen Deutschland und Indien besser zu überwinden:

- *Tipp 1:*
  Hören Sie gut auf Zwischentöne und Nuancen
  Häufig werden Ihnen Kollegen in Indien ein Feedback über den Projektfortschritt oder über Kollegen geben, das nicht direkt ist. Gerade weil eine gewisse Hemmschwelle (oder Vorsicht) besteht, zwischen den Kulturen Sachverhalte direkt auf den Punkt zu bringen, werden oftmals wichtige Informationen eher subtil gegeben. Insbesondere wenn es sich um die Beurteilung von Kollegen oder des eigenen lokalen Managers geht, ist diese Art der Kommunikation eher

die Regel als die Ausnahme. Wenn Sie Schwierigkeiten wahrnehmen, ist es vor allem bei weit entfernten Mitarbeitern wichtig, dies nicht totzuschweigen, sondern offen zur Sprache zu bringen. Sie werden eine sehr positive Reaktion erleben, vor allem wenn Sie nicht nur Kritik üben, sondern Kollegen auch Hinweise geben können, wie sie die Schwierigkeiten überwinden können.

- *Tipp 2:*
  Etablieren Sie einen Feedback-Prozess, der „Peer Feedback" einschließt
  Das bedeutet, dass gleichrangige Kollegen sich gegenseitig bewerten. Dieser Prozess hilft enorm, um die Leute herauszufiltern, die sich gegenüber Kollegen immer einwandfrei verhalten und anerkannt sind für bestimmte Fähigkeiten (z. B. Fachkompetenz, Kundenorientierung, positive Energie) und ihre Bereitschaft, Wissen zu teilen. Gleichzeitig werden Sie auch Hinweise erhalten zu Kollegen, die hier noch etwas Nachholbedarf haben.

Beispiel

In Indien hatten wir einen solchen Prozess zunächst einmal nur für die Nominierung bestimmter „Awards" eingeführt, das heißt, wir haben Mitarbeiter gebeten, gleichgeordnete Kollegen für bestimmte Preise zu nominieren (Customer Orientation Award, Value Award, Team Player Award, Social Responsibility Award, Project Excellence Award). Interessanterweise kamen dabei plötzlich Namen nach „oben", die von vielen Kollegen unisono als herausragendes Beispiel gesehen wurden, aber dem Management unbekannt waren. Ein solcher Prozess birgt also Chancen vor allem für diejenigen, die oft (gerade wenn der Manager auch weit entfernt sitzt) etwas untergehen oder es eben nicht so gut verstehen, sich gegenüber ihrem Manager gut in Szene zu setzen. Später haben wir den Prozess ausgeweitet und für alle Personalverantwortlichen zur Pflicht gemacht, das heißt, alle Personalverantwortlichen werden jetzt von anderen Managern beurteilt – und natürlich von ihren eigenen Mitarbeitern. In einem solchen Prozess werden dann natürlich ganz konkrete Fragen gestellt, aber zusätzlich bleibt auch die Möglichkeit, dem Kollegen nach der Stop, Start, Continue-Methode „freies Feedback" zu geben. Das heißt, Sie können Ihrem jeweiligen Managementkollegen mitteilen, was er weitermachen sollte wie bisher, was er neu anfangen sollte und was er besser bleiben lassen sollte. Während das strukturierte Feedback über die Personalverantwortlichen auch dem Senior Management zugeleitet wird, ist das freie Feedback nur für den jeweilig beurteilten Manager zugänglich, sodass er selbst daraus seine Schlüsse ziehen kann.

- *Tipp 3:*
  Nehmen Sie sich Zeit für regelmäßige 1:1-Meetings mit Ihren Mitarbeitern in der jeweils anderen Lokation
  Sie können nicht davon ausgehen, dass auf der anderen Seite des Ozeans alles im grünen Bereich ist, nur weil Sie nichts hören. „No news are good news!" gilt hier definitiv nicht! Der Manager eines Teams oder von Kollegen in Indien, der selbst in Deutschland sitzt, muss dort unbedingt präsent sein. Und das bedeutet nicht, dass Sie immer vor Ort sein müssen; solche regelmäßigen Meetings auf individueller Basis können auch sehr gut über das Telefon oder per Videokonferenz stattfinden. Vorausgesetzt, Sie kennen sich schon recht gut.
  Wenn Sie dann aber nach Indien reisen, sollten Sie dort auch ausreichend Zeit einplanen für 1:1-Meetings. Lassen Sie sich nicht nur den ganzen Tag von diversen Teams in Powerpoint-Schlachten berieseln – setzen Sie sich hin und sprechen Sie mit den Leuten auf individueller Basis. Sie werden überrascht sein, wie viel zusätzliche Information Sie erhalten, die auf keiner Folie zu sehen war.

Beispiel

> Einer unserer deutscher Manager hatte erfahren, dass eine seiner besten Mitarbeiterinnen kündigen wollte. Sie hatte ihrem lokalen Personalverantwortlichen in Bangalore lediglich mitgeteilt, sie müsse aus „familiären Gründen" die Firma verlassen. Zufällig reiste der deutsche Kollege kurz danach nach Indien und nahm sich die Zeit zu einem ausführlichen Mittagessen und sprach sie auf die familiären Schwierigkeiten an. Es stellte sich heraus, dass sie sich in einen Kollegen verliebt hatte und die Familien dieser Verbindung nicht zustimmen wollten. Sie hatten sich daher entschlossen, Bangalore schnellstens zu verlassen, um im wahrsten Sinne des Wortes aus der Schusslinie zu sein. Da beide Mitarbeiter exzellent in ihren Leistungen waren, konnten wir sie schließlich beide nach Deutschland transferieren – und so die Kündigung von zwei Leistungsträgern verhindern.

6.5.2.3 Überwinden der kulturellen Barrieren

Zu den schwierigsten Barrieren gehören kulturelle Barrieren, da diese weder mit einem Flugticket noch mit einem Training gelöst werden können. Hier zeigt sich vor allem die soziale Kompetenz der Mitarbeiter und des Managements, denn hier sind Offenheit, Toleranz und ein gewisses „Verstehen-Wollen“ gefragt und weniger die Standardregeln des erfolgreichen Projektmanagements, wie Fokus, Durchführung und Erfolgsmessung.

Interkulturelle Schwierigkeiten zeigen sich an ganz einfachen Beispielen: Der deutsche Manager kommt pünktlich um 8 Uhr in den Meetingraum, der erste indische Mitarbeiter erscheint gemütlich um 8:05 Uhr und bis 8:20 Uhr tröpfeln alle so nach und nach ein. Auch dann geht es nicht gleich los, sondern es werden erst noch diverse Dinge privater Natur besprochen, bevor man langsam zur Tagesordnung kommt. Für den deutschen Manager ein Muster an Unpünktlichkeit und Produktivitätsverlust, für die indischen Mitarbeiter Voraussetzung für ein fruchtbares Meeting in guter Atmosphäre.

Es bedarf nur wenig Fantasie, um zu erkennen, wie schnell Konflikte entstehen können, bei denen sich alle im Recht fühlen – und wie wichtig es ist, dieses Konfliktpotenzial von vorneherein zu erkennen und auszuschließen.

6.5.2.4 Wie forme ich schlagkräftige und innovative Teams in Indien?

Der größte Fehler, den ein deutscher Manager wohl begehen kann, wäre, Teams in Indien nach genau den gleichen Prinzipien wie aus dem Heimatland bekannt aufbauen zu wollen.

Das beginnt bei der Auswahl des „richtigen“ Team Leads oder Projektmanagers.

Erstens sind die Kriterien andere: Während in Deutschland der- oder diejenige, der man „den Job zutraut“, oder der beste Spezialist eine solche Position bekommt, zählt in Indien auch das Senioritätsprinzip unabhängig von der Leistung viel stärker. Das bedeutet, dass hier auch Lebensalter und Lebenserfahrung gewertet werden.

Zweitens spielt es eine Rolle, welche Aufgaben ein solcher Manager übernimmt: Während in Deutschland ein Manager durchaus noch in die Details geht und auf der Baustelle noch die Stiefel anzieht und selbst durch den Schlamm geht oder der Verkaufsleiter auch einmal selbst mit einem Endkunden spricht, macht sich ein indischer Manager nicht mehr die Hände schmutzig. Er (oder sie) führt eben nur noch. Das wiederum bedeutet, dass man mit der Ernennung eines Managers immer auch einen sehr guten Spezialisten verliert. Hier kommt das sehr ausgeprägte Hierarchiebewusstsein in Indien zum Tragen, dass eben in bestimmten Positionen bestimmte Tätigkeiten delegiert werden.

Drittens sind die Beziehungen eines Managers sehr wichtig: Wie gut ist der Kollege/in innerhalb der Firma vernetzt, wie viele Kontakte in den Markt oder zu Behörden hat sie/er? Je nach Jobprofil können diese Fragen viel entscheidender sein als technisches Know-how, weil eben die Kunst andere zu bewegen eine ist, die viel auf persönlichem Kennen und Beziehungen beruht.

Viertens spielt dann auch noch das Gehalt eine Rolle: Nie sollte man sich darauf einlassen, durch die Besetzung eines bestimmten Postens das Gehaltsgefüge der Firma aus den Angeln zu heben: In Indien sind alle Gehälter innerhalb der Firma praktisch bekannt – es gibt da kaum Geheimnisse. Wird also eine wichtige Position von außen besetzt, ist es wichtig, dass beim Gehalt genau darauf geachtet wird, nicht mehr zu bezahlen als anderen Kollegen mit ähnlicher Erfahrung. Dies ist nicht nur ein Gebot der Fairness, sondern auch der Stabilität innerhalb der indischen Firma. Zudem trägt die Einhaltung dieser Regel auch nicht unerheblich zur Kostenkontrolle bei, denn sollte mehr bezahlt werden, wird das Gehalt des neuen Kollegen schnell zur „Benchmark" und alle anderen wollen nachziehen – spätestens bei der nächsten Gehaltserhöhung.

Ist der Manager gefunden, geht es darum, das Team nach bestimmten Kriterien zusammenzusetzen, die zu einem effektiven Miteinander innerhalb des Teams führen. Dabei können die folgenden Tipps helfen:

- *Team Charter*
  Kein Team und schon gar nicht die Außenstelle in Indien kann vernünftig zum Ergebnis beitragen, wenn die Aufgabe (oder Charter) der Gruppe nicht klar definiert (und das heißt schriftlich fixiert) und kommuniziert ist. Die Kollegen in Indien wollen sehr genau wissen, wie hoch ihr Beitrag zum Gesamterfolg des Unternehmen ist, und eine klare Charter ist ein absolutes Muss.

- *Regeln und Prozesse (firmenweit oder teamspezifisch) definieren*
  Ohne bestimmte Spielregeln kann die Zusammenarbeit nicht funktionieren. Das sollten klar kommunizierte ethische Standards sein („Code of Conduct") und darüber hinaus auch Hinweise zum Verhalten in der Gruppe, also etwa zur Pünktlichkeit von Antworten, Meetings, Einhalten von Deadlines, Vereinbarungen zum Urlaub, gegenseitige Information usw.

- *Die Rahmenbedingungen einbeziehen*
  In Indien sind die Rahmenbedingungen andere als in Deutschland. Dadurch, dass das Team weit weg vom Mutterhaus installiert ist, muss es etwas mehr Freiheiten bekommen, als ein gleiches Team sie etwa in Deutschland hätte. Gleichzeitig sind aber auch lokale Bedingungen in Indien zu berücksichtigen – es nutzt wenig, unrealistische Vorgaben zu machen, die in Indien nie erfüllt werden können, z. B. wegen bekannter Infrastrukturprobleme oder durch langsam arbeitende Behörden.

- *Klare Ziele für den Einzelnen definieren*
  Was die Mission für das Team/die Firma ist, sind die Ziele für den Einzelnen. Hier ist es in Indien noch viel wichtiger als in Deutschland, nicht vage zu bleiben, sondern klare, messbare und erreichbare Ziele zu setzen – und die Erfüllung auch in regelmäßigen Abständen zu kontrollieren.
- *Exzellente Feedbacksysteme installieren*
  Das beste Feedbacksystem ist immer noch das regelmäßige, offene Gespräch zwischen Mitarbeiter und Vorgesetztem. Dies sollte in Indien anfangs in einem regelmäßigen Zwei-Wochen-Turnus stattfinden, möglicherweise noch häufiger. Kennt man sich besser und laufen die Projekte, kann der Turnus auch etwas weiter auseinander liegen. Daneben sollten aber auch schriftliche, eher formelle Systeme installiert werden, die die Ziele und Vereinbarungen und den Zielerreichungsgrad mindestens zweimal im Jahr festhalten. Und ganz besonders vorteilhaft ist, wenn es sich die Firma sogar leisten kann, ein 360-Grad-Feedback- und Employee-Gespräch (z. B. jährlich oder alle zwei Jahre) durchzuführen – um die Stimmung innerhalb der verschiedenen Teams anonym zu testen und auch um ein dediziertes Feedback zu den Managern zu bekommen.
- *Schnelle Entscheidungen treffen*
  Indien ist eigentlich nicht das Land der schnellen Entscheidung, an der dann auch festgehalten wird. Die meisten Vereinbarungen haben einen vorläufigen Charakter und gelten eher als „nicht bindend". Die Lufthansa kann angesichts der großen Anzahl der Passagiere, die ihre Reise vor dem Abflug mindestens fünfmal umbuchen, um dann doch nicht zu erscheinen, ein Lied davon singen. Durch die nicht bindende Art und Weise von Versprechungen und Abmachungen versuchen sich die indischen Kollegen, eine Art Flexibilität zu erhalten, die wichtig ist, um kurzfristig auf etwaige noch höhere Prioritäten reagieren zu können.
  Trotzdem sollten gerade im interkulturellen Kontext Entscheidungen rasch getroffen werden, da dies das Vertrauen im Mutterhaus deutlich stärkt und außerdem ein klares Zeichen setzt, wie die Erwartungen sind.
- *Emotionen zeigen und gut zuhören*
  In Indien wird Verärgerung oder Freude durchaus offen gezeigt – und dementsprechende Reaktionen auch erwartet. Der „worst case" eines Managers in Indien ist etwa der absolut trockene, sachliche und völlig emotionslos wirkende Ingenieur, der auf die Nachricht eines Durchbruchs im Projekt nur hölzern sagt: „Ja, ja – nicht schlecht. Nächster Tagesordnungspunkt."
  Ähnliches gilt auch für das Zuhören: Es wird erwartet, dass sich der Projektleiter oder der Manager für die Belange der Mitarbeiter interessiert und auch einsetzt. „Interessieren" geht dabei weit über die beruflichen Angelegenheiten

hinaus. Dazu gehört auch der private Bereich. Oftmals erzählen Mitarbeiter von ihren Familienangelegenheiten und erwarten Hilfestellung oder zumindest einen Ratschlag; ganz bestimmt kommt schlecht an, wer dann nur sagen kann: „Yes, you have to solve that – that's your personal issue." Es wird erwartet, dass sich ein Manager oder auch ein Kollege einfühlen kann – und dann wachsen andererseits auch schnell Bindungen, die über die betriebliche Loyalität weit hinausgehen.

- *Fragen stellen*
  Ein guter Manager in Indien stellt Fragen. Diese Fragen sollen nicht nur das Interesse an einem Sachverhalt, Projektfortschritt oder Ähnlichem unterstreichen; Fragen sind auch das ideale Mittel, um Wissen auszutauschen. Meist können Sie durch Fragen die Kollegen in Indien viel mehr zum Mitdenken oder Nachdenken anregen als durch einfaches Vorbeten. Außerdem erzielen Sie durch intelligente Fragen ein viel höheres Buy-in.
  Typische Fragen, die ich zum Beispiel in Projektbesprechungen oder in persönlichen Feedback-Gesprächen stelle, sind folgende:
  - Wie messen Sie Ihren Erfolg?
  - Welche Information benötigen Sie, um das Projektziel zu erreichen?
  - Welche Kollegen müssen unterstützen?
  - Welche Alternativen haben Sie sich überlegt?
  - Wie kann ich Sie unterstützen?
  - Was lief bislang gut im Projekt? Warum?
  - Welche Dinge liefen nicht so, wie wir uns das erhofft hatten? Wie können wir das in der Zukunft vermeiden?
  - Wie lauten Ihre Prioritäten?
  - Welche Auswirkungen hat Ihr Ansatz auf die Qualität?
- *Neue Teammitglieder schnell integrieren*
  Gerade bei der Integration neuer Teammitglieder oder Mitarbeiter versagen viele Firmen oder Gruppen kläglich. Da werden keine Einführungsveranstaltungen gemacht, wird kein Mentor benannt und es existiert am ersten Arbeitstag vielleicht noch nicht einmal ein wirklicher Arbeitsplatz. All das kann vermieden werden – wenn frühzeitig Prozesse gestaltet werden, die sich ausschließlich mit der Integration neuer Mitarbeiter befassen. Hier ist natürlich die lokale HR-Abteilung gefragt, aber sie kann nur das Rahmenwerk vorgeben. Gelebt werden muss es dann im Team – und dort muss auch der Manager für den Erfolg des Teamaufbaus und der Integration neuer Teammitglieder eindeutig zur Verantwortung gezogen werden.
  Eine gelungene Integration neuer Mitarbeiter führt nicht nur zu einer erheblich höheren Motivation der „Neuen", sie verhindert auch, dass sich Kollegen nicht willkommen fühlen und der Firma vorschnell den Rücken kehren. Und

Recruitments sind teuer – zu teuer, um sich das leisten zu können. Umgekehrt ist es aber auch so, dass durch eine enge Betreuung am Anfang sehr schnell festgestellt werden kann, ob man „zueinander passt“ oder ob der neue Mitarbeiter den Anforderungen auch gerecht wird. Dann ist eine schnelle Trennung nämlich für beide Seiten die beste Lösung.

Innovation in Indien – ein Mythos?

Oftmals wird Indien gleichgesetzt mit „low level Arbeiten“, bzw. Arbeiten von geringer Komplexität nach genau festgelegten Spezifikationen. Es ist schon richtig: Diese Arbeiten können in Indien auch durchgeführt werden und erfolgreich zur verbesserten Profitabilität des eigenen Unternehmens beitragen.

Aber bedeutet das im Umkehrschluss, dass in Indien keine Innovation stattfinden kann? Sicherlich nicht. Bei SAP haben wir gezeigt, dass die durchschnittliche Zahl der angemeldeten Patente pro 100 Mitarbeiter sogar höher liegen kann als in Deutschland. Das Gleiche gilt auch für Unternehmen wie GE.

Beispiel

Eine gute Methode, das kreative Potenzial sichtbar zu machen, ist beispielsweise, „Innovations-Olympiaden“ zu veranstalten. Wir veranstalten solche Events mindestens einmal pro Jahr: Alle Mitarbeiter werden aufgefordert, selbst Teams zu bilden und dann aus einer bestimmten Zahl vorgegebener Problemstellungen Lösungsvorschläge oder gar Prototypen zu entwickeln. Der Wettbewerb beginnt typischerweise an einem Freitagnachmittag und endet Sonntagabend. Übernachtet wird im Büro oder in naheliegenden Gasthäusern, für Catering ist durchgehend gesorgt. Das Senior Management nimmt sich am Sonntagnachmittag Zeit, die eingereichten Lösungen zu begutachten und zu bewerten. Anschließend gibt es eine große Feier für alle Beteiligten – mit einer Ehrung der Gewinner. Übrigens – Gewinner muss es geben in Indien – und Innovation mit Wettbewerb zu verbinden ist ein absolut probates Mittel, um hier Erfolge zu erzielen. Scheuen Sie sich nicht, gerade im Bereich der Innovation immer wieder Wettbewerbe zu starten; sie können z. B. die meisten Patentanmeldungen prämieren, besondere Auswahlgremien zur Bewertung guter Ideen formieren oder die Zahl von Verbesserungsvorschlägen mit Namen öffentlich machen.

Dabei geht es gar nicht immer so sehr um monetäre Preise – meist zählt die Ehre, herausgehoben zu sein, mehr als eine Geldprämie. Eine gute Ergänzung können dann Sachprämien sein, z. B. Tickets zu einem Cricketspiel oder anderen Sportevents oder Einkaufsgutscheine.

6.5.3 Effektive Entlohnungssysteme

Zwar wird in einschlägigen Managerseminaren immer davon berichtet, dass nur die Arbeit als solche zählt, die Erfüllung und die richtige, motivierende Führungskraft. Aber trotz alledem wird die Vergütung doch als ein sehr hoher Gradmesser des Erreichten angesehen, vor allem im Vergleich zu Kollegen oder zum Markt.

Es kann daher kein Zweifel daran bestehen, dass in Indien ein marktgerechtes Gehalt zu bezahlen ist. Am besten ist, wenn sich eine Firma regelmässig an sogenannten „Benchmarking"-Studien beteiligt, in denen die eigene Gehaltsstruktur mit der vergleichbarer Firmen aus dem gleichen Sektor verglichen wird. Solche Studien werden von einschlägigen HR-Beratungsfirmen vor Ort angeboten und geben einen detaillierten Blick auf die Gehälter der unterschiedlichen Job-Profile.

Gerade bei neu in Indien etablierten Unternehmen werden hier schnell Fehler gemacht. Die ersten 10 bis 15 Mitarbeiter bekommen außergewöhnlich hohe Gehälter (oftmals nach der Empfehlung eines lokalen HR-„Fachmanns") und diese sind dann für alle Zeiten die Benchmark für alle zukünftigen Mitarbeiter.

	IT/IT-Services	Bank- und Finanzmarkt	Produzierendes Gewerbe
Entwickler/Ingenieur/ Assistant Manager	8 000 – 12 000	8 000 – 15 000	6 000 – 10 000
Teamleiter/ Gruppenleiter/ Senior Manager	20 000 – 50 000	15 000 – 50 000	10 000 – 40 000
Direktor/ Abteilungsleiter	50 000 – 100 000	50 000 – 100 000	30 000 – 60 000

Abbildung 17: *Jahres-Gehälter verschiedener Branchen im Vergleich (2007) – in Euro*

Für einfache Tätigkeiten, die von angelernten Kräften ohne Studium ausgeübt werden können, werden in Indien natürlich weit geringere Gehälter bezahlt. Ein Lagerarbeiter oder eine Kantinenhilfe verdient kaum mehr als 60 Euro im Monat.

Ist das richtige Gehaltsniveau gefunden, geht es darum, die einzelnen Gehaltsbestandteile zu bewerten.

6.5.3.1 Gehaltsbestandteile

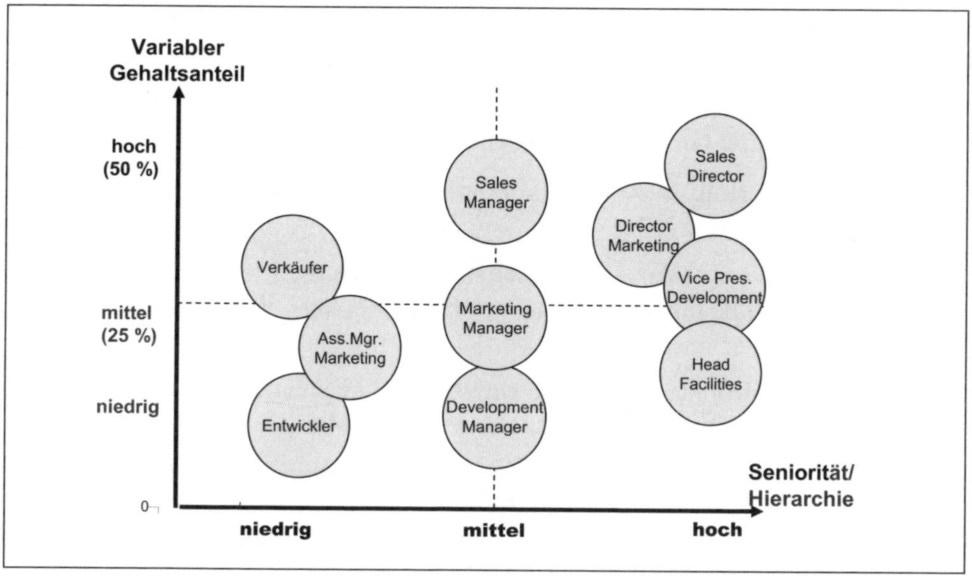

Abbildung 18: *Gehaltsbestandteile*

Fixum

Das Festgehalt in Indien teilt sich wiederum in ein „Base" und eine weitere Komponente auf. Dies hat allerdings mehr mit der Berechnung der Sozialversicherung (Provident Fund und Superannuation Fund) zu tun, die beide das „Base"-Gehalt als Grundlage haben. Trotzdem ist das Fixum in Indien das regelmäßig ausgezahlte Gehalt; Gehaltszahlungszeitpunkt ist üblicherweise am Monatsende.

Bonus/Variabler Anteil

Je nach Position und Bereich sind auch in Indien Boni als zusätzlicher monetärer Anreiz durchaus üblich. Dabei ist die Regel, dass mit steigender Seniorität auch ein höherer Anteil des Gehalts variabel ausgezahlt wird. Bei internen Tätigkeiten wie etwa in der Verwaltung, Entwicklung oder im Einkauf ist dabei für den Level Vice President/Director ein variabler Anteil von 30 Prozent nicht unüblich, während Team Manager um die 20 Prozent liegen. Aber auch der junge Softwareentwickler bekommt bereits 10 bis 15 Prozent des Gehaltes variabel ausgezahlt. Im Vertrieb sind die variablen Boni natürlich deutlich höher.

Nun stellt sich natürlich noch die Frage, nach was sich die variable Komponente bestimmt. Während diese Frage im Verkauf noch recht schlüssig zu beantworten ist, kann die Beantwortung bei fachlichen Mitarbeitern im Marketing oder in der Buchhaltung schon schwieriger werden.

Die meisten Unternehmen machen sehr gute Erfahrungen damit, in Indien den variablen Teil an drei Größen festzumachen:

1. Individueller Erfolg (also etwa Verkaufszahlen, Zielerreichung, Arbeitsleistung)
2. Teamerfolg (Was hat das Team geschafft? Wurden die Ziele erreicht? Wie gut hat die Abteilung mit anderen zusammengearbeitet? Was ist das Feedback anderer?)
3. Firmenerfolg (Konnte die Firma, entweder lokal und/oder global, ihre Ziele erreichen? Wie haben sich Umsatz, Gewinn und Marktanteile entwickelt?

Wie hoch nun diese einzelnen Komponenten wiederum gewichtet werden, ist abhängig von der Branche, dem spezifischen Unternehmensbereich und der Jobbeschreibung des Einzelnen. Es ist klar, dass einerseits persönliche Leistung sichtbar belohnt werden sollte, dass aber andererseits auch keine hohen Boni ausgezahlt werden können, wenn das Projektziel oder Firmenziel weit verfehlt wurde. Es ist auch durchaus möglich, diese Gewichtungen jedes Jahr an die spezifische Situation anzupassen. In Aufbaujahren mag vor allem der Teamerfolg wichtig sein, während später der individuelle Erfolg an Signifikanz gewinnt.

Zusatzleistungen

In Indien spielen Zusatzleistungen eine sehr große Rolle. Insbesondere hinsichtlich der „Standings“ gegenüber der eigenen Familie und Freunden ist es für Mitarbeiter in Indien wichtig, sichtbare Zusatzleistungen durch den Arbeitgeber zu erhalten. Das kann z. B. bei einfacheren Mitarbeitern bereits eine etwas großzügige Regelung beim von der Firma gestellten Mobiltelefon sein und reicht bei Führungskräften bis hin zum Firmenwagen oder der Betriebswohnung. Auch Leistungen für die Familie (auch die Eltern der Mitarbeiter) wie z. B. die Aufnahme der Familienmitglieder in die Krankenversicherung spielen eine große Rolle.

Typische Zusatzleistungen sind:

- Firmenwohnung
- Firmenkantine

- Busse zum Betriebsgelände
- Rentenversicherung
- Krankenversicherung mit Familienabsicherung
- Zusatzurlaub gestaffelt nach Betriebszugehörigkeit
- Firmendarlehen/On-the spot Hilfe bei Notfällen
- Geschenke zu Jubiläen
- Kindergarten (eher selten)
- Firmenwagen (nur für Führungskräfte)

Wichtig: Bei jedem gewährtem „Benefit" sollten Sie sich ganz genau überlegen, ob dieser Benefit wirklich sinnvoll ist in Ihrem speziellen Fall und was üblich ist bei anderen Firmen Ihrer Branche. Einerseits haben Sie so einen guten Benchmark, andererseits können Sie gegebenenfalls ganz spezifisch differenzieren. Es mag nämlich schon sinnvoll sein, einen ganz spezifischen Benefit anzubieten (z. B. für außergewöhnliche Loyalität), der einmalig im Markt ist.

Wichtig ist ebenfalls, die Langfristigkeit der gewährten Leistungen zu beachten. Das wird leider vor allem bei den Vorschlägen der lokalen HR-Kollegen allzu oft vergessen. Es nutzt Ihnen wenig, wenn Sie heute einige Top-Führungskräfte mit Dienstwohnungen ausstatten, aber in einigen Jahren diese Leistung (bedingt durch die finanziellen Auswirkungen) nicht mehr fortführen können.

Vor allem die lokalen HR-Mitarbeiter tendieren dazu, in diesen Punkten sehr kreativ zu sein – und denken nur an die Auswirkungen Ihrer vorgeschlagenen Policies und Benefits in drei bis fünf Jahren. Seien Sie vor allem anfangs etwas vorsichtig und führen Sie nur die Leistungen ein, die Sie auch sicher noch in einigen Jahren fortführen können. Es ist absolut kontraproduktiv, später Benefits wieder einzustellen und (noch schlimmer) dann eine Situation zu haben, dass einige Mitarbeiter noch von bestimmten Leistungen profitieren, die für später in vergleichbare Positionen gerückte Mitarbeiter nicht mehr existieren.

6.5.3.2 Es geht nicht immer nur ums Geld – vom „Marktwert" der Mitarbeiter

Fast genauso wichtig wie die Gehaltsbestandteile und Zusatzleistungen ist den meisten Mitarbeitern auch die Entwicklung des eigenen Marktwertes. Dies gilt besonders für gut qualifizierte und hoch qualifizierte Mitarbeiter und Führungskräfte. Diese Gruppe von Mitarbeitern ist sehr darauf bedacht, dass sich der eigene Marktwert auf dem Arbeitsmarkt beständig erhöht. „Gemessen“ wird dies an den Angeboten, die sie oder Kollegen durch Headhunter erhalten.

Für Sie als Manager ist das natürlich ein zweischneidiges Schwert. Einerseits erwarten die Kollegen, den Marktwert beständig zu erhöhen, andererseits müssen Sie selbst dann diesen, nun höheren Marktwert den Mitarbeitern auch bezahlen. Sie arbeiten also selbst daran, Ihre Mitarbeiter für andere Firmen immer attraktiver zu machen, und Sie selbst schaffen die Voraussetzungen für zweistellige Gehaltsforderungen Ihrer Kollegen.

Trotz allem, wenn Sie diesen Aspekt völlig außer Acht lassen, wenn also Mitarbeiter den Eindruck gewinnen, dass sich ihr Marktwert nicht wirklich erhöht, werden sie die Situation ganz rational betrachten und Ihr Unternehmen verlassen.

Wie erhöhen Sie also den „gefühlten“ Marktwert Ihrer Mitarbeiter? Am ehesten erreichen Sie das natürlich durch einen beständigen Ausbau der lokalen Wissensbasis und durch Trainings der Kollegen. Das bedeutet also, dass Sie auch in externe Trainings investieren müssen, selbst wenn diese vielleicht nicht 100 Prozent job-relevant sind. Gleichzeitig gilt es auch als sehr wertvolle Erfahrung für die Mitarbeiter, für längere Auslandeinsätze vorgesehen zu sein. Gerade Auslandsaufenthalte (vier bis zwölf Wochen) zur Einarbeitung oder für spezielle Projekte sind für die indischen Kollegen sehr attraktiv. Sie müssen hier bestimmte Maßnahmen natürlich auch etwas zeitlich „strecken“, das heißt nicht alles vorweg gewähren. Bei sehr teuren gewährten Maßnahmen wie z. B. einem MBA-Programm sollten sowohl klare Auswahlkriterien existieren als auch Bedingungen für die Gewährung. Das könnte etwa eine Bindungsklausel an das Unternehmen nach Abschluss der Ausbildungsmaßnahme sein.

Nach einiger Zeit werden Sie oder Ihre Manager in Indien ein Gefühl dafür entwickeln, was Ihre Mitarbeiter erwarten und wie Sie diese Erwartungen so erfüllen können, dass auch das Unternehmen davon profitiert.

Beispiel

Wir hatten einmal in einer Abteilung in Indien eine sehr hohe gemessene und gefühlte Unzufriedenheit mit dem Job, hauptsächlich dadurch bedingt, dass die meisten Mitarbeiter der Ansicht waren, auf veralteter Technologie zu arbeiten. Sie waren der Ansicht, in einer „Sackgasse“ zu sein, wo Fähigkeiten benötigt werden, die ansonsten nicht mehr im Unternehmen oder außerhalb gefragt sind. Außerdem gab es Konkurrenten in diesem Feld, denen ein höherer Markenwert zugebilligt wurde, zumindest durch unsere Mitarbeiter. Einige Kollegen hatten die Firma bereits verlassen, an sich gar nicht für mehr Geld, sondern nur des Jobprofils wegen oder eben weil der andere Arbeitgeber einen besseren „Klang“ hatte. Wir griffen schließlich zu einer Strategie, die vielleicht etwas ungewöhnlich erscheint: Obwohl die Kündigungsrate bereits sehr hoch war, transferierten wir bewusst zwei Kollegen auf Top-Positionen innerhalb des Unternehmens. Dadurch schwächten wir das Team zwar zunächst weiter, etablierten aber gleichzeitig eine klare Message, dass aus dieser Abteilung heraus Top-Karrieren möglich sind. In den darauf folgenden zwölf Monaten verließ kein weiterer Mitarbeiter mehr diese Abteilung.

7. Organisationsaufbau – verlängerte Werkbank oder integrierte Teams?

7.1 Grundsätzliches zum Aufbau der verteilten Organisation

Bevor man sich mit dem Aufbau einer Organisation oder eines Teams in Indien befasst, sollte erst einmal völlige Klarheit darüber bestehen, welche Aufgaben man eigentlich genau in Indien ansiedeln will. Ist das die Produktion von kleinen Teilen oder sind es bereits ganze Komponenten? Will ich Arbeiten nach genau festgelegten Spezifikationen erledigt haben oder sollen die Mitarbeiter kreativ mitdenken und eigene Vorschläge machen (dürfen)? Natürlich scheint es nahe liegend, Teams in Indien nur mit zweitrangigen, einfachen Aufgaben zu betreuen, am besten noch mit der „Schmutzarbeit", die woanders ohnehin keiner machen will. Das verringert den Einarbeitungsaufwand in Indien, und in Deutschland sind alle froh, dass dieser Prozessschritt nun woanders erfolgt. Langfristig funktioniert das wahrscheinlich nicht, denn dafür stehen gut ausgebildeten Fachkräften in Indien zu viele Möglichkeiten offen, um diese Situation lange mitzumachen.

Grundsätzlich gibt es aber schon Abhängigkeiten zwischen einem wahrscheinlichen Projekterfolg und den erforderlichen Fachkenntnissen sowie den Notwendigkeiten einer intensiven Kommunikation. Je niedriger die vor Ort notwendigen Fachkenntnisse und je geringer die Notwendigkeit ist, regelmäßig zu kommunizieren, desto höher ist zunächst einmal die Wahrscheinlichkeit, mit einem Projekt (oder der Produktion eines Produktes) erfolgreich zu sein.

Unsere Erfahrung (und die Erfahrung vieler anderer Firmen) hat aber gezeigt, dass auch technisch sehr komplexe Projekte/Produkte aus Indien heraus geliefert werden können. Allerdings ist es dann notwendig, dass man ein solches Projekt gut kapseln kann, sodass nicht noch *dauerhaft* eine sehr hohe Kommunikationsfrequenz notwendig ist. Es ist klar, dass komplexe Produkte eine sehr lange Anlaufzeit benötigen, damit sie unabhängig aus Indien heraus geliefert werden können. Ein Jahr bis zur vollen Produktivität eines Teams ist da keine Seltenheit. Diese Anlaufphase sollte stets mit einkalkuliert werden – und in dieser Phase ist natürlich auch ein gut organisierter Knowledge-Transfer unabdingbar. Andererseits – ist es erst einmal eingespielt, hat man ein hoch motiviertes Team, das mit Stolz dieses Produkt weiterentwickelt und betreut.

Aber auch ein hoher Kommunikationsbedarf ist nicht notwendigerweise ein Ausschlusskriterium für eine Produktion oder Entwicklung in Indien. Man benötigt dafür allerdings ein erfahrenes Management und ausgezeichnete Tools zur Kommunikation. Will man nicht, dass die Hälfte der Zeit in Flugzeugen verbracht wird, sollte hier großzügig in die Infrastruktur investiert werden. State-of-the-Art-Videokonferenzmöglichkeiten, Voice-over-IP-Telefone und moderne Web-Meetings gehören ebenso dazu wie eine ausreichende Bandbreite der Datenleitungen.

Abbildung 19 gibt einen kurzen Überblick darüber, welche Projekte sich für Offshoring anbieten und welche Art des Organisationsaufbaus geeignet ist.

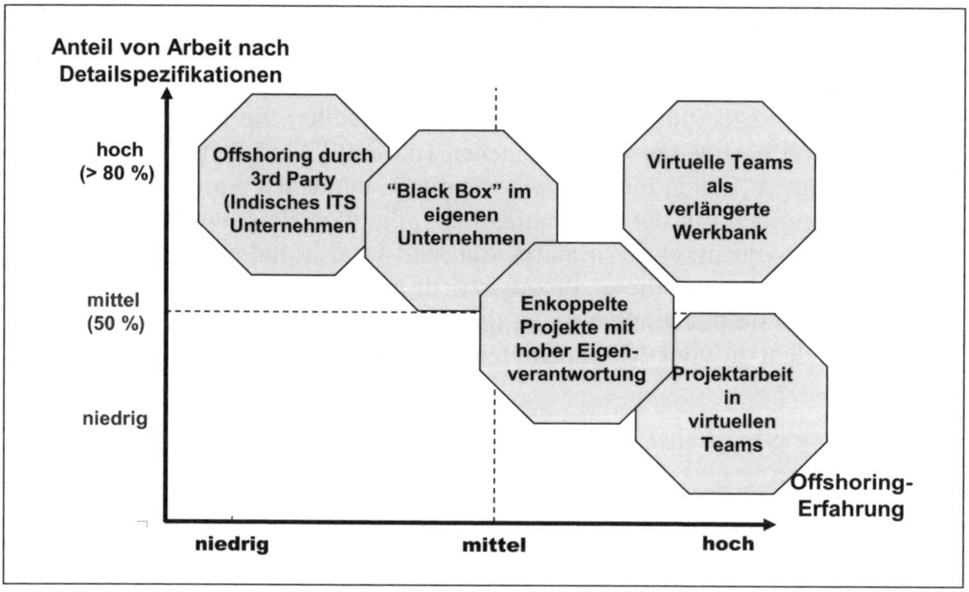

***Abbildung 19:** Eignung spezifischer Projekte für Offshoring nach Indien*

7.2 Die Organisationsform – von der Black Box zu virtuellen Teams

Grundsätzlich können gerade bei verteilten Projekten die Teams in Indien nach einer ganzen Bandbreite von Prinzipien geführt werden. Auf der einen Seite des Spektrums steht das „Black-Box-System", in dem ein Team in Indien nach klaren Vorgaben und Spezifikationen ein Projekt abarbeitet, auf der anderen Seite ein echtes virtuelles Team, bei dem Teammitglieder auf allen Ebenen miteinander in Kontakt stehen und kommunizieren.

Um es vorweg zu sagen, es gibt nicht „das beste“ oder das „ideale“ System. Es haben sich für verschiedene Anforderungen verschiedene Systeme durchgesetzt, die selbst innerhalb einer Firma gemischt werden können. Allerdings bedingt das Mischen organisatorischer Systeme, dass die Kriterien dafür für die Mitarbeiter klar erkennbar sind, denn nichts ist schlimmer, als wenn sich qualifizierte Mitarbeiter orientierungslos zwischen verschiedenen Organisationsformen innerhalb eines Unternehmens bewegen müssen.

Anfänglich empfiehlt es sich, sich für lediglich eine geeignete Form der Projektorganisation zu entscheiden und diese dann stringent durchzuführen.

Abbildung 19 soll vor allem veranschaulichen, dass die Wahl der Organisationsform über die Grenzen von Zeit, Raum und Kultur hinweg nicht nur eine einfache Top-Down-Entscheidung ist, sondern auch ganz entscheidend von der Erfahrung im Unternehmen mit Offshoring-Projekten abhängig ist.

Das bedeutet, dass sich die Organisationsform auch über die Zeitachse hinweg ändern kann, vielleicht sogar ändern muss. Was vor einigen Jahren noch gut und zuverlässig funktioniert hat, mag angesichts des inzwischen viel höheren Erfahrungsschatzes in Indien nicht mehr angemessen sein.

Beispiel

> Wir hatten in einer unserer Industrielösungen anfänglich nur sehr kleine und genau spezifizierte Teile nach Indien gegeben, und fast alle Mitarbeiter wurden durch einen erfahrenen (deutschen) Kollegen vor Ort in Bangalore täglich angeleitet. Selbiger Kollege war dann auch die einzige Schnittstelle nach Deutschland. In der Anfangszeit war dies ein ideales Set-up, aber je stärker das Team wuchs und an Erfahrung gewann, desto weniger trug dieses Modell. Nach einigen Jahren kam die gesamte Industrielösung aus unseren Labs in Bangalore.

7.2.1 Die „Black Box“

Das „Black Box“-Prinzip trägt diesen Namen, weil es auf dem Grundsatz beruht, dass in die „Box“ (also das indische Team) nur genau spezifizierte Dinge hineingehen und auch ganz genau spezifizierte Dinge herauskommen sollten. Was innerhalb der „Box“ geschieht, interessiert dann in Deutschland zunächst einmal niemanden, solange Budget, Zeitvorgaben und die Qualitätsstandards eingehalten werden.

Das eigentliche Produkt wird in Deutschland (oder von irgendeinem Kunden in der Welt) spezifiziert, und nur wenige Leute außerhalb Indiens sind dann involviert, wenn es um die Kommunikation zu dem indischen Team geht. Auch auf der indischen Seite gibt es nur ganz wenige Mitarbeiter in der Kommunikationsschnittstelle.

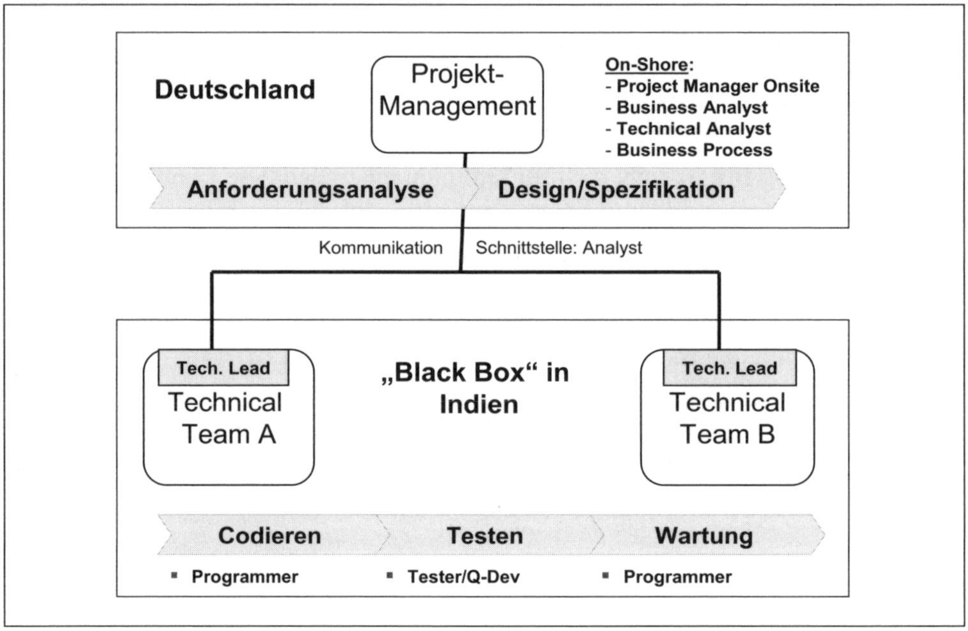

Abbildung 20: *Black-Box-Projektorganisation im IT-Service-Bereich*

Diese Form der Organisation muss nicht unbedingt nachteilig sein – sie kann exzellente Ergebnisse und vor allem eine gleichbleibend hohe Qualität sicherstellen. Richtig geführt ist das für Projekte niedriger Komplexität ein gangbarer Weg. Übrigens funktionieren fast alle der großen indischen IT-Firmen wie etwa Infosys, Wipro oder TCS nach diesem System: Beim Kunden in Europa sitzen hervorragend ausgebildete und sehr gut kommunizierende „Onsite Project Manager“ oder „Business Analysts“, die mit den Kunden die Aufträge klären und spezifizieren. Diese übersetzen die Aufträge dann in eine für die Entwickler verständliche Sprache und kommunizieren dies zu den diversen Team Leads ins ferne Indien. Dort werden dann unter genauer Einhaltung hoher Qualitätsstandards (fast alle indischen IT-Firmen besitzen die begehrte CMM-Level-5-Zertifizierung) diese Spezifikationen in Produkte oder Services umgesetzt. Um die Lieferung und Installation kümmern sich dann wieder die Onsite Manager, ggf. verstärkt durch hochspezialisierte technische Berater. Ein Blick auf die Bilanzen der indischen IT-Firmen genügt, um zu sehen, wie ausgezeichnet dieses System funktionieren kann und welch hohe Renditen es offensichtlich erwirtschaftet.

Trotzdem sind auch einige gravierende Nachteile zu nennen: Gerade in der „Black Box" herrscht häufig ein hoher Grad an Frustration, immer nur das Gleiche zu machen und sich eigentlich immer nur als ganz kleines Rad zu fühlen. Es herrscht kaum Identifikation mit der Aufgabe oder dem Job, und oftmals wird viel Energie darauf verwandt, den Job zu wechseln – entweder innerhalb des eigenen Unternehmens oder außerhalb. Entsprechend sind die Fluktuationsraten hoch, und zudem bedarf es eines ständigen Wachstums der Firma, um immer wieder neue Mitarbeiter aufzubauen und die Kosten entsprechend niedrig zu halten.

7.2.2 Entkoppelte Projekte

Wie der Name schon sagt, wird beim Organisationsprinzip der entkoppelten Projekte (oder „De-coupled Projects") versucht, eine möglichst hohe Projekt- oder Produktverantwortung nach Indien zu geben und diese dort möglichst entkoppelt durchzuführen bzw. zu entwickeln. In einem typischen Produktionsprozess könnten das beispielsweise bestimmte Bauteile sein, die dann wieder woanders montiert werden, oder eben auch Produkte für den lokalen oder internationalen Markt. Im Engineering sind es z. B. Designs und Zeichnungen von Maschinen oder in der Software bestimmte (Teil-)Projekte bis hin zu kompletten Softwarelösungen.

Das Ziel der Entkopplung des indischen Teams ist es, den Kommunikationsaufwand auf ein Minimum zu reduzieren (und damit erheblich die Kosten zu senken) und gleichzeitig die Zufriedenheit und Identifikation mit der Aufgabe in Indien zu erhöhen. Voraussetzung ist natürlich, die Qualifikation der indischen Kollegen schrittweise so zu erhöhen, dass sie diese Aufgabe auch bewältigen können. Aber Vorsicht – oftmals wird im Mutterhaus auch „gemauert", und Sie hören Sätze wie: „Das können die noch nicht!", oder: „Das funktioniert nie!" Es ist eine Grundvoraussetzung, dass für diese Art der Projektsteuerung eine sehr hohe Vertrauensbasis geschaffen wurde – und die kann auch nur über Jahre entstehen. Komplette Produkte oder Projekte kann man daher nur schwer im Jahr 1 nach der Gründung einer Firma in Indien oder eines Teams nach Indien verlagern. Vertrauen und Know-how wachsen nicht über Nacht und beide Seiten müssen erst lernen. Einige Jahre kann es schon dauern, bis komplexe Systeme, Produkte und Projekte aus Indien heraus geliefert werden können.

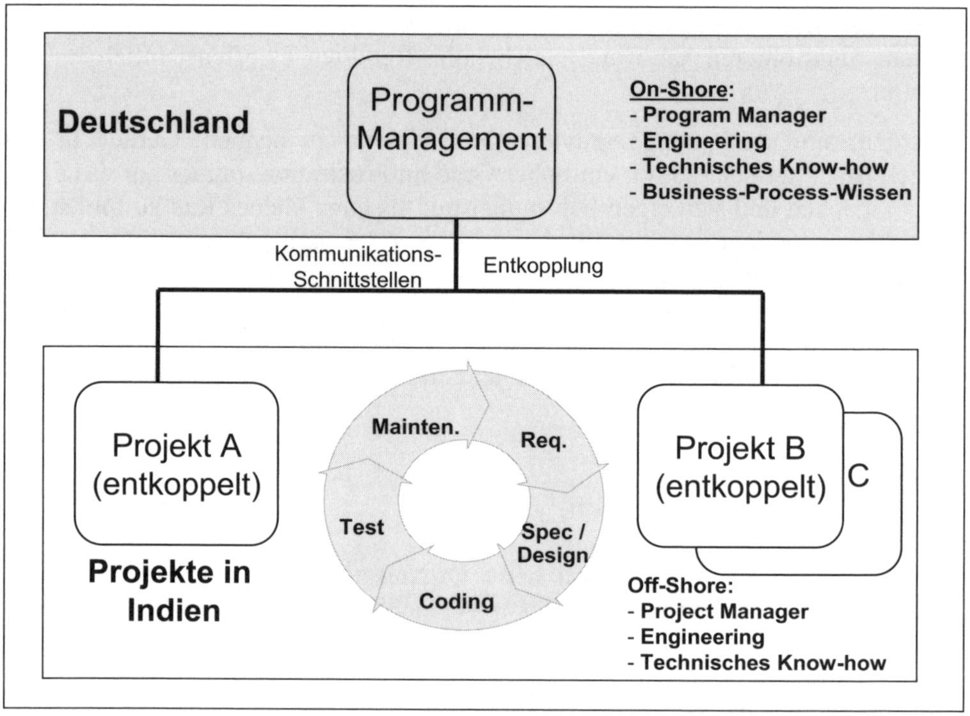

Abbildung 21: *Entkoppelte Projektorganisation*

Klar ist, dass dieser Ansatz nicht nur einen sorgfältigen Aufbau der Teams erfordert, sondern auch einen hohen Aufwand in die ständige Betreuung. Nicht nur die fachliche Anleitung, sondern eben auch das persönliche Begleiten, sodass die Kollegen auch den Atem haben, mehrere Jahre dabeizubleiben. Unternehmen, bei denen im Mutterhaus jedes Jahr umorganisiert wird oder die sich in einer Phase des generellen Umbruchs befinden, sollten hier erst einmal abwarten, bis wieder etwas mehr Stabilität eingekehrt ist.

7.2.3 Der „Virtual-Team"-Ansatz

Ganz anders funktioniert der Ansatz eines echten virtuellen Teams. Hier werden die Teams oder entsprechende Teile davon tief miteinander verwoben. Dies kann bedingt sein entweder durch die Komplexität der Aufgabe, die Fachleute verschiedener Länder notwendig macht, oder durch die geforderte Innovationskraft, die man am ehesten durch die Einbindung unterschiedlichster Menschen und Kulturen erreicht.

Ein virtuelles Team arbeitet verteilt und weitestgehend eigenverantwortlich. Die Führung kann geografisch überall liegen, also in diesem Kontext sowohl in Indien als auch in Deutschland. So kann es verteilte Projekte geben, die sich über mehrere Standorte erstrecken, und die Führung ist in A, für andere Projekte sitzt die Führung in „B“. Es ist aber auch durchaus möglich, das Team so zu strukturieren, dass eine partnerschaftliche Führung erreicht wird, sozusagen mit verteilter Doppelspitze, wobei jede Führungskraft die lokalen Mitarbeiter steuert.

Wichtig bei dieser Organisationsform ist, dass Mitarbeiter auf allen Ebenen die Freiheit haben, direkt miteinander zu kommunizieren – und davon auch Gebrauch machen. Das wiederum kann nur funktionieren, wenn vorher eine Art „Community“ gebildet wurde, das heißt, dass die diversen Teammitglieder sich persönlich kennen gelernt haben und eine gegenseitige Vertrauensbasis vorhanden ist.

Angesichts des hohen Kommunikationsaufwandes mag man sich fragen, ob sich eine solche Teamstruktur überhaupt lohnt. Schließlich kostet Kommunikation immer auch Zeit, Geld und kreiert inhärent Ineffizienzen. Deshalb sollte eine solche Organisationsform nur in Forschungsbereichen, in der Neuproduktentwicklung oder Bereichen verwendet werden, in denen ein hoher Innovationsanteil notwendig ist.

Der „Virtual-Team“-Ansatz ist sicherlich die „hohe Kunst“ des Managens über Distanz, Zeitzonen und Kulturen hinweg und erfordert auch von den Beteiligten ein sehr hohes Maß an sozialer und emotionaler Intelligenz. Nicht jedes Team hat solche Mitarbeiter, die dies leisten können – und gleichzeitig sind das Fähigkeiten, die nur begrenzt erlernt werden können. Von daher sollte auch bei der Auswahl der Mitarbeiter auf solche Kompetenzen geachtet werden bzw. bei bestehenden Strukturen das Organisationsdesign dem Machbaren (aus Sicht der Kompetenz der Mitarbeiter) angepasst werden.

Wie Sie in Abbildung 22 erkennen können, sind es vor allem zwei Kennzeichen, die sich vom entkoppelten Projektaufbau unterscheiden. Das eine ist die tiefe Integration der Teammitglieder in ein gemeinsames Team, das heißt, dass auch der einzelne Mitarbeiter mit Mitarbeitern an dem jeweils anderen Standort direkt kommuniziert.

Das zweite Kennzeichen dieser Organisationsform ist die Tatsache, dass das Projektmanagement sowohl in Indien als auch in Deutschland sein kann und dass letztlich nicht alles im Mutterhaus entschieden wird. In einem typischen virtuellen Team ist der Standort des verantwortlichen Team-Managers unerheblich, und die Teammitglieder befinden sich an verschiedenen Standorten, und möglicherweise ist der Chef wiederum woanders.

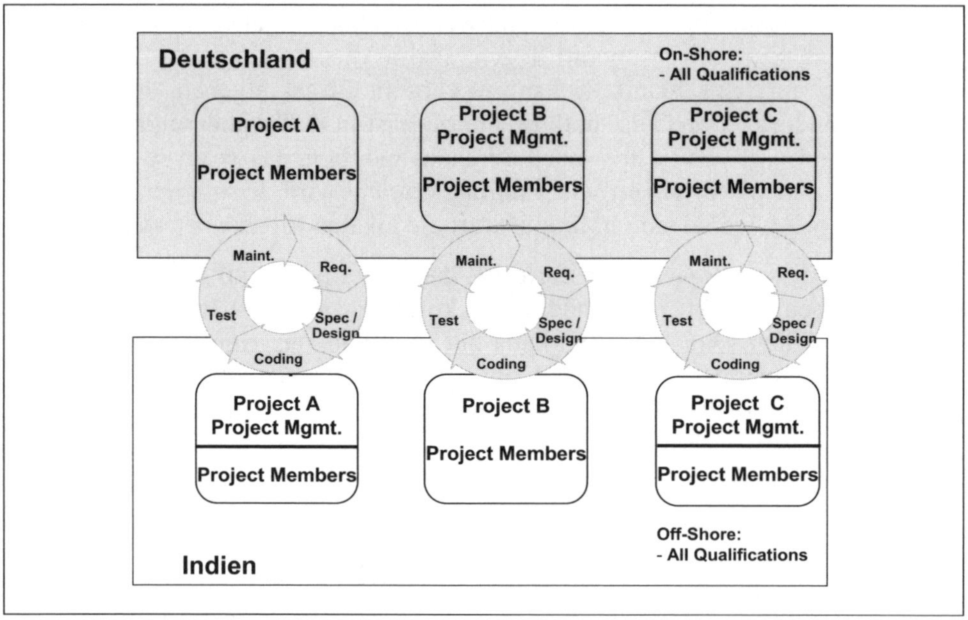

Abbildung 22: *Virtueller Teamaufbau*

Nachfolgend sind nochmals die wesentlichen Vor- und Nachteile der verschiedenen Organisationsformen für Offshore-Projekte genannt. Dabei ist zu beachten, dass dies wirklich die idealtypischen Projektformen sind, um Grenzen von Distanz, Zeit und Kultur zu überwinden, und es natürlich Mischformen gibt.

Beispiel

Wir haben uns zum „Virtual-Team"-Ansatz im Bereich der Neuproduktentwicklung für zukünftige Produkte entschieden. Die Gründe liegen auf der Hand: Für Produkte, bei denen weder das finale Design noch der Entwicklungsprozess klar definiert sind und auch die Erfahrung im Mutterhaus fehlt, kann kaum eine entkoppelte Projektorganisation gewählt werden. Stattdessen entschlossen wir uns, in sogenannten „Tripods" diverse Knowledge-Träger über drei Standorte hinweg zusammenzuschließen und gemeinsam für die Ergebnisse verantwortlich zu machen. In diesen „Tripods" finden jede Woche virtuelle Meetings in Englisch statt und ein regelmäßiger Austausch von Mitarbeitern gehört zur Tagesordnung. Alle Dokumente und Protokolle werden nur in Englisch erstellt und verteilt. Trotz anfänglicher Schwierigkeiten, diese Struktur zum „Laufen" zu bringen, war es nach Einschätzung aller die einzige Art und Weise, diese Entwicklung effektiv zu führen.

	Eignung/Vorteile	Nachteile
„Black Box“ in Indien Vollständige Entkopplung Nur eine einzige sehr genau definierte Schnittstelle	■ IT-Services und Dienstleistungen ■ Gut geeignet für Aufgaben einfacher und mittlerer Komplexität ■ Einfach zu kontrollieren, Abfluss von IP minimiert ■ Wenn professionell durchgeführt, kann sehr hohe Qualität erreicht werden (CMM Level 5) ■ Gut organisierbar, auch mit Drittanbietern erfolgreich machbar	■ Geringe Identifikation mit der Aufgabe bei den Mitarbeitern in Indien (in der „Black Box“) ■ Probleme mit Fluktuation von Mitarbeitern, dadurch wiederum nur begrenzte Verbreiterung der Wissensbasis in Indien möglich ■ Akzeptanzprobleme mit der „Black Box“ im Mutterhaus in Deutschland
Entkoppelte Projekte in verteilter Entwicklung	■ Effiziente Abwicklung von Projekten ■ Klare Aufgaben- und Rollenverteilung ■ Gut geeignet für Projekte mittlerer Komplexität ■ Noch überschaubarer Kommunikationsaufwand ■ Nutzt die Möglichkeiten, in Indien langfristig eine breite Wissensbasis aufzubauen ■ Koordination mit etwas Erfahrung gut möglich	■ Nutzt nicht alle Möglichkeiten, um kulturelle und intellektuelle Unterschiede für die Projekte und Firma zu nutzen ■ Erfordert stringente und gut definierte Entkopplung von Projekten und Projektteilen ■ Hat Grenzen, wenn bei sehr komplexer Projektstruktur Kommunikation zu verschiedenen Projekten erforderlich
Projekte mit virtuellen Teams	■ Nutzt alle Möglichkeiten, die unterschiedlichen Kulturen, Intellekte, Erfahrungshorizonte zusammenzubringen. ■ Richtig geführt, können auch komplexeste Probleme bewältigt werden ■ Eröffnet den Teammitgliedern und dem Management völlig neue Erfahrungen ■ Verbreitert die Wissensbasis im Unternehmen insgesamt	■ Hoher Kommunikationsaufwand ■ Erfordert eine sehr offene Organisation mit einer hohen emotionalen Intelligenz ■ Mitarbeiter fühlen sich manchmal überfordert ■ Hohes Konfliktpotenzial durch beliebig viele Schnittstellen ■ Reibungsverluste vergleichsweise hoch in der Anfangsphase

Abbildung 23: *Virtueller Teamaufbau*

7.3 Organisationsdesign – wie viel Controlling muss sein?

Eine ganz wichtige Frage ist, wie viel Freiheit sein sollte und wie viel Controlling etabliert werden muss. Große deutsche Firmen haben bereits Lehrgeld zahlen müssen, indem sie führenden Managern in Indien völlige Freiheit ließen – und dann im Stich gelassen wurden. Andererseits haben andere Firmen auch schon ihre besten Mitarbeiter verloren, weil sie meinten, in Indien müsste alles per Mikromanagement gesteuert werden.

- *Gibt es ein effektives Controlling?*
  Eine gute Organisation hat auch ein effizientes Controlling. Das heißt nicht, dass man eine aufgeblähte Überwachungsmaschinerie installieren muss; doch es ist wichtig exzellente Systeme zu haben, die den Projektfortschritt und/oder die Budgeteinhaltung unterstützen. Transparenz ist hier das entscheidende Stichwort, sowohl für die Manager vor Ort (Wo steht mein Team? Wo mein Projekt? Wo ich selbst?) als auch für die Firmenleitung in Deutschland (Erreichen wir die Ziele? Werden zusätzliche Resourcen benötigt?). Auch der Vergleich von verschiedenen Abteilungen oder Betrieben in Indien nach festgelegten Kriterien (KPIs) braucht zwingend gute Controllingsysteme zur Messung.
- *Wird ein Gleichgewicht der Kräfte erreicht?*
  Das ist ein ganz wichtige Frage; es geht nicht darum, dass jeder alles mitbestimmen kann – aber die einzelnen Rollen in der Organisation sollten ihre Funktion auch ausfüllen können; es hilft beispielsweise nichts, einen Project Manager in Indien zu ernennen mit gewissen Kompetenzen, wenn er dann aber andererseits sehr von Informationen abhängig ist, die Kollegen in anderen Standorten nicht teilen wollen.
- *Unterstützt die Organisationsstruktur effektiv die Arbeitsprozesse?*
  Es ist wichtig, nicht eine „Traum-Struktur" zu wählen, die völlig losgelöst von den real existierenden Arbeitsprozessen oder Entscheidungsstrukturen existieren soll. Haben sich bereits bestimmte Arbeitsprozesse etabliert, sollte die Organisation auch in diese Prozesse hineinpassen; beispielsweise sollten keine Stabsstellen errichtet werden, wenn die Entscheidungen in anderen Foren getroffen werden. Es bringt auch wenig, ein Vier-Augen-Prinzip (z. B. zwischen Controlling und Administration) zu führen, aber dann einen gemeinsamen Chef für beide Abteilungen haben.

- *Entspricht unsere Komplexität den Erfordernissen?*
  Die heutige Welt in den meisten Unternehmen ist schon ausreichend komplex – man sollte sie nicht noch durch zusätzliche künstliche Strukturen komplizierter machen. Hier gilt es abzuwägen zwischen sehr einfachen, meist hierarchischen, Organisationsformen, die den Nachteil bergen, dass Information oft nur unzureichend fließt, und den komplexen Strukturen mit vielfacher Vernetzung, die einen guten Informationsfluss ermöglichen, aber dafür oft die Kompetenzen nicht klar machen. Bei allem guten Willen, möglichst viel Mitarbeiter auf möglichst allen Ebenen zu vernetzen, ist es notwendig, Entscheidungen zügig herbeiführen zu können.

Beispiel

In der Außenstelle eines deutschen Finanzdienstleisters in Mumbai waren verschiedene Abteilungen zur Analyse von Märkten und Produktentwicklung sehr stark gewachsen. Dadurch war in Deutschland der Wunsch entstanden, die Führung zu vereinfachen und die verschiedenen Abteilungen unter einem „Supermanager" in Indien zusammenzufassen. Fünf lokale Gruppenleiter, die verschiedene Märkte bzw. Produkte bearbeiteten, sollten nun an einen neuen Vice President berichten. Das Unternehmen scheute keine Mühe und Kosten und rekrutierte einen Senior Manager aus den USA für diese Aufgabe. An sich ein gutes Unterfangen, denn durch die Zusammenfassung vieler Teams, die jeweils in Deutschland direkt einem dortigen Vice President zuarbeiteten, wurde scheinbar eine Gruppe mit mehr Gewicht und Bedeutung geschaffen, vertreten ebenfalls durch einen lokalen Vice President. Was allerdings nicht berücksichtigt wurde, war die Tatsache, dass die deutschen VPs mitnichten daran dachten, die Kontrolle „ihrer" Teams aufzugeben. Sie kommunizierten also weiterhin fleißig direkt an ihre Gruppen und stellten auch weiterhin die Aufträge an die lokalen Gruppenleiter. Der neue indische VP diente mehr als eine Klammer, zwar mit Personalverantwortung, aber ohne jegliche fachliche Verantwortung für den Erfolg der verschiedenen Teams. Schon bald sah er ein, dass die Aufgabe eine leere Hülle war, und verließ das Unternehmen wieder. Hier war ein klassischer Fehler begangen worden, die Verantwortung und Führung nicht gemeinsam abzugeben.

8. Verhandlungsführung in Indien

8.1 Die Ausgangssituation

Verhandeln in Indien und mit Indern ist sicherlich so etwas wie die hohe Kunst des Verhandelns. Wer schon sehr viele Verhandlungen in Europa geführt hat, muss sich plötzlich darauf einstellen, mit völlig unterschiedlichen Vorstellungen hinsichtlich Zeit, Verhandlungsziel, Verhandlungserfolg und Abschluss der Verhandlung konfrontiert zu werden. Auch spielen Faktoren wie Emotionen und das Beziehungsgeflecht zwischen den beteiligten Akteuren am Tisch eine große Rolle. Neben einer guten Vorbereitung auf Verhandlungsziele und Alternativen zu einem Verhandlungsergebnis (die selbstverständlich sein sollten) gehört auch dazu, seine eigene Ausgangssituation zu analysieren und sich mit dem Umfeld (Verhandlungspartner, Verhandlungsort) vertraut zu machen.

Inder verstehen sich selbst als eine Nation von Händlern, und wenn man sieht, wie viele Inder sehr erfolgreich im Handel in Asien oder den USA tätig sind, wird schnell klar, woher diese Selbsteinschätzung kommt. Was immer Sie in Indien kaufen, der Verkäufer wird Ihnen das Produkt in den schillerndsten Farben schildern, selbst wenn es offensichtlich mangelhaft ist.

Beispiel

> Ich selbst hatte einmal das zweifelhafte Vergnügen, meine Brille in Indien zum Optiker zur Reparatur zu bringen. An sich war nur ein kleines Gummistück auszutauschen, dort, wo die Brille auf der Nase aufliegt. Als ich mein Binokel einige Stunden später abholte, erzählte mir der Verkäufer strahlend, er sei schon fertig, und setzte mir die Brille gleich wieder auf die Nase. „Perfect" – rief er aus. Ich spürte sofort, dass die Brille völlig schief saß, und bei näherer Betrachtung wurde klar, dass der Optiker beim Austausch des Gummistückchens die gesamte Metallaufhängung desselben abgebrochen hatte. Dort hatte er dann eine Art Draht behelfsmäßig festgelötet. Ich war etwas verärgert, denn die Brille war nun im wahrsten Sinne des Wortes „untragbar" geworden. Immer noch fröhlich lächelnd wurde mir daraufhin der Preis für die Reparatur erlassen und das abgebrochene Teil mitgegeben. Auf indischer Seite war man nun der Meinung, hier einen wirklich guten Job gemacht zu haben – ich dagegen habe dieses Geschäft nie wieder betreten.

Wichtig ist, sich darüber klar zu werden, dass die indische Seite in aller Regel ihren eigenen Verhandlungsspielraum daran bemisst, wie langfristig sie selbst mit Ihnen im Geschäft bleiben will. Sie sollten damit rechnen, dass Sie vor allem bei Einmalgeschäften auf sehr rational denkende Menschen treffen, die ihren eigenen Vorteil immer in den Vordergrund vor Punkte wie Fairness oder Verlässlichkeit in einer Beziehung stellen. Dies sagen wir hier völlig wertungsfei – es ist eben nur wichtig, mit einem solchen Verhalten auch selbst zu rechnen und andere Maßstäbe anzusetzen.

Im nachfolgenden Kapitel werden die wichtigsten Konzepte, Fallstricke und Strategien kurz beschrieben, die Ihnen helfen sollen, Ihre Verhandlungsstrategie und Taktik gut auf die indischen Geschäftspartner abzustimmen.

8.2 Vorbereitung der Verhandlung

8.2.1 IST – Indian Stretchable Time

In Indien ist das Zeitverständnis ein völlig anderes. Es gibt in Hindi dafür auch ein Wort: „Kal“ – wie mir indische Kollegen immer wieder versuchten klar zu machen, ist „Kal“ eigentlich nicht genau zu erklären, es heißt so etwas wie „nicht jetzt“, kann also gestern, heute oder morgen bedeuten. Dies macht aber schon sehr deutlich, wie unterschiedlich das Zeitkonzept ist: dass es in einer Sprache ein Wort gibt, das keinen Unterschied von morgen und gestern macht.

„IST“ bedeutet an sich „Indian Standard Time“ und damit gemeint ist die Zeitzone, die in ganz Indien gilt und die 5,5 Stunden vor GMT liegt. Es gibt in Indien keine Sommer- oder Winterzeit, sodass Sie während der deutschen Sommerzeit in Indien 3,5 Stunden „vor“ Deutschland sind und im Winter (deutsche Normalzeit) 4,5 Stunden.

Die halbe Stunde ist eine sehr indienspezifische „Erfindung“, die gewissermaßen den Kompromiss zwischen den Zentren ganz im Westen (Mumbai) und im Osten des Landes (Kolkata) darstellt. Zwischen diesen beiden Städten liegen fast 2 000 km. Die Zeitzone mit der halben Stunde verursacht zwar wegen der ungewöhnlichen Umrechnung in deutsche Zeit anfänglich etwas Anpassungsprobleme für die meisten Geschäftsleute, aber in der Regel gewöhnt sich der Reisende sehr schnell an die Umrechnung der Zeiten für Termine. Außerdem ist in allen heutigen elektronischen „Managertools“ wie Blackberry, Outlook usw. die indische Zeitzone als optionale Einstellung vorprogrammiert.

Der Ausdruck „Indian Stretchable Time“ für IST soll in etwas humorvoller Weise darstellen, dass in Indien Pünktlichkeit ein eher unbekannter Wert ist, oder anders gesagt – es gibt nicht den Begriff der Verspätung. Sie können für ein Meeting oder auch eine private Verabredung nie wirklich zu spät sein. Eine Verspätung in unserem Sinne wird akzeptiert, solange man noch glaubhaft machen kann, dass man wenigstens versucht habe, pünktlich zu sein, die Verkehrssituation oder andere wichtige Dinge einen aufgehalten haben. Das gilt natürlich auch, wenn der Verkehrsstau jeden Tag zur gleichen Zeit auf der gleichen Strecke ist, also absolut vorhersehbar ist. Ich habe oft erlebt, dass gerade bei geschäftlichen Verabredungen der Gastgeber eine halbe Stunde zu spät erscheint und sich vielleicht noch lapidar mit einem „Sorry, dass Sie warten mussten“ entschuldigt, oft aber auch seine Verspätung unkommentiert bleibt. Dies ist keinesfalls unhöflich gemeint und sollte deshalb auch nicht so interpretiert werden.

Bei privaten Einladungen ist es sogar ausgesprochen unhöflich, auf die Minute pünktlich zu sein.

Beispiel

Ich erinnere mich an eine Einladung von indischen Freunden zu einem privaten Kartenspielabend (nicht unüblich unter indischen Freunden), kombiniert mit einem Dinner. Die Einladung war für 20 Uhr ausgesprochen worden. Aus irgendeinem Grunde waren meine Frau und ich wirklich sehr viel zu spät losgekommen und hatten dann auch die Fahrtstrecke unterschätzt. Mit etwas gemischten Gefühlen über diese Verspätung kamen wir um 22:30 Uhr beim Gastgeber an. Es war ungewöhnlich ruhig ums Haus herum für eine Party, und wir dachten schon, dass entweder die Veranstaltung schon zu Ende sei oder wir uns komplett verfahren hätten. Schließlich klingelte ich – und nachdem mir eine Haushälterin die Tür geöffnet hatte, erfuhr ich, dass wir die ersten Gäste waren und der Hausherr noch unter der Dusche stand!

Seinen Sie also niemals pünktlich bei privaten Einladungen, Sie könnten Ihren Gastgeber in tiefe Verlegenheit stürzen.

Ein weiterer Aspekt der IST ist, dass Ihre geschäftlichen Verabredungen und Verhandlungstermine oftmals nur „tentative“ vereinbart sind. Für dieses schöne englische Wort haben wir im Deutschen kaum eine Übersetzung. Entweder ein Termin ist vereinbart oder nicht, in Indien sind aber 90 Prozent aller Termine sozusagen nur bis auf weiteres vorgemerkt. Eine endgültige Bestätigung eines Termins mehr als drei Stunden vor dem eigentlichen Termin zu erhalten ist Illusion. Andererseits ist es aber auch möglich, mit sehr hochrangigen Vertretern aus Politik oder Wirtschaft sehr kurzfristige Termine auszumachen.

Beispiel

> Wir hatten seit einiger Zeit einen Termin beim Chief Minister des Staates Karnataka (vergleichbar dem Ministerpräsidenten eines deutschen Bundeslandes) angefragt, um eine wichtige Investition zu besprechen. Zunächst wurde uns nur vage mitgeteilt, dass in der kommenden Woche ein Termin möglich sein könnte. Ständiges Nachfragen in der nämlichen Woche engte schließlich den Zeitraum etwas ein, und eines Tages wurden wir angerufen mit der Nachricht, der Chief Minister habe heute „wahrscheinlich" Zeit. Wir bekamen später auch eine Uhrzeit für 11 Uhr vormittags genannt und machten uns rechtzeitig auf den Weg. Kaum angekommen hieß es, dringende andere Geschäfte würden den Termin leider unmöglich machen, man würde uns entsprechend benachrichtigen. Am kommenden Tag das gleiche Spiel: Wieder wurden wir angerufen, eine Zeit genannt und wir fuhren zum Regierungsgebäude. Diesmal hatten wir mehr Glück: Nach einer „Anstandswartezeit" von 30 Minuten wurden wir in eine große Halle vorgelassen, wo der Chief Minister uns umringt von Sekretären, Ministern und Assistenten empfing. Wir durften unser Anliegen vortragen, und es wurde uns angedeutet, man werde die Dinge in unserem Sinne regeln. Nur wenig später erhielten wir grünes Licht für unsere Investition.

Wann immer Vorstände unserer Firma nach Indien kommen und die indischen Kollegen die Agenda gemeinsam mit dem Vorstandsstab oder Assistenten planen, werden vor allem die Kollegen in Deutschland, die noch nie mit Indien zusammengearbeitet haben, sehr nervös: Meist gibt es eine ganze Reihe von „tentative agendas" und „preliminary agendas", die ausgetauscht werden, und die Assistenten in Deutschland bemühen sich immer, mit dem sich ständig ändernden Besuchsprogramm in Indien Schritt zu halten und die Änderungen ständig im Kalender des CEO oder Vorstands anzupassen. Spätestens bei Version 23 eines Besuchsprogramms geben sie dann aber entnervt auf ... Kluge und erfahrene Sekretärinnen unseres Unternehmens sind schon längst dazu übergegangen, beim Besuch in Indien in den Kalender ihrer jeweiligen Chefs nur noch „Indien" für alle Tage zu vermerken, und sich damit abzufinden, dass das (fast) endgültige Programm ihrem Chef erst nach der Ankunft in Mumbai oder Bangalore druckfrisch überreicht wird.

Welche Zeiteinteilungen gibt es nun in Indien (neben dem erwähnten Kal)? So können Sie Zeitangaben für Termine in etwa interpretieren:

- *Heute*
  Heute bedeutet, dass eine sehr gute Chance besteht, dass die Verabredung tatsächlich am gleichen Tag, zumindest aber innerhalb der nächsten 24 Stunden stattfindet. Heute ist wohl die beste Annäherung, die Sie als Terminvereinbarung erhalten werden.

- *Morgen*
  Morgen heißt zunächst einmal, dass die andere Seite gewillt ist, einen Termin für die Zukunft zu vereinbaren, und daran interessiert ist, diesen einzuhalten. Keinesfalls bedeutet „morgen“ allerdings, dass dieser Termin wirklich am nächsten Tag stattfindet. Irgendwann in der laufenden Woche ist aber doch recht wahrscheinlich.
- *Nächste Woche*
  Der Terminus „nächste Woche“ ist bereits relativ unbestimmt und drückt eher so etwas wie eine milde Absichtserklärung aus. Ohne Nachfassen durch Ihre Seite wird der Termin mit Sicherheit nicht stattfinden. Aber zumindest gibt es eine gewisse Chance, dass in einer nicht näher bestimmten Zukunft ein Termin stattfinden kann – man ist prinzipiell gewillt sich mit Ihnen zu treffen.
- *In zwei Wochen*
  In zwei Wochen bedeutet in etwa, dass Sie keine realistische Chance auf einen Termin haben. Man ist sich auf indischer Seite noch völlig unklar und hat noch keinerlei Entschluss gefasst, irgendeine feste Zusage zu machen. Zwei Wochen ist eine Zeitangabe, die bereits menschliches Ermessen überschreitet und in einer völlig ungewissen Zukunft liegt. Am besten können Sie „two weeks“ aus dem indischen Kontext mit „irgendwann einmal“ ins Deutsche übersetzen.

Natürlich werden Sie feststellen, dass indische Unternehmen, die viel mit ausländischen Unternehmen und Managern zusammenarbeiten, sich bemühen, unseren Erwartungen in Sachen Terminen zu entsprechen. Es gibt also eine Tendenz, Termine wirklich mit einer gewissen „Lead Time“ zu vereinbaren und dann auch einzuhalten. Dies mag also für Infosys oder TCS gelten, aber im Kontext von Unternehmen, die ihr Geschäft hauptsächlich in Indien haben, oder gar Regierungsstellen, gelten noch die oben beschriebenen Rahmenbedingungen.

Stellen Sie sich also auf diese Dinge ein. Wir selbst haben festgestellt, dass man sich durchaus an die indische Interpretation von Zeit gewöhnen kann und dass es auch etwas Gelassenheit in den sonst hektischen, getriebenen Alltag bringt.

8.2.2 Sachliche Vorbereitung

Auch in Indien ist es wichtig, gut auf Verhandlungen und geschäftliche Treffen vorbereitet zu sein. Versuchen Sie, alle notwendigen Unterlagen, Fakten und Zahlen dabeizuhaben – Ihre Gegenseite wird immer wieder versuchen, durch bestimmte Statements zu bestimmten Fakten Ihre Position durcheinanderzubringen. Nur wenn Sie dann die Fakten auf den Tisch legen können, haben Sie eine sonst unabänderliche Verzögerung vermieden. Sie sollten auch, wie in allen Verhandlungen, Ihre Alternativen zu einem gemeinsamen/gewünschten Verhandlungsergebnis sehr genau kennen. Was passiert also, wenn Sie zu keinem Verhandlungsergebnis kommen – was sind Ihre Alternativen? Auch diese Punkte können in der Verhandlung später wichtig werden.

Rechnen Sie allerdings nicht damit, dass die indische Seite ebenso gut vorbereitet ist. Es ist nicht unüblich, dass man sich aus Sicht Ihrer indischen Verhandlungspartner erst mal persönlich ein wenig näher kommen will und gerade diese erste Verhandlungsrunde zunächst dazu dient, Ihre Ziele und Vorstellungen sowie Sie selbst (bzw. Ihr Unternehmen) kennen zu lernen.

8.2.3 Persönliche Vorbereitung

Bei der persönlichen Vorbereitung geht es vor allem darum, sich auf die anderen Bedingungen in Indien einzustellen.

Bereiten Sie sich und Ihre Kollegen (bzw. Ihren Chef) auf die „Indian Stretchable Time" vor. Berechnen Sie also Ihre Termine sehr großzügig und planen Sie ausreichend Puffer ein.

Stellen Sie sich auf das andere Klima ein. Je nach Verhandlungsort wird es nicht immer eine gute Klimaanlage im Verhandlungszimmer geben.

Machen Sie sich ausreichend mit den kulturellen Unterschieden vertraut, und reisen Sie auf jeden Fall einige Zeit vor wichtigen Verhandlungen an. Flüge nach Indien kommen meist zwischen Mitternacht und 2 Uhr morgens dort an; bis Sie im Hotel sind, kann es schnell 3 Uhr morgens sein. Wenn Sie für 8 Uhr die erste Verhandlungsrunde angesetzt haben, wird Ihr Ergebnis entsprechend ausfallen.

Achten Sie auf Ihre Gesundheit. Nichts ist unangenehmer, als ständig die Toilette aufsuchen zu müssen – halten Sie sich deshalb an die Hygiene-, Impf- und Essregeln, die wir weiter unten zusammengestellt haben. Trinken Sie auf jeden Fall viel Tee und essen Sie ausreichend geschältes Obst.

Ein weiterer Aspekt ist, sich auf die indischen Verhandlungspartner einzustellen. Wie groß wird die Gruppe sein? Wer sitzt Ihnen genau gegenüber? Wer hat die eigentliche Macht?

Beispiel

> Bei unserem ersten Meeting mit Yashwant Sinha, damals Finanzminister in Indien, sprachen wir hauptsächlich mit dem Minister selbst. Es ging um die Zulassung unseres Stock-Options-Plans in Indien – damals war indischen Mitarbeitern die Teilnahme an Stock-Options-Plänen ausländischer Unternehmen grundsätzlich nicht erlaubt. Wir wollte also nicht weniger als eine Gesetzesänderung erreichen – ein eigentlich fast aussichtloses Unterfangen. Glücklicherweise hatten wir erfahren, dass Minister Sinha vormals Werkstudent in Deutschland gewesen war – und wir sprachen ihn sofort darauf an. Es entspann sich eine abwechslungsreiche Unterhaltung über seine Zeit in Deutschland, und erst später diskutierten wir kurz unser Anliegen. Er wies dann seinen anwesenden Staatssekretär an, in dieser Sache mit uns Kontakt aufzunehmen. Da dieser nun mitbekommen hatte, dass wir offensichtlich eine gute gemeinsame Basis mit seinem Minister gefunden hatten, rief er uns bereits am folgenden Tag an, um Details zu erfahren – wir telefonierten dann noch zwei bis drei Mal für weitere Details – und nur drei Monate später änderte Indien das Gesetz zur Teilnahme indischer Mitarbeiter an ausländischen Aktienoptionsprogrammen. Einerseits war der Minister ausnahmsweise bereit gewesen, sich einmal mit uns zu treffen, andererseits fand er (und auch wir) es angebrachter, dass wir uns zukünftig mit seinem Staatssekretär unterhalten.

Aus diesem Beispiel können Sie auch ersehen, dass es sehr wichtig ist, den gesellschaftlichen Status bzw. die Stellung in der Firmenhierarchie Ihrer Verhandlungspartner richtig einzuschätzen. Ihre indischen Verhandlungspartner legen sehr viel Wert auf Rang und Stellung und darauf, dass diese zueinander passen.

8.3 Verhandlungsführung

8.3.1 Struktur

Im Wesentlichen bestehen auch in Indien Verhandlungen aus vier Phasen: der Eröffnung, der eigentlichen Gesprächs- oder Verhandlungsphase, der Vereinbarungsphase und schließlich der Verabschiedung. Allerdings haben diese Phasen in Indien eine völlig andere Bedeutung, als Sie das von Verhandlungen mit westlichen Partnern kennen.

8.3.1.1 Eröffnung

Die Eröffnung spielt eine sehr wichtige Rolle in Indien, denn zunächst wird es Ihren indischen Geschäftspartnern darum gehen, eine Beziehung zu Ihnen aufzubauen. Das Bestehen einer Beziehung, wie sie auch immer aussehen mag, ist für Inder wichtig, bevor sie sich vorstellen können, zu einer geschäftlichen Abmachung zu kommen. Die Eröffnung sollte ganz bewusst keine geschäftlichen Themen enthalten – gute Aufhänger sind die Familie, indische Küche, indische Kultur oder Cricket. Oder Sie stellen Fragen nach guten Restaurants oder Sehenswürdigkeiten in der Stadt. Sehr gut geeignet ist immer der ernsthafte Versuch, indische Kultur oder Traditionen kennen zu lernen. Gerne wird man Sie über alles aufklären.

Vermeiden Sie auf jeden Fall jedwede Diskussion über Politik, Religion oder die Rolle von Frau und Mann in der Gesellschaft. Selbst wenn Ihre indischen Gesprächspartner die Rede auf diese Punkte bringen sollten, äußern Sie keinesfalls (!) dazu eine Meinung. Seien Sie ganz einfach still und deuten Sie an, dass Sie aktiv zuhören.

Die Eröffnung kann sich für uns Europäer mitunter sehr lange hinziehen. Es ist wichtig, hier nicht ungeduldig zu werden, sondern dieses Spiel mitzuspielen. In Indien gilt die Spielregel „Wer zuerst über das Geschäft redet, hat verloren“. Beherzigen Sie diese Spielregel und überlassen Sie es Ihren indischen Partnern in die eigentliche Verhandlungsphase überzugehen.

8.3.1.2 Verhandlungsphase

Generell sind Verhandlungen in Indien geprägt von einer höflichen und geduldigen Atmosphäre. Der Umgang miteinander ist immer sehr freundlich und man versucht, einem geschäftlichen Meeting eine ernsthafte Note zu verleihen. Wiederholt Witze zu machen ist ebenso unangebracht wie unnötig Druck auszuüben. Beide Techniken werden in Indien nur zur Verstimmung oder Verunsicherung führen.

Wichtig ist zu verstehen, dass auf indischer Seite die Verhandlung als Teamprozess gesehen wird. Einzelentscheidungen oder individuelles Vorpreschen in Verhandlungen sind nicht gerne gesehen. Man wird sich sehr häufig erst intern abstimmen, bevor (Teil-)Zugeständnisse oder andere Zusagen gemacht werden. Eine Ausnahme hiervon bildet das Hierarchieverständnis, dass alle Entscheidungen letztlich vom Top-Level zu treffen sind und auf unteren Ebenen keine Entscheidungen getroffen werden können. Beides kann dazu führen, dass der Entscheidungsprozess in Indien mitunter sehr lange dauern kann.

Ein weiterer Grund dafür, dass es manchmal nicht so schnell geht wie gewünscht, ist der indische Glaube an Vorsehung: Letzlich sind wir als menschliche Wesen ohnehin nicht in der Lage oder befugt, wesentlichen Einfluss auf den Lauf der Dinge zu nehmen – es werden die Dinge geschehen, die geschehen sollen. Daher besteht auch kein Grund zur Eile.

Was manchmal irritierend sein kann, ist der plötzliche Wechsel der Sprache; Ihre indischen Gesprächspartner unterhalten sich untereinander in ihrer lokalen Sprache. Oft werden auch indische Kollegen Ihrer eigenen Firma mit in diese Diskussion einbezogen. Hier besteht kein Grund, alarmiert zu sein, denn meist werden gar keine Gegenstände Ihrer Verhandlung besprochen oder das Verhalten unterstreicht nur die Ernsthaftigkeit, dass es wirklich etwas Wichtiges mit Ihnen zu besprechen gibt, worüber man sich kurz abstimmen muss. Sollte Ihnen die Zeit dieser Unterhaltung in einer indischen Sprache zu lang werden, können Sie das ruhig sagen – man wird das nicht als unhöflich aufnehmen, sondern Ihnen dieses Maß an Respekt auf jeden Fall zubilligen.

Ein weiteres gutes Zeichen in einer Verhandlung ist es, wenn sich die gefühlte Geschwindigkeit der Verhandlung und beim Sprechen deutlich erhöht. Wenn man Ihnen plötzlich sehr viele Fragen stellt, zeigt das fast immer ein sehr starkes Interesse an Ihrem Vorschlag. Nutzen Sie das und seien Sie es nun, der die Verhandlung etwas verlangsamt. Ihr Vorschlag verkauft sich plötzlich von alleine – und Sie können durchaus eine Frage stellen wir „Herr Srinivas, wie sehen Sie unser Angebot im Vergleich zu anderen Firmen, mit denen Sie sprechen?“ Das wird Ihnen wertvolle Informationen darüber geben, wie Ihre momentane Verhandlungsposition ist.

8.3.1.3 Vereinbarung

Wenn Sie zu einer finanziellen Vereinbarung kommen wollen, gehört Feilschen durchaus zum guten Ton. Um aber ernst genommen zu werden, sollten Sie Ihren Spielraum zu feilschen nicht zu groß bemessen. 10 bis maximal 15 Prozent sollten ausreichend sein, um hier guten Willen zu signalisieren, ohne Ihr Gesicht zu verlieren.

Die Bedeutung von „Ja“ und „Nein“ ist in Indien eine andere als bei uns und deshalb für die Bewertung einer erreichten Vereinbarung sehr wichtig. Kommen wir zuerst zum „Nein“: Ein wirkliches „Nein“ gibt es in Indien nicht, man ist einfach zu höflich, um Ihnen ein „Nein“ entgegenzuschleudern. Der Wille zur Höflichkeit ist dann sogar wichtiger als Ehrlichkeit.

Beispiel

> Das kommt auch in Alltagssituationen vor: Ich war mit der Familie in meinem eigenen Wagen unterwegs – irgendwo in Südindien. Wir suchten einen Platz und fragten uns Abzweigung für Abzweigung durch. Glücklicherweise stehen in Indien selbst in den entlegendsten Winkeln an jeder Kreuzung Menschen, denn Wegweiser sind weitgehend unbekannt. Wo immer wir nach dem Weg fragten, überall wurde uns freundlich eine Richtung gewiesen – bis wir schließlich auf einem Feldweg mitten im Dschungel endeten, weit weg von jeder Zivilisation und sicherlich weit weg von der Lodge, die wir erreichen wollten. Irgendwie fanden wir unser Quartier dann nach einigen Stunden doch noch – es war natürlich ganz woanders. Wir hatten auch den Namen völlig falsch ausgesprochen und so konnte einfach niemand, den wir gefragt hatten, diesen Namen kennen. Trotzdem hatte jeder Einzelne uns voller Zuversicht eine Richtung gezeigt – was für ihn selbst immer noch ein besseres Gefühl war, als uns zu erklären, dass er keine Ahnung habe, wovon wir überhaupt sprechen.

Noch deutlicher wird die indische Kultur beim Wort „Ja". Aus Gründen der eben erklärten Höflichkeit, aber auch aus dem Grund, dass in der Hierarchie Indiens ein „Nein" nicht akzeptabel ist als Antwort an einen Vorgesetzen, hat umgekehrt das Wort „Ja" nur eine sehr vage Bedeutung. Es kann positiv, negativ oder nur als Pause gemeint sein – aber letztlich ist es unmöglich für einen Ausländer, die Bedeutung von „Ja" in Indien zu verstehen. Letztlich ist „Ja" auf keinen Fall als Zustimmung zu verstehen, ebensowenig wie das häufig von indischen Kollgen verwendete Wort „done" als Antwort auf einen Arbeitsauftrag irgendeine Bedeutung hätte. Gehen Sie also nie aus einer Verhandlung in dem Glauben, ein „Ja" hätte nun bedeutet, dass Ihre Verhandlungspartner sich an das soeben mündlich Abgemachte halten würden.

Was nach fast jeder Verhandlungsrunde oder auch Besprechnung passiert, ist das sogenannte „Re-opening" von Punkten. Während Sie vielleicht glaubten, Sie hätten bereits einen Deal, war das für die indische Seite eher eine Absichtserklärung, und alle Punkte sind prinzipiell noch offen zur Nachverhandlung. Im Gegenteil, es ist sogar oft Verhandlungsstrategie, selbst wenn Punkte schriftlich festgehalten wurden, anschließend noch einmal „nachzukarten" und zu sagen: „Da wäre jetzt nur noch eine Kleinigkeit ..." Unser Tipp: Lassen Sie sich nicht darauf ein und machen Sie klar, dass auch die kleinste Abweichung bedeuten kann, dass das gesamte Verhandlungsergebnis nochmal in Frage gestellt wird.

Mündliche Absprachen sind in Indien nicht bindend. Es ist daher wichtig, auch Zwischenergebnisse zumindest in kurzen gemeinsamen Protokollen oder wichtige Meilensteine in der Verhandlung in einem „Memorandum of Understanding"

(MoU) festzuhalten. Dabei ist ein hoher Detaillierungsgrad sehr wichtig. Beschreiben und spezifizieren Sie alles so genau und seien Sie bei Formulierungen so präzise wie nur möglich.

8.3.1.4 Beenden einer Verhandlung oder eines Meetings

Eine Faustregel bei Verhandlungsrunden oder Meetings mit Geschäftspartnern ist immer: Vom Zeitpunkt, an dem Sie denken, jetzt sei alles gesagt und das Treffen zu Ende, bis zum Zeitpunkt, wenn Sie den Raum wirklich verlassen haben, vergeht mindestens noch einmal eine halbe Stunde.

Ein typisches Vorgehen ist, dass jemand einen „Wrap-up", also eine Zusammenfassung macht und man sich gegenseitig versichert, dass das genau die besprochenen Punkte sind. Dann steht man auf, verabschiedet sich, doch dabei kommt noch eine Kleinigkeit auf den Tisch, sodass es nicht unüblich ist, sich wieder hinzusetzen. Schließlich steht man ein weiteres Mal auf, verabschiedet sich an der Tür des Konferenzraumes, doch Ihr Gastgeber wird Sie sicherlich noch zum Aufzug begleiten. In der Lift Lobby unterhalten Sie sich weiter, manchmal wird das eben Besprochene dabei noch etwas detailliert oder sogar bereits ergänzt. Zumindest macht man noch etwas „Smalltalk". Ist der Aufzug da, verabschiedet sich der Gastgeber ein weiteres Mal, um dann zu Ihnen in den Aufzug zu steigen und noch mit nach unten zu fahren. Während Sie auf Ihren Wagen warten, wird weiter diskutiert und noch ein weiteres Mal die Hände geschüttelt. Steigen Sie endlich in Ihr Auto, wird man Ihnen wahrscheinlich noch hinterherwinken, bis Ihr Auto letztlich außer Sicht ist.

Dies sind alles Zeichen der Wertschätzung Ihrer indischen Gastgeber – und natürlich wird von Ihnen das Gleiche erwartet, wenn Sie indische Geschäftsparter in Ihre Büroräume einladen. Wenn Sie einfach nur vom Verhandlungstisch aufstehen, Ihren Gästen die Hand schütteln und sie verabschieden, kommt das einem Rauswurf gleich.

8.3.1.5 Informationsstrukturierung in Deutschland und Indien

In jeder Verhandlung in Indien und in jedem Meeting mit Indern ist es wichtig zu wissen, wie Information strukturiert und präsentiert wird.

Wir Mitteleuropäer sind sehr faktenorientiert und wollen schnell auf den Punkt kommen. Das bedeutet, dass wir den Zweck des Meetings oder der Verhandlung zu Beginn kurz darstellen oder vereinbaren und dann eine Reihe von Punkten der Reihe nach präsentieren oder besprechen. Dabei gilt üblicherweise die Regel: Das Wichtigste zuerst, die Nebensächlichkeiten kommen später. Ganz am Ende wird noch eine Zusammenfassung präsentiert und das Erreichte wiederholt. Wenn noch Zeit ist und die Atmosphäre gut war, geht man dann noch zu etwas Smalltalk über, während man den Raum langsam verlässt. Demzufolge ist bei uns Mitteleuropäern auch die Aufmerksamkeit zu Beginn eines Meetings sehr hoch und lässt dann (nachdem die wichtigsten Dinge geklärt sind) etwas nach.

Ganz anders in Indien: Hier beginnt (wie eingangs geschildert) jedes Meeting erst einmal mit einem ausgiebigen Gespräch über private Dinge, um eine positive Atmosphäre zu schaffen. Haben alle im Raum das Gefühl, dass die Atmosphäre stimmt, kommt man langsam zum geschäftlichen Teil. Dort gilt dann: Das Wichtigste kommt zum Schluss und die gesamte Verhandlung wird in dieser Richtung aufgebaut. Zunächst werden also die Punkte aus dem Weg geräumt, bei welchen wenig Dissens erwartet oder deren Wichtigkeit als nicht so hoch eingeschätzt wird. Entsprechend nimmt die Aufmerksamkeit der indischen Teilnehmer im Verlaufe einer Verhandlung oder eines Meetings zu, um dann am Ende voll konzentriert dabei zu sein.

Es bedarf kaum einer weiteren Erklärung, um sich vorzustellen, was passiert: Während die deutschen Geschäftspartner das Wichtigste bereits präsentieren, ist die indische Seite noch nicht so richtig aufmerksam. Anschließend will die indische Seite zum Kern des Problems vorstoßen – und ihre ausländischen Verhandlungspartner sind mental schon bei der Zusammenfassung. Man redet also tatsächlich aneinander vorbei – aus dem einfachen Grund, dass Information ganz unterschiedlich strukturiert wird. Am Schluss hat dann oft keine Seite verstanden, was die andere wirklich wollte.

8.3.2 Gestik, Mimik und Emotionen

Die Körpersprache in Indien ist für uns Europäer zunächst einmal verwirrend. Am verwirrendsten ist das ständige „Kopfwackeln“, das sich vielleicht besser als ein „Kopfrollen“ beschreiben lässt. Als ich während einer meiner ersten Präsentationen in Indien in den Raum schaute, sah ich nur „rollende Köpfe“, die mich im Verlaufe meiner Präsentation zunehmend nervös machten. Mehrfach fragte ich nach, ob irgendjemand nicht einverstanden war, was aber immer nur mit einer Geste oder einem kurzen Satz, doch bitte weiterzumachen, quittiert wurde. Erst ganz am Schluss wurde ich aufgeklärt, dass der „rollende Kopf“ nichts anderes als Zustimmung bedeutet. Nach sieben Jahren habe ich mich an das Kopfrollen gewöhnt und „schüttle“ selbst manchmal das Haupt, wenn ich indischen Geschäftspartnern meine Zustimmung signalisieren will.

Sie werden auch mit verschiedenen Handgesten konfrontiert sein, die Sie im Einzelnen nicht verstehen werden, die aber sowohl Ablehung wie auch Zustimmung bedeuten können.

Mimik und Gestik sind während der Verhandlungen oft sehr ausgeprägt, das ist ein wesentlicher Unterschied zu Verhandlungen in China oder Japan, wo doch eher eine reduzierte Mimik dominiert und eine übermäßige emotionale Reaktion bereits einen gravierenden Gesichtsverlust bedeuten würde. Manchmal zeigt auch die Mimik Ihrer indischen Geschäftspartner blankes Entsetzen, wenn Sie eine bestimmte Zahl nennen oder einen Vorschlag machen. Lassen Sie sich dadurch nicht irritieren – das gehört alles zum Spiel. Auch wenn Sie im ersten Moment angesichts des Gesichtsausdruckes Ihres Gegenüber denken, Sie hätten etwas völlig Falsches oder Absurdes gesagt, bleiben Sie ruhig. Ebenso wird oft die Taktik verwendet, ein enttäuschtes Gesicht zu machen, dem Sinne nach: „Nach allem, was ich für Sie getan habe, kommen Sie jetzt mit einem solchen Vorschlag!“. Man ist dann versucht, seine Position zu rechtfertigen. Das sollten Sie aber gar nicht tun. Bleiben Sie ruhig, zeigen Sie keine Reaktion.

8.3.3 Verhandlungsstrategie

Ein wichtiger Punkt ist, die „richtige“ Verhandlungsstrategie zu wählen. Das beginnt damit, dass Sie stets den Eindruck vermitteln sollten, dass Sie sich Ihrer Sache sicher sind und nicht bereit sind, großartige Kompromisse einzugehen. Das würde Ihnen sofort als Zeichen der Schwäche ausgelegt. Weil natürlich auch die indische Gegenseite ebenso fest auf ihren initialen Standpunkten beharren wird, dauert es möglicherweise einige Stunden, bis überhaupt die grundsätzlichen Verhandlungspositionen abgesteckt sind.

Voraussichtlich wird Ihr initiales Angebot, so gut es auch sein mag, erst einmal in Bausch und Bogen abgelehnt. Das gehört in Indien sozusagen zum guten Ton und wird auch gar nicht anders erwartet. Bei allem, was Sie verhandeln – Sie sollten das erste Angebot genauso kaltblütig ablehnen (selbst wenn es Ihre Erwartungen übertrifft), wie es Ihnen umgekehrt geschehen wird.

Beispiel

> Vor einiger Zeit wollten meine indischen Kollegen für eine größere Konferenz ein ganzes Hotel buchen. Das Hotel machte ein Angebot, dass völlig inakzeptabel war und tatsächlich den Eindruck vermittelte, sie wollten das Geschäft nicht machen. Über Wochen zogen sich die Verhandlungen (telefo-

nisch und schriftlich) zwischen unserem indischen Einkauf und dem Hotel hin, bis schließlich unsere Einkäuferin eines Tages freudestrahlend in mein Büro kam, um zu verkünden, dass sie für die Konferenzteilnehmer eine unschlagbare Rate von 148 US-Dollar erreicht hätte. Ich drehte mich zu meinem Computer und öffnete die internationale Internet-Buchungsseite der Hotelkette. Ein Zimmer für genau diesen Zeitraum wurde dort für 149 US-Dollar angeboten – ein wahrhaft traumhaftes Verhandlungsergebnis für das Hotel, während ich etwas desillusioniert über den Sinn eines mehrwöchigen Verhandlungsmarathons meines Einkaufs nachdachte ...

In einer typischen „closed door negotiation" am runden Tisch werden die Verhandlungspositionen zumeist gegenseitig zwei- bis dreimal erklärt, ohne dass irgendeine Seite zu irgendwelchen Zugeständnissen bereit wäre. Manchmal wird einfach genau das Gleiche wiederholt, was ohnehin schon gesagt wurde, als ob die andere Verhandlungsseite Probleme mit der Auffassungsgabe hätte. Schließlich wird nichts anderes helfen, als dass Sie oder die Gegenseite um eine Meetingunterbrechung bitten für eine interne Besprechung. Diese sollte dann aber wirklich irgendwo stattfinden, wo Sie niemand hören kann. Ich habe es schon erlebt, dass bei solchen Gelegenheiten nicht am Verhandlungstisch sitzende Mitarbeiter wie zufällig vorbeigeschickt wurden, etwas im Raum zu erledigen – letztlich aber nur um zu lauschen. Danach ist es erst mal zulässig, ganz kleine Zugeständnisse zu machen.

Kommt die Verhandlung trotz solcher privater Besprechungen immer wieder ins Stocken, wird manchmal vorgeschlagen, dass ein „unabhängiger" Dritter eine Meinung abgibt. Wir hatten diesen Fall, als sich zwei unserer Lieferanten beschuldigten, einen schwerwiegenden Fehler verursacht zu haben. Der „unabhängige" Gutachter kam dann natürlich zu genau der Auffassung, die von der Seite vertreten wurde, die den Gutachter bestellt hatte – woraufhin die andere Seite einen anderen „unabhängigen" Gutachter bestellte, der selbstverständlich genau das Gegenteil bewies. Überhaupt ist mir kein einziger Fall bekannt, bei dem nicht genau das geschehen wäre.

Verhandlungen in Indien können sich also durchaus hinziehen – und Sie sollten auch die entsprechende Geduld und Ausdauer für diesen Verhandlungsmarathon mitbringen. Bleiben Sie dran – Sie werden letztlich Ihren Vertrag bekommen. Aber die Ernsthaftigkeit Ihres Angebots oder Ihres Anliegens wird nunmal auch daran ermessen, wie ausdauernd Sie verhandeln können. Die längsten Verhandlungen, die wir bislang führten, dauerten zehn Monate – und der Vertrag wurde geschlossen, als die Hälfte der Ware bereits geliefert war.

Manchmal ist es gar nicht einfach zu erkennen, wann der „Durchbruch“ in Ihrer Verhandlung erreicht ist, Sie also einen „Deal haben“ und es nur noch um Kleinigkeiten geht. Ein untrügliches Zeichen ist aber, wenn die Gegenseite plötzlich sehr entspannt ist und geradezu zum Scherzen aufgelegt ist. Dann können Sie sich recht sicher sein, dass einem Vertragsabschluss nichts mehr im Wege steht.

In Sachen Verhandlungsstrategie können Sie wahrscheinlich viel von den Indern lernen, die das Verhandeln sicherlich zu einer Kunst erhoben haben. Und vielleicht werden Sie sich nach so mancher Verhandlung fragen, wie es sein konnte, dass die Gegenseite wirklich das Maximum aus Ihnen „herauskitzeln“ konnte, aber zumindest werden Sie eine Menge gelernt haben.

8.4 Verträge und Zusagen – indische Geschäftspraktiken

8.4.1 Bedeutung von Verträgen

Verträge besitzen in Indien eine hohe Bedeutung, denn sie sind nicht nur die Zusammenfassung einer wichtigen Vereinbarung, sondern die Grundlage dafür, im immerhin unabhängigen Rechtssystem auch Ansprüche durchzusetzen. Dabei ist es wichtig zu verstehen, dass als „Vertrag“ in Indien grundsätzlich nur der schriftliche Vertrag auf sogenanntem „Stamp Paper“, einem offiziellen Papier mit Wasserzeichen, das notariell beurkundet wird, Geltung besitzt. Jedwede mündliche Vereinbarung gilt höchstens als unverbindliche Absichtserklärung, und auch schriftliche Vereinbarungen, die nicht feierlich auf „Stamp Paper“ besiegelt werden, gelten eigentlich nur als Gedankenstütze für Dinge, die besprochen wurden.

Ein weiteres wichtiges Merkmal von Verträgen ist, dass der Detaillierungsgrad hoch sein sollte. Letzlich ist dieser Vertrag die Grundlage Ihres Verständnisses mit Ihrem indischen Geschäftspartner und da sollten nicht zu viele Dinge als „common sense“ übrig bleiben. Seien Sie eindeutig, vor allem bei Garantien und Gewährleistungen.

In der deutschen Kultur werden Verträge oft durch Anwälte ausgehandelt, die wochenlang zusammensitzen und jede Klausel rechtlich drehen und wenden und schließlich dem Management einen fertig verhandelten Vertrag überreichen. Dies ist in Indien anders: Wiewohl es Anwälte gibt, die auch an Verhandlungen teilnehmen, so ist es doch meist Ihnen und Ihrem Partner überlassen, die wesentlichen Vereinbarungen zu treffen. Die Anwälte kümmern sich dann nur noch um das geltende Recht, den Gerichtsstand und einige Klauseln zum Urheberrecht soweit notwendig.

Ihr indischer Partner wird den Vertrag als eine Grundlage einer Beziehung sehen, aus der er sich mehr erhofft, als im Vertrag steht, vor allem für zukünftige Geschäfte. Deshalb sollten auch Sie Verträge in Indien nicht buchstabengetreu interpretieren und bis zum letzten Cent durchsetzen wollen – es wäre der völlig falsche Ansatz in Ihrer Geschäftsbeziehung. Achten Sie bei Ihren Verträgen vor allem auf Folgendes:

- Eindeutigkeit von Terminen, Spezifikationen, Service Levels (SLA) und Key Performance Indicators (KPIs)
- Hohen Detaillierungsgrad
- Gewährleistung, Garantien und Konventionalstrafen bei Nichterfüllung
- Gerichtsstand und geltendes Recht (zumeist Indien und Internationales Handelsrecht)

8.4.2 Die Durchsetzbarkeit von Verträgen

Haben Sie schließlich den Vertrag in der Tasche, sollten Sie hoffen, dass beide Seiten auch in der Lage und willens sind, den Vertrag zu erfüllen. In aller Regel ist das auch der Fall, zumindest wenn die Vertragsverstöße nur Kleinigkeiten sind und daher nicht zu schwerwiegenden Konflikten führen. Nichtsdestotrotz kann es natürlich auch sein, dass Sie sich gezwungen sehen, einen Vertrag wegen Nichterfüllung auf der indischen Seite gerichtlich durchzusetzen. Dies kann vor allem in folgenden Situationen passieren:

- Die Bedingungen des Vertrages waren so unscharf formuliert, dass es schlicht zu Unstimmigkeiten über die Auslegung kommt.
- Es kommt zu Garantiefällen bei Mängeln und Sie können sich nicht auf eine kulante Lösung einigen.
- Die Gegenseite erfüllt schlicht ihre vertraglichen Pflichten nicht, da sie die Ressourcen oder Fähigkeiten nicht besitzt.
- Sie werden böswillig betrogen, da die indische Seite keinerlei weitere Beziehung mit Ihnen mehr erwartet, aus welchem Grund auch immer (one-time-deal).

In jedem Fall werden Sie nun vor dem Problem stehen, Ihre vertraglichen Rechte in Indien gerichtlich durchsetzen zu müssen. Das indische Gerichtssystem ist eine unabhängige Instanz, sodass Sie auch gegen Regierungsstellen oder Behörden klagen können. Allerdings sollten Sie dafür einen besonders langen Atem mitbringen, denn bis ein Verfahren überhaupt zu einem ersten „hearing“ angenommen wird, können Jahre vergehen. Es liegt auch ganz beim lokal zuständigen Richter, wie schnell das geht. Da ist es dann wichtig, gut vernetzt zu sein, damit das Verfahren bei der „richtigen“ Kammer landet, wo Ihre indischen Kollegen zumindest eine Chance sehen, den Gang der Dinge zu beschleunigen.

Es ist die Dauer dieser Verfahren, die die Aussicht auf Erfolg so gering macht. Schließlich müssen Sie immer dranbleiben, zu diversen Terminen müssen Vertreter des Unternehmens persönlich erscheinen, Sie können sich nicht überall durch einen Anwalt vertreten lassen. Auch das ist für internationale Unternehmen mit wechselndem lokalen Management schwierig. Schließlich ist es auch zweifelhaft, ob Sie letztlich ein Urteil in Ihrem Sinne erwarten können. Zumeist hat die indische Seite eben doch dem Heimvorteil und kann ein eventuelles Urteil in ihrem Sinne beeinflussen. Und selbst wenn Sie schließlich erfolgreich sind und Ihr ehemaliger Geschäftspartner zur Zahlung einer Entschädigung verurteilt wird, können weitere Jahre vergehen, bis diese Entschädigung auch bezahlt wird.

Wann immer wir – was selten vorkam –, Fälle von Streitigkeiten mit Geschäftspartnern hatten, sind wir den Weg der außergerichtlichen Einigung gegangen. Dies hat sich immer bewährt – vor allem wenn man noch ein kleines Druckmittel in der Hand hat, eine Art letzte Karte, die auszuspielen für die andere Partei unangenehm wäre. Vor allem wenn man großen Wert auf eine langfristige Beziehung gelegt hat und zukünftiges Geschäft in Aussicht stellen konnte, konnten wir, Lieferanten, die nicht vertragsgemäß geliefert hatten, zu einer freiwilligen Übernahme unseres Schadens bewegen.

8.4.3 Exkurs: Betreuung indischer Delegationen in Deutschland

Zu Verhandlungen reisen indische Partner gern auch zu uns nach Deutschland. Es folgen daher einige Hinweise, was hierbei zu beachten ist.

8.4.3.1 Kosten

Üblicherweise werden die Reisekosten, d. h. die Flug- und Hotelkosten, von der eingeladenen Seite übernommen. Die Kosten des Aufenthaltes, also Verpflegung, innerdeutsche Reisen etc. trägt zumeist der Gastgeber. Bei der Hotelbuchung sollte man bei indischen Geschäftspartnern auf gehobene Mittelklasse bzw. je nach Status auf Luxusklasse setzen. Inder achten in hohem Maße auf Statussymbole, und eine kostensparende Unterbringung in günstigen Hotels kann den falschen Eindruck (Geiz) erwecken. Sollten Inder Sie allerdings um Buchung eines Hotels bitten, das sie (die Inder) selbst bezahlen, ist ein sauberes, freundliches, aber einfaches Hotel durchaus in Ordnung.

Achten Sie dabei auf englischsprachiges Personal, Internetanschluss auf den Zimmern, einen englischen Stadtplan und Ähnliches.

8.4.3.2 Betreuung

Sie können durchaus Ihren Chauffeur (bzw. eine Person, die die Aufgabe erfüllt) zum Flughafen schicken und müssen nicht selbst dort erscheinen, um die Gäste abzuholen. Beim Empfang und der Begrüßung ist auf die Beachtung der Hierarchie zu achten. Im weiteren Verlauf des Aufenthaltes in Deutschland ist die indische Delegation rund um die Uhr zu betreuen. Sollte sie Freiraum wünschen, so werden die Teilnehmer dies sicher artikulieren; andererseits fällt eine fehlende Betreuung negativ auf. Dies gilt auch für die Wochenenden, die deutsche Mitarbeiter üblicherweise nicht als Teil ihres Engagements für die indischen Gäste verstehen. Werden dann kurzfristig noch Ausflüge nach Hamburg oder Paris gewünscht, so muss der Ansprechpartner entsprechend entscheiden können, wie (auch finanziell) zu verfahren ist. Ihre indischen Gäste werden diese im Vergleich zu Deutschland persönlichere Betreuung zu würdigen wissen und sie sehr schätzen.

8.4.3.3 Freizeitgestaltung

Neben dem geschäftlichen Teil muss unbedingt auch der private Teil der Reise wohl durchdacht sein. Inder schätzen ein touristisches Rahmenprogramm, das in Deutschland die üblichen Highlights Heidelberg, Neuschwanstein, Rothenburg ob der Tauber etc. umfasst. Auch ein Ausflug in die Schweiz, die durch die dort gedrehten Bollywoodfilme auch in Indien sehr bekannt ist, ist nie falsch. Bedienen Sie ruhig die Klischees der schneebedeckten Gipfel und romantischen

Alpendörfer; das kommt immer gut an. Oder mieten Sie ein Auto am Wochenende, zeigen Sie Ihren Gästen unser Land. Kümmern Sie sich persönlich um Ihre Gäste, das ist wichtig.

Mit geringerem zeitlichem und organisatorischem Aufwand sind private Einladungen und der Besuch sportlicher Großveranstaltungen verbunden (Inder interessieren sich zwar mehr für Cricket als für Fußball, aber es geht ja eher um das Erlebnis.). Privateinladungen sind sehr beliebt und geben den Gästen interessante Einblicke in unser Alltagsleben. Ein unverkrampftes Abendessen im Kreise der Familie mit allen Kindern – es wird sicher ein Erfolg. Erkundigen Sie sich vorher nach den zu beachtenden Vorlieben Ihrer Gäste bezüglich des Essens! Viel Inder essen kein Fleisch und oft auch keine Eierspeisen!

8.4.3.4 Sonstiges

Die medizinische Betreuung der Gäste muss sichergestellt sein. Ungewohnte Nahrung wie auch die Zeitumstellung etc. führen häufig zu Beschwerden, die leicht behoben werden können. Es sollte daher auch nachts ein Ansprechpartner vorhanden sein, den man kontaktieren kann. Erkundigen Sie sich nach vegetarischen Restaurants in der Nähe des Hotels; auch hier wäre eine englische Speisekarte von Vorteil. Die meisten indischen Restaurants in Deutschland sind vergleichsweise authentisch; Sie können mit Ihren Gästen unbesorgt dorthin gehen.

9. Hinweise für den Indienaufenthalt

9.1 Gestaltung und Pflege von Geschäftsbeziehungen

9.1.1 Begrüßung indischer Geschäftspartner

Die Begrüßung indischer Geschäftspartner gestaltet sich eher formell. Das bei uns übliche Händeschütteln ist inzwischen auch in Indien gemeinhin verbreitet, sowohl unter Geschäftleuten wie auch zwischen den international versierten Politikern. Wenn Sie auf Geschäftsleute der älteren Generation treffen, können Sie auch den indischen Gruß verwenden, indem Sie die Hände vor der Brust aneinander legen und Ihr Haupt in die Richtung des Gegenüber leicht neigen. Das ist auch die protokollarisch korrekte Begrüßung zwischen Männern und Frauen, da viele (vor allem ältere) Frauen den Händedruck eines ihnen unbekannten Mannes als außerordentlich unangenehm empfinden.

Benutzen Sie nur die Nachnamen Ihrer Geschäftspartner mit dem Zusatz „Mr." und „Ms." – die Vornamen werden nur benutzt, wenn Sie ausdrücklich dazu aufgefordert werden. Eine Ausnahme sind die NRIs, die aus den USA zurückgekehrt sind. Meist sind diese „amerikanischen Inder" in ihrer Umgangsform sehr amerikanisiert, sodass man sich sofort mit dem Vornamen vorstellt. Insbesondere für Gesprächspartner, die älter sind als Sie oder auch höherrangig, sollten Sie immer den Nachnamen verwenden.

Hat Ihr Gegenüber einen akademischen Titel wie Dr. oder Professor, so ist dieser unbedingt zu verwenden. Oft wird dann der Name sogar weggelassen und derjenige nur „Doktor" genannt. Das Gleiche gilt auch bei Offizieren der indischen Armee, auch wenn diese schon längst im Ruhestand sind. Die Anrede „Captain", „Colonel" oder „Commander" ist dann üblich.

Visitenkarten werden üblicherweise beim ersten Treffen ausgetauscht, wenn auch nicht notwendigerweise gleich zur Begrüßung. Unterhalten Sie sich zunächst über belanglose Dinge wie Ihre Begeisterung für Indien oder Cricket (sofern Sie sich auskennen). Das Wetter ist eher ein typisch deutsches Thema zur Gesprächseröffnung und kein Thema in Indien. Die Visitenkarten werden dann ausgetauscht, bevor man zum offiziellen Teil des Meetings übergeht. Dabei ist es ausreichend, sie wie bei uns mit der rechten (!) Hand zu überreichen und auch die rechte Hand zu verwenden, wenn Sie die Karte Ihres Gegenüber annehmen.

Vermeiden Sie Berührungen, vor allem die Berührung von Frauen. Als besonders unrein gelten die linke Hand sowie die Füße und vor allem die Schuhe; sollten Sie also versehentlich jemanden mit den Füßen berühren, entschuldigen Sie sich sofort. Die Füße gehören auch niemals auf einen Stuhl oder gar den Tisch. Das gilt als äußerst beleidigend.

9.1.2 Dresscode

Der übliche Business Dresscode für formelle Begegnungen ist bei Herren der dunkle Anzug. Damit sind Sie niemals falsch angezogen. Da das indische Klima allerdings nicht gerade zum Tragen dunkler Anzüge einlädt, hat sich innerhalb der Firmen auch schon der Dresscode des „Smart Casual" durchgesetzt: Das bedeutet eine lange Hose (keine Jeans!) und ein langes Hemd, ohne Krawatte. Bei Geschäftspartnern, die man schon länger kennt, kann man durchaus auch Smart Casual gekleidet auftauchen. Bei Abendeinladungen wird der erwartete Dresscode meist angegeben – immer öfter erlebt man aber auch hier, dass Einladungen zu Empfängen in 5-Sterne-Hotels ausgesprochen werden und der Dresscode Smart Casual ist. Absolut „no-no" sind Shorts, auch nicht bei privaten Einladungen. Sie sollten sich auch auf der Straße nicht in Shorts zeigen, denn Sie könnten einem indischen Bekannten begegnen, der Ihren Aufzug sicherlich etwas befremdlich fände.

Auch bei den Schuhen sollte man nicht unnötig experimentieren, sondern schwarze Lederschuhe tragen. Während des Monsuns empfiehlt es sich, auf Ledersohlen zu verzichten – es sei denn, Sie möchten, dass sich Ihre Schuhe auflösen.

Für Frauen gilt, dass im Büro und bei offiziellen Anlässen lange Kleidung angebracht ist. Dies kann ein Hosenanzug sein, langer Rock mit Bluse oder dergleichen. Wenn es Ihnen steht, dürfen Sie auch einen indischen „Salwa Kamees" tragen, eine Art lange leichte Hose mit passendem, gleichfarbigem Hemd und Schal dazu.. Aber Vorsicht – es sollte natürlich aussehen und nicht „verkleidet". Jede Art von sexy Kleidung verbietet sich von selbst, also sowohl kurze Röcke mit Strumpfhosen oder trägerlose Tops bzw. Tops mit Spaghettiträgern. Die Schultern müssen immer bedeckt sein. Bei rein privaten Parties darf Frau dann allerdings auch anziehen, was sie möchte – auch die indischen (jüngeren) Frauen kommen zu solchen Parties durchaus sexy angezogen nach westlichem Maßstab.

9.1.3 Einladungen nach Hause

Wenn Sie von Ihrem Geschäftspartner nach Hause eingeladen werden, sollten Sie diese Ehrerbietung nicht ausschlagen, sondern es möglich machen, die Einladung anzunehmen. Beherzigen Sie dabei, dass Pünktlichkeit nicht erwartet wird. Es wäre geradezu unhöflich, würden Sie Punkt 8 Uhr vor der Tür stehen, nur weil Sie für 20 Uhr eingeladen wurden. Kommen Sie gegen 8:30 Uhr, aber drücken Sie Ihr Bedauern über die kleine Verspätung aus. Als kleines Gastgeschenk eignen sich Blumen oder Süßigkeiten.

Es ist üblich, dass Sie Ihre Schuhe spätestens im Hauseingang abstellen und sich im Haus des Gastgebers auf Socken (oder barfuß) bewegen. Normalerweise werden Sie vom Hausherrn in ein Empfangszimmer geführt, wo man Ihnen Wasser, Limonade oder auch ein Bier oder Whisky anbietet. Sie dürfen hier durchaus auch zum Bier greifen (sofern angeboten), allerdings sollten Sie nicht den ganzen Abend fortwährend trinken. Bringen Sie Ihren Gastgeber nicht in Verlegenheit, indem Sie nach einem Getränk verlangen, das er Ihnen nicht angeboten hat.

Eine in Deutschland oft übliche „Hausführung" ist in Indien ganz und gar undenkbar – die Häuser haben unsichtbare Grenzen zwischen privatem, familiärem Bereich und einem Bereich für Gäste. Hüten Sie sich, auf eigene Faust im Haus herumzugehen. Auch wenn Sie beispielsweise die Frau des Hauses in der Küche rumoren hören, sollten Sie sich niemals dazu hinreißen lassen, ungefragt in die Küche einzutreten, um „Hallo" zu sagen. Die Küche gilt als besonders „reiner" Bereich und könnte aus Sicht Ihrer Gastgeber bereits durch Ihr Betreten verunreinigt werden. Wann immer es die Gastgeber für angebracht halten, werden Ihnen die anderen Familienmitglieder vorgestellt.

Sie müssen damit rechnen, etwa zwei Stunden mit Unterhaltungen beschäftigt zu sein, anschließend wird entweder das Essen hereingetragen oder Sie werden ins Esszimmer geführt. Fragen Sie spätestens bei dieser Gelegenheit, wo sich das Waschbecken befindet. Es ist unüblich, sich zum Essen zu setzen, ohne sich vorher die Hände gewaschen zu haben. (Das sollte ja eigentlich auch selbstverständlich sein.)

Beim Essen wird Ihnen der Hausherr vermutlich einiges auf Ihren Teller legen – Sie dürfen ruhig sagen, wenn Sie es weniger scharf mögen oder nur vegetarisch essen. In aller Regel gibt es bei privaten Einladungen verschiedene Gemüse- und Fleischgerichte, aus denen Sie auswählen können. Warten Sie nicht auf Messer und Gabel – oft gibt es nur einen Löffel, nur sehr selten werden Sie noch die Erfahrung machen, sich in einem sehr traditionellen Haushalt zu befinden und nur die rechte Hand zum Essen zu verwenden. Vermeiden Sie es, die Gerichte mit der linken Hand anzufassen, auch nicht das gereichte Brot. Nehmen Sie am besten ganze Rotis oder Chapattis (Brotfladen) mit der rechten Hand; wenn Ihnen das zu viel ist, brechen Sie einhändig mit der rechten Hand ein Stück ab. Zum Essen wird in Indien traditionell Wasser getrunken, bringen Sie Ihren Hausherrn nicht in Verlegenheit indem Sie nach Wein fragen.

Die Desserts in Indien sind alle sehr süß und sehr lecker, allerdings muss man diesen Geschmack erst „erlernen". Anfänglich werden Sie Schwierigkeiten haben, mehr als ein paar Bissen des köstlichen Rasmalai oder Gulab Jammu herunterzubringen. Trotzdem ist es ein Gebot der Höflichkeit, wenigstens ein klein wenig vom angebotenen Nachtisch anzunehmen – da die Vorbereitung sehr viel Zeit kostet. Mit Verweis auf Ihre Diät muss es nicht viel sein, aber mit Lob sollten Sie keinesfalls sparen – nicht nur für den Nachtisch.

Nach dem Essen wird erwartet, dass Sie sich bald erheben und nach Hause gehen. Eine Zigarette oder Kaffee und dann noch gemütliches Beisammensein gibt es in Indien nicht. Das Ende des Dinners signalisiert Ihnen gleichzeitig auch das Ende Ihres Besuches – eine, wir wir finden, sehr angenehme Sitte, da es keinerlei Irritationen gibt.

Beispiel

Das sollten Sie auch bei eigenen Einladungen beachten: Ein aus Deutschland nach Indien entsandter Manager unseres Unternehmens hatte zu Silvester eine große Party geplant und viele seiner Mitarbeiter und auch weitere indische Freunde eingeladen. DJs für die Tanzmusik waren ebenso organsiert wie der Catering Service. Ganz unseren Sitten folgend, servierte die Frau des Kollegen gegen 21 Uhr das Abendessen – um dann in den gemütlichen Teil überzugehen bis Mitternacht. Zu ihrer Verwunderung verabschiedeten sich alle Gäste schon kurz nach 22 Uhr; sie hatten das Essen als Aufforderung verstanden, dass es Zeit zu gehen sei, und wollten sich auch nicht durch das Bitten meines Kollegen und seiner Frau davon abhalten lassen, noch zu bleiben. Zu fest ist diese Sitte und Symbolik verhaftet, sodass jede andere verbale Äußerung nur als Höflichkeit interpretiert wird. Unser Manager und seine Frau stießen zum Neujahr in trauter Zweisamkeit an, umgeben von Sekt und Mitternachthäppchen für zwei Dutzend Gäste – eine sicherlich bleibende Erfahrung.

Und schließlich: Sind Sie zu Hause eingeladen worden oder persönlich in ein Restaurant, erwidern Sie diese Einladung zu gegebener Zeit. Das wird von Ihnen erwartet.

9.1.4 Offizielle Einladungen zum Essen

Offizielle Einladungen zum Essen werden in Indien entweder zum Lunch oder zum Dinner ausgesprochen. Das in anderen Teilen der Welt übliche „Business Breakfast“ gibt es in Indien nicht, und Sie selbst sollten auch besser nicht Ihre indischen Partner zu einem solchen einladen. Da es in Indien in aller Regel recht spät wird, beginnt der geschäftliche Teil des Tages gegen 9 Uhr oder 9:30 Uhr, also zu spät, um sich noch zu einem Frühstück zu treffen.

9.1.4.1 Business Lunch

Ein Business Lunch ist eine informelle Angelegenheit. Wenn Sie dort in Ihrer gewöhnlichen Geschäftskleidung hingehen, sind Sie auf jeden Fall richtig angezogen. Üblicherweise isst man in Indien zu Mittag etwas leichtere Kost als abends, allerdings immer eine warme Mahlzeit. Es ist unüblich, mittags bereits Alkohol zum Essen zu trinken, bleiben Sie daher bei Wasser oder einem Softdrink. Je nach Restaurant bekommen Sie auch leckere „Lassies“, also ein Joghurtgetränk, das es in verschiedenen Geschmacksrichtungen gibt. Einen Laptop klappt man bei Tisch auch im informellen Setting nicht auf, ebenso wenig gehören geschäftliche Unterlagen auf den Tisch. Das liegt auch daran, dass das Essen in Indien oftmals den Tisch in eine gewisse Unordnung versetzt. Meiden Sie Salate und alles, was nicht gekocht ist. Wenn Ihnen das Essen zu scharf ist, nehmen Sie Joghurt dazu, das schmeckt sehr gut mit indischem Essen und nimmt ihm die Schärfe. Fresh Lime Soda oder bekannte Limonadegetränke sind ebenfalls problemlos erhältlich.

9.1.4.2 Business Dinner

Eine Einladung zum Dinner in ein Restaurant oder Hotel hat zumeist einen offiziellen Hintergrund. Sind Sie eine kleine geschlossene Gruppe und treffen sich in einem (Hotel-)Restaurant, können Sie den Anzug getrost zu Hause lassen und sich im Smart Casual zum Essen begeben.

Etwas anders sieht es aus, wenn es sich um einen offiziellen Empfang, zum Beispiel für eine Delegation oder dergleichen, handelt. Dann wird formelle Kleidung erwartet.

Wie auch bei privaten Einladungen zum Abendessen, wird das Dinner auch bei offiziellen Anlässen meist erst sehr spät serviert. Rechnen Sie nicht damit, dass das Buffet vor 22:00 Uhr geöffnet ist. Bis dahin werden Sie allerdings mit

Snacks, meist gebratenen Hühnchenteilen, Fisch und Gemüse, „bei Laune“ gehalten, und es wird je nach Anlass Bier, Wein und auch Whisky serviert. Sie sollten allerdings niemals zu essen anfangen, bevor nicht der Gastgeber das Essen offiziell eröffnet hat.

Business Dinner sind in Indien entweder „Buffet Dinners“ oder „Seated Dinners“.

Buffet Dinner

Bei einer größeren Anzahl von Gästen gibt es fast immer ein Buffet. Sie können vorweg eine Suppe nehmen und sich dann entlang der aufgereihten indischen Köstlichkeiten bedienen. Wenn Sie noch nicht lange in Indien sind, sollten Sie das Salatbuffet ebenso meiden wie die Eiscreme vom Dessertbuffet. Ansonsten steht Ihnen alles offen. Buffets werden in Indien immer in eine „Veg“- und eine „Non-Veg“-Sektion unterteilt, damit auch nicht versehentlich das Gemüse mit Fleisch in Berührung kommt. Einige Gerichte werden Sie auf fast jedem Buffet wiederfinden, wie etwa „Dal Makhani“ (schwarze Linsen in Butter/Sahnesoße), „Andrha Biryani“ (über Stunden gegarter Reis mit Lamm oder Hühnchen), „Chan Massala“ (Bohnengericht) oder das unvermeidliche „Tandoori Chicken“ (knusprig gebratene, scharfe Hühnchenteile). Probieren Sie ruhig von den meisten Dingen – die Gerichte sind gut verträglich für einen europäischen Magen. Sie können auch noch ein zweites Mal zum Buffet gehen, das ist akzeptiert. Achten Sie darauf, niemals das Vorlegebesteck der Fleischspeisen für die vegetarische Kost zu benutzen, für viele Inder wird die dadurch ungenießbar.

Seated Dinner

Bei Gruppen bis zu 20 Gästen wird der Gastgeber in aller Regel ein „Seated Dinner“ bevorzugen, weil ein Buffet für so wenige Gäste nicht genügend unterschiedliche Gerichte anbietet. Sie sitzen also um einen langen Tisch. Sind Sie der „Ehrengast“, wird Ihnen der Gastgeber den Platz zu seiner Rechten anbieten. Für ein „Seated Dinner“ benötigen Sie eine gewisse Ausdauer, denn auch hier gilt, dass nicht gleich das Essen bestellt wird, sondern man trinkt erst einmal einige Stunden lang.

In Indien wird zwar auch „à la carte“ gegessen, aber die Gerichte werden dann auf der Mitte des Tisches positioniert (oder durch Kellner angereicht und verteilt), sodass Sie von allem etwas probieren können. Überlassen Sie das Bestellen am besten dem Gastgeber oder Ihren indischen Kollegen.

Indien von A bis Z

Alkohol

Alkohol zu trinken gilt im Hinduismus als eine der fünf schlimmsten Sünden (auf einem Rang mit Mord), und in der indischen Geschichte wurde der Genuss von Alkohol immer wieder durch den Staat verboten. Mahatma Gandhi war ein starker Befürworter der Prohibition, die allerdings landesweit für mehrere Jahre erst 1977 eingeführt wurde. Dieses totale Alkoholverbot wurde von Neu Delhi zwei Jahre später aufgehoben, aber in manchen Bundesstaaten (wie z. B. Tamil Nadu) bestand es noch über zwanzig Jahre lang.

Sehr viele Inder aus allen Schichten trinken daher auch heute keinen Alkohol, sind aber tolerant gegenüber Landsleuten und Besuchern, die gerne einmal ein Bier trinken. Versuchen Sie aber niemals, indische Geschäftsfreunde zum Alkoholtrinken zu überreden – akzeptieren Sie ein klares „Nein" als ein Nein. Bei privaten Anlässen dürfen Sie durchaus dem angebotenen Alkohol zusprechen, allerdings sollten Sie grundsätzlich Maß halten, alles andere gilt als Gesichtsverlust. Bei offiziellen Anlässen ist (wie bei uns auch) ohnehin Zurückhaltung geboten; geben Sie sich niemals die Blöße, mehr zu trinken, als Sie vertragen.

Alkohol ist in Indien überall frei erhältlich, wobei zum Verkauf und Ausschank eine spezielle Lizenz erforderlich ist. Viele Lebensmittelgeschäfte besitzen diese Lizenz nicht, daher müssen Sie einen speziellen Liquor Store aufsuchen, wenn Sie Bier, Wein oder Branntwein kaufen möchten. Das Gleiche gilt für Restaurants; viele der einfacheren Restaurants bieten keine alkoholischen Getränke an.

Wenn Wahlen anstehen oder Unruhen befürchtet werden, wird der Alkoholausschank und -verkauf nach wie vor komplett verboten. Das kann sich dann sogar auf die Hotelbar der 5-Sterne-Hotels erstrecken – sodass das einzig erhältliche Bier die Dose aus Ihrer Minibar ist.

Inder, die Alkohol trinken, bevorzugen oft Whisky anstatt Bier oder Wein. Bieten Sie also immer auch einen guten Whisky an; mit einem Single Malt liegen Sie nie falsch. Trockener Wein wird in Indien erst seit einigen Jahren ausgebaut, die Marken Grover und Sula sind Marktführer. Besonders die „Reserva"-Sorten, die in Eichenfässern gelagert werden, sind vernünftige Weine. Indischer Portwein stammt noch aus der Tradition der Portugiesen und kommt meist aus der Gegend von Goa.

Ärztliche Versorgung

Auch wenn Indien insgesamt nur eine Arztdichte von einem Arzt für 2 500 Einwohner hat, so ist die ärztliche Versorgung in den großen Städten ausgezeichnet. Vor allem in den großen privaten Hospitälern wie Apollo oder Manipal werden Sie für alle Arten von Erkrankungen sehr gute Spezialisten finden. Es ist übrigens in Indien nicht unüblich, sich auch für gewöhnliche Krankheiten wie Grippe oder Zahnschmerzen ins Krankenhaus zu begeben, weil dort eben die besten Ärzte sind.

Bezahlt wird in den Krankenhäusern immer vor der Behandlung – zunächst eine sogenannte „Consultancy Fee". Diese beläuft sich meist auf fünf bis zehn Euro für eine ärztliche Untersuchung. Sind dann noch Sonderdiagnosen notwendig (Labor, Röntgen), werden diese vom Arzt verschrieben und müssen von Ihnen wiederum im Voraus bezahlt werden. Niemand wird also das Röntgengerät einschalten, wenn Sie nicht die Quittung vorlegen können, die Behandlung auch bezahlt zu haben. Ein Krankenhausaufenthalt kann daher recht aufwändig sein, vor allem wenn man sich nicht wirklich auskennt. Deshalb gehen Inder nie alleine zum Arzt, sondern mindestens zu zweit. Einer wird untersucht, der andere regelt die administrativen Belange.

Begrüßung

Inder geben sich üblicherweise nicht die Hand, sondern falten die Hände vor der Brust und sagen „Namaste" (zu jeder Tageszeit möglich). Als Ausländer reicht man wie bei uns die Hand und tauscht sodann die Visitenkarten aus. Daher strecken Inder dem Ausländer oft die Hand entgegen. Als männlicher Ausländer sollte man es dennoch vermeiden, einer Inderin gleich beim ersten Kennenlernen die Hand anzubieten. Ein freundliches Lächeln, ein Kopfnicken und ein „nice to meet you" sind ausreichend. Personal im Privathaushalt wird grundsätzlich nicht begrüßt.

Betteln

Außer im Umgang mit Trinkgeld sind die meisten Reisenden auch im Umgang mit Bettlern unsicher. Bettler gehören in allen indischen Städten zum Stadtbild, in Mumbai, Kolkata und Delhi trifft man mehr als in Hyderabad und Bangalore.

Beispiel

> Alle NGOs (Non-Government, non-profit Organizations) in Indien raten dringend davon ab, Bettlern etwas zu geben. Meine Frau und ich hatten selbst einmal eine Kiste mit getragener, aber noch gut erhaltener Kleidung gesammelt und einer armen Frau am Straßenrand überreicht. Während wir uns noch über die vermeintlich gute Tat freuten, wurde selbige Frau bereits von zwei Männern angegangen, die Kiste sofort herauszugeben – was sie dann auch tat. Die beiden zogen mit ihrer Beute davon, vermutlich, um sie zu verkaufen und in Alkohol umzusetzen. Ein andermal hatte ich einem besonders elend aussehenden Mädchen mit einem kleinen Baby auf dem Arm etwas Geld gegeben, nur um mich unmittelbar danach von mindestens fünf ebenso elend aussehenden Mädchen mit Baby umringt zu sehen.

Alle Straßenkreuzungen sind von der Bettlermafia aufgeteilt und dort werden entweder Krüppel oder Frauen mit Baby aufgestellt, um an haltenden Autos zu betteln. Die Babys werden dafür von armen Familien ausgeliehen, mit Medikamenten sediert, damit sie schlafen, und abends an die Familie zurückgegeben, gemeinsam mit einer Mahlzeit. Für jeden Bettler, den Sie unterstützen, wird ein neuer Bettler „geschaffen", ein weiteres Baby betäubt oder ein weiteres Kind verkrüppelt. Geben Sie also nichts. Mehr ist dazu nicht zu sagen.

Nun stellt sich noch die Frage, wie Sie Bettler loswerden. Häufiges „No" oder „Go away" rufen hilft dabei ebenso wenig wie heftiges Kopfschütteln. Bleiben Sie ganz ruhig, und machen Sie mit der linken Hand eine Art Wegwerfbewegung, wobei Sie die Hand noch leicht drehen können. Das verstehen alle – und Sie werden sofort als jemand erkannt, der etwas von Indien versteht.

Wenn Sie etwas gegen die Armut in Indien tun wollen, tun Sie das im Rahmen Ihrer Corporate-Social-Responsibility-Projekte oder spenden Sie an zuverlässige Organisationen. Auch viele Inder tun über „welfare organizations" Gutes.

Cricket

Die Regeln zu diesem Spiel können hier nicht erklärt werden; da dieser Sport aber zum Lieblingsthema aller Inder gehört, wird Ihnen ein gewisses Verständnis große Sympathien einbringen. Denken Sie an dieses Thema, wenn Sie Termine planen – Ihre Partner werden wichtige Spiele live oder im Fernsehen erleben wollen. Und ein Spiel erstreckt sich nicht selten über ein bis drei Tage

Feste

- *Hochzeiten*

  Früher oder später werden Sie sicherlich zu einem indischen Familienfest eingeladen – in aller Regel sind es die Hochzeiten Ihrer Mitarbeiter oder der Tochter/des Sohnes Ihrer Mitarbeiter/Geschäftspartner. Auch wenn Ihre Teilnahme nicht unbedingt erwartet wird, so wird es die Einladenden sicherlich sehr freuen, wenn Sie zusagen.

  Wenn Sie von Mitarbeitern eingeladen werden, müssen Sie dabei etwas vorsichtig sein. Sie können wahrscheinlich in der Zukunft nicht bei allen Ihren Mitarbeitern oder deren Kindern an der Hochzeit teilnehmen, daher sollten Sie sich selbst eine klare Regel setzen, wohin Sie gehen und wohin nicht (z. B. nur zu den Hochzeiten Ihrer direkt unterstellten Mitarbeiter).

  Hochzeiten sind in aller Regel echte „Mega Events" in Indien, zu denen nicht selten mehr als 1 000 Gäste kommen. Die Größe der Hochzeitsfeier dokumentiert den sozialen Status des Brautvaters (der für die Hochzeit bezahlen muss) und ist deshalb sehr wichtig. Oft werden Sie zum „Empfang" eingeladen – eine recht formelle Angelegenheit, bei der man in einer langen Schlange darauf wartet, auf eine Bühne geführt zu werden, wo das Hochzeitspaar allen Gästen persönlich die Hand schüttelt. Mehr als für ein paar Worte ist dabei keine Zeit – Sie sollten auch keinesfalls in einen Smalltalk verfallen, sondern nur Ihre Glückwünsche übermitteln. Dann wird noch ein Foto gemacht und Sie können die Bühne wieder verlassen und sich ans Buffet begeben. Danach geht man wieder nach Hause. Und: Vergessen Sie nicht, Ihr Geschenk vorher bei der Schwiegermutter abzugeben – sie sitzt meist seitlich neben der Bühne und notiert dort in bester Buchhaltermanier alle eingehenden Geschenke für das Jubelpaar.

  Etwas anders verhält es sich, wenn Sie auch zum traditionellen Teil der Hochzeit eingeladen sind – dort können Sie den traditionellen Zeremonien mit den indischen Hindupriestern folgen (soweit es sich um eine Hindu-Ehe handelt) und sind dann Teil des engsten Kreises der Hochzeitsgesellschaft, das sind oft „nur" noch 500 Gäste. Dieser Teil der Feier findet oft im sogenannten „Native Place" der Braut statt – also sehr häufig weit entfernt von der Stadt, in der Sie arbeiten. Machen Sie sich auf den langen Weg dorthin, wird man fürstlich für Sie sorgen und sich natürlich tagelang um Ihr leibliches Wohl kümmern und Sie angemessen unterbringen. Es ist sicherlich eine sehr schöne Erfahrung, einmal bei einer traditionellen hinduistischen Hochzeit während der gesamten Feierlichkeiten dabei gewesen zu sein.

- *Diwali (Deepavali)*
  Diwali (aus Sanskrit Deepavali = Licht & Linie) ist das Hauptfest der Hindus, mit dem die Dunkelheit vertrieben werden soll und das Licht der Menschlichkeit, des Wissens und der wahren Werte gefeiert wird. Es ist so etwas wie das indische Weihnachten, also ein Familienfest, zu dem die Familie aus allen Teilen des Landes zusammenströmt, um gemeinsam ein paar Tage zusammen zu sein. Das Fest erstreckt sich über fünf Tage, und in dieser Zeit schließen auch die meisten Firmen ihre Pforten.

  Wie alle Feste in Indien ist es aber kein Fest der inneren Einkehr oder Besinnlichkeit, sondern ein Fest der Freude und des ausgelassenen Trubels. Üblicherweise machen sich Inder innerhalb der Familie auch Geschenke, und ähnlich wie bei uns in der Vorweihnachtszeit überschlagen sich die Geschäfte mit speziellen „Diwali Offers". Es ist einigermaßen unsicher, sich an Diwali draußen zu Fuß zu bewegen, da tagelang Knallkörper gezündet werden und Raketen durch den Nachthimmel fliegen. Ein eindrucksvolles Spektakel – solange man nicht irgendwo von einem Querschläger getroffen wird.

  Werden Sie an Diwali von einer Familie eingeladen (was nicht unüblich ist), bringt man als Geschenk eine typische Diwali-Auswahl an Nüssen und Trockenfrüchten mit, die zu dieser Zeit überall in den Bäckereien und Geschäften angeboten wird. Oft wird dann in den Familien gepokert – seien Sie also vorbereitet und bringen Sie etwas Kleingeld und Spaß am Kartenspiel mit.

  Zwischen Geschäftspartnern werden zu Diwali manchmal „Happy Diwali-Karten" verschickt. Man erwartet von Ihnen allerdings weder im Büro noch bei Ihren Geschäftspartnern irgendwelche Geschenke. Die meisten Ihrer Mitarbeiter nehmen sich zu dieser Zeit (meist im November) eine Woche frei.

- *Holi*
  Holi – auch das Frühlingsfest oder „Fest der Farben" genannt – wird hauptsächlich in Nordindien gefeiert. Es ist dem Gott Krishna gewidmet. Dies ist ein weiteres Fest, bei dem es etwas „gefährlich" ist, draußen auf der Straße herumzulaufen, denn es wird überall mit Wasserpistolen oder Farbbeuteln auf Sie „geschossen". Alle Schranken von Geschlecht, sozialem Status und Kaste scheinen an Holi aufgehoben zu ein und es wird überall ausgelassen gefeiert. Wenn Sie teilhaben wollen an dem Spaß, ziehen Sie sich alte Kleider an und gehen Sie in die Innenstadt – vielleicht bewaffnen Sie sich vorher noch mit etwas Holi-Farbe (Farbpulver) und einem Wassereimer. Es dauert allerdings ein paar Tage, bis die Farbe wieder aus Ihren Haaren und Augenbrauen ausgewaschen ist ...

- *Dasara*

  Dasara ist ein weiteres wichtiges, hinduistisches Freudenfest, das vor allem im Süden eine sehr große Bedeutung besitzt. Es fällt zumeist in den Oktober des gregorianischen Kalenders.

  Die Menschen zelebrieren die Freudenfeier wegen der Wiederkehr des göttlichen Helden aus der Verbannung sowie seinen Sieg über den Dämon. In Südindien gilt Kali, die dunkle Seite der Göttin, als die Siegerin über den Büffeldämon, im Norden ist es Rama. Die Feiertage heißen im Süden Indiens Navaratri (Fest der neun Nächte). Neun Tage steht in fast jedem Haushalt ein Navaratri-Kolu, ein Gerüst, auf dessen Stufen eine Anzahl Puppen mythologische Darstellungen zeigt. Besonders Frauen und Kinder gehen von Haus zu Haus und erfreuen sich daran.

Flughäfen

Indien verfügt über zwölf internationale Flughäfen, die wichtigsten sechs (Bangalore, Chennai, Delhi, Hyderabad, Kolkata, Mumbai) erreichen Sie täglich mit direkten Verbindungen aus Deutschland. Lufthansa beispielsweise operiert mit über 50 Verbindungen in der Woche nach Indien, das ist deutlich mehr als die meisten anderen Langstreckenziele, einschließlich China. Die Flughäfen selbst sind allerdings einer aufstrebenden Wirtschaftsmacht wie Indien kaum würdig. Schon bei der Ankunft wissen Sie, dass Sie jetzt in einer anderen Welt sind. Prinzipiell orientieren sich aber die Abfertigung, Sicherheitskontrolle, Immigration und der Zoll an internationalen Richtlinien. Eine Besonderheit gibt es aber – das ist die Frequenz, mit der Ihr Pass kontrolliert wird. Stecken Sie den Reisepass und Ihre Bordkarte nie zu tief in Ihre Tasche – drei bis fünf Kontrollen Ihrer Papiere sind durchaus üblich.

- *Ankunft*

  Die meisten Flughäfen in Indien sind nicht an das öffentliche Verkehrssystem angebunden, das heißt, eine U-Bahn oder Bahnverbindung werden Sie vergeblich suchen. Leider wird das auch bei neuen Flughafenprojekten, wie dem neuen Flughafen in Bangalore, vergessen, sodass die Straße die einzige Option ist.

  Am einfachsten ist es, wenn Sie sich von Ihren Kollegen, Geschäftspartnern oder Ihrem Hotel am Flughafen abholen lassen. Dann ersparen Sie sich lange Schlangen an Taxiständen oder gar ein Abenteuer in einer „Autorikscha“. Holt Sie ein Fahrer ab, so müssen Sie beim Verlassen des Flughafens in einem Gewusel von Wartenden entlang einer Absperrung Ausschau halten, um das Schild mit Ihrem Namen zu entdecken. Haben Sie es gefunden (erstaunlicherweise steht fast immer jemand wie verabredet da), gehen Sie zu dem Wartenden, sagen Sie kurz Hallo, und derjenige wird dann für Sie unsichtbar in der Menge verschwinden. Hier heißt es Ruhe bewahren und weiter entlang der Absperrung gehen, bis Sie dort von eben jenem Fahrer wieder in Empfang genommen werden.

Beispiel

Fragen Sie aber immer noch einmal, wohin Sie der Fahrer zu transportieren gedenkt. Sonst geht es Ihnen wie einem meiner Kollegen, der nachts um 2 Uhr in Bangalore etwas übermüdet in das wartende Auto stieg. Nachdem der Fahrer losgefahren war und sich bereits fast ein halbe Stunde im Wagen befand, wurde es ihm ein wenig mulmig, denn man hatte ihm gesagt, unser Firmengästehaus sei nur 10 bis 15 Minuten vom Flughafen entfernt. Er tippte dem Fahrer auf die Schuler und fragte: „Wissen Sie eigentlich, wohin ich muss?“ Die lapidare Antwort lautete: „Nein.“ „Und wo fahren Sie dann hin?“, lautete darauf die Frage meines Kollegen. „Immer geradeaus, bis Sie mir eine anderweitige Weisung geben.“

Wenn Sie vergessen haben, Ihre Abholung zu organisieren, sind Sie auf Taxis angewiesen. Diese sollten Sie unbedingt innerhalb des Flughafens an einem der „Pre-paid Taxi“-Schalter buchen. Dort gelten nämlich feste Preise und Sie müssen dem Taxifahrer kein Geld mehr geben. Vor dem Flughafen ein Taxi zu nehmen ist nicht empfehlenswert. Dort wartet eine besonders ausgefuchste Spezies der weltweiten Taximafia auf Sie, die Sie in heißen, nicht klimatisierten, 30 Jahre alten Blechkisten zum Bestimmungsort bringt, meist zum doppelten oder dreifachen des bei der Buchung im Flughafen zu zahlenden Preises.

- *Abflug*

  In allen indischen Flughäfen ist bereits der Check-in-Bereich für die Allgemeinheit gesperrt, das heißt, innerhalb des Flughafens dürfen sich nur Reisende aufhalten. Da dies bereits an der Eingangstür zum Flughafen streng kontrolliert wird, bildet sich meist eine sehr lange Schlange (oder Menschentraube) am Eingang. Sind Sie ins Innere des Flughafens gelangt, wartet dort die nächste Schlange auf Sie – sie müssen Ihr Check-in-Gepäck röntgen lassen. Dabei sollten Sie noch darauf achten, sich vor der richtigen Maschine anzustellen, denn die Röntgenmaschinen sind bestimmten Fluglinien zugewiesen.

  Da die meisten Flughäfen für das Passagieraufkommen etwas unterdimensioniert sind, wirkt alles etwas chaotisch und Sie werden etwas Zeit benötigen, um sich zu orientieren. Seien Sie also rechtzeitig am Flughafen – für internationale Flüge bedeutet das zwei Stunden vor Abflug, bei innerindischen Flügen reicht auch eine Stunde.

Geld

Die offizielle Währung in Indien ist die Rupie, die entweder mit dem internationalen Kürzel INR oder schlicht Rs abgekürzt wird. Eine Rupie teilt sich in 100 Paisee, wobei das im Grunde irrelevant ist, da es keine Artikel für weniger als eine Rupie zu kaufen gibt. Die Paisee-Münzen sind daher auch fast verschwunden. Der größte Geldschein ist die 1 000 Rupien-Banknote, immerhin knapp 20 Euro.

Da in Indien immer noch sehr viele Geschäfte ausschließlich in bar abgewickelt werden, ist es nicht verwunderlich, an Bankschaltern oder in Geschäften Menschen zu sehen, die das Geld in Plastiktüten mit sich herumtragen. In Zeiten von Plastikgeld werden Sie nur selten an einem Bankschalter Geld tauschen müssen, es gibt überall Geldautomaten, die alle internationalen EC- und Kreditkarten akzeptieren.

Die Geldströme in Indien unterliegen der RBI (Reserve Bank of India), die alle ein- und ausgehenden Devisentransaktionen kontrolliert. Allerdings wurden die Kontrollen in den vergangenen Jahren bereits stark gelockert, sodass heute im normalen Reiseverkehr sowohl für Inder als auch für Ausländer keine Beschränkungen mehr existieren. Noch vor wenigen Jahren mussten für jeden indischen Mitarbeiter, der nach Deutschland gereist ist, umfangreiche Anträge gestellt werden, um ihn mit Devisen auszustatten, heute gelten auch die indischen Kreditkarten auf der ganzen Welt unbeschränkt.

Seit dem Jahr 2000 hat die indische Rupie gegenüber dem US-Dollar beständig an Wert gewonnen, 2007 betrug der Durchschnittskurs etwa 40 Rupien für einen US-Dollar. Entsprechend der Eurostärke schwankt die Rupie dann zum Euro in einer Bandbreite von 50 bis 60 Rupien zum Euro während der letzten drei bis vier Jahre.

- *Lakhs und Crores*

  In Indien basiert das Zahlensystem jenseits der Tausend auf dem Hunderter-System. Das bedeutet, dass die bei uns üblichen Millionen und Milliarden in Indien nicht gebräuchlich sind.

  1 lakh Rupien = hunderttausend Rupien, geschrieben 1,00,000.

  1 crore Rupien = zehn Millionen Rupien, geschrieben 1,00,00,000.

  Sie werden, wann immer es um Rupien geht, ausschließlich Lakh und Crore für große Zahlen finden, sei es in der Zeitung, in Verträgen oder im Gespräch. Das macht es aber andererseits auch einfach, denn wenn plötzlich über Millionen gesprochen wird, ist die Währung Euro oder US-Dollar.

  Mit der Faustregel „1 Lakh gleich 2 000 Euro“ kommt man gedanklich recht gut durch; bei großen Zahlen ist die Umrechnung etwas kompliziert.

Geschenke

Eines der Themen, bei denen sich Ausländer in Indien traditionell am schwersten tun, ist sicherlich das Thema der Geschenke. Hier sind die Unterschiede zu Europa auch sehr groß, und ein zu geringwertiges Geschenk kann schnell als Beleidigung aufgefasst werden, während ein zu großzügiges Geschenk im besten Fall als unangemessen, im schlimmsten Fall als Bestechung angesehen wird. Deshalb sollte man im Zweifel bei Geschenken immer einen indischen Freund oder Kollegen hinzuziehen, damit man sich auf diesem unsicheren Territorium sicher bewegen kann.

Grundsätzlich sollte Ihr Geschenk kein Artikel aus Leder sein – das könnte die Gefühle Ihrer Gastgeber verletzen. Achten Sie auch darauf, dass Ihr Geschenk schön verpackt ist, je farbenfroher, desto besser. Vermeiden Sie auf jeden Fall weiße Verpackungen, diese sind nur für Trauerfälle geeignet.

- *Geschenke zu offiziellen Anlässen*
  Dies sind Geschenke, die Sie zum Beispiel indischen Geschäftspartnern überreichen, insbesondere nach dem ersten Treffen oder wenn Sie diese Partner in ihren Büroräumen in Indien zum ersten Mal getroffen haben und auch einige der Top-Manager aus Deutschland anwesend sind. Angemessen zu solchen Anlässen ist ein kleines, aber edles Geschenk, gerne auch mit „Corporate Branding" darauf. Dies könnte also ein wertvoller Stift, ein edles Utensil für den Schreibtisch oder ein neues elektronisches Gadget (iPod nano) sein. Man sollte hier nicht übertreiben, das heißt, teure Uhren sind ebenso tabu wie teurer Schmuck, Mobiltelefone oder Ähnliches. Wein oder teure Whiskysorten sind zu offiziellen Anlässen ebenfalls nicht das richtige Geschenk. Wichtig ist, dass Ihr Geschenk nicht aus Indien stammt, es sollte eindeutig aus Europa oder den USA sein, erst das macht es aus Sicht des Beschenkten zu etwas Besonderem. Da ein Stift etwas Persönliches in Indien ist, ist ein wertvoller Kugelschreiber (etwa von Parker oder Montblanc, Lamy oder Faber-Castell) natürlich immer sehr willkommen.
- *Geschenke zu privaten Anlässen*
  Sind Sie zu einer privaten Geburtstagsfeier oder Party eingeladen, können Sie durchaus eine Flasche guten Whisky (Scotch!) mitbringen. Selbst wenn der Hausherr keinen Alkohol trinkt, was durchaus vorkommt, wird er dieses Geschenk immer zu schätzen wissen, denn so kann er seinen Gästen einen guten Tropfen anbieten. Auch ein kleines edles Geschenk aus dem Ausland ist durchaus angebracht – es sollte idealerweise einen Bezug zu Ihrem Heimatland haben, das muss aber nicht sein. Hüten Sie sich davor, in irgendeinem Laden irgendetwas zu kaufen – die meisten Ihrer Gastgeber werden ein wahl-

los ausgesuchtes Geschenk eher als Beleidigung denn als nette Geste sehen. Es hat sich bewährt, für solche Anlässe immer einen kleinen „Fundus“ an Geschenken zu haben, so ist man immer vorbereitet. Wenn Sie eine Weile in Indien leben und Ihre Gastgeber etwas besser kennen, werden Sie bereits wissen, welche Vorlieben oder Hobbies sie haben.

Als Hochzeitsgeschenk eignet sich nur Geld, denn anders als bei uns in Europa wird das Hochzeitspaar keine konkreten Wünsche äußern. Wenn Sie Geld schenken (in einem Umschlag zu überreichen, meist nimmt ein Verwandter des Brautpaars die Geschenke entgegen), vermerken Sie deutlich Ihren Namen auf dem Umschlag und der Glückwunschkarte. Der Betrag richtet sich nach dem sozialen Status des Brautpaares und Ihrem eigenen sozialen Status. Erkundigen Sie sich vorher bei indischen Kollegen oder Freunden, was angemessen ist. Legen Sie immer extra noch eine Rupie hinein, denn ungerade Beträge gelten als Glück verheißend, gerade Beträge nicht.

Gesprächsthemen

Als Gesprächsthema eignet sich an erster Stelle immer die Familie. Sprechen Sie über Ihre Familie, erzählen Sie, woher Sie kommen (der Geburtsort hat eine sehr wichtige Bedeutung in Indien) und wo Ihre große Familie heute überall verstreut ist. Idealerweise haben Sie auch noch einige Fotos Ihrer Kinder dabei oder (noch besser) Ihrer Eltern.

Neben der Familie ist auch Sport ein schönes Thema. Inder interessieren sich neben ihrer Nationalsportart Cricket (von der wir Deutschen zumeist nicht allzu viel verstehen) noch für die großen medienwirksamen Sportarten wie Formel-1-Rennen oder Fußball. Sie können davon ausgehen, dass die meisten Inder über die letzte Fußball-WM sehr genau Bescheid wissen.

Ansonsten freuen sich Inder auch immer, wenn Sie Fragen zur indischen Kultur und Geschichte stellen. Da wird man Ihnen gerne bereitwillig Auskunft erteilen, und es zeigt gleichzeitig, dass Sie Interesse am Land haben, das wird immer geschätzt.

Heilige Kühe

Bereits zu Anfang dieses Kapitels war der Begriff „ahimsa“, das Gebot der Nicht-Verletzung von Lebewesen, erwähnt worden. Keinesfalls ist dies ein allumfassendes Gebot, das immer und überall galt und gilt. Daneben existieren in Indien ebenso Tötungsgebote, beispielsweise bei der Jagd, im Krieg etc. Von rituellen Selbsttötungen wurde im Kontext der Witwenverbrennung bereits gesprochen.

Ahimsa hat sich wohl aus dem Bestreben, den Viehbestand zu schützen, entwickelt. Seit wann genau die Kuh in Indien verehrt wird, lässt sich nicht bestimmen, aber schon in altiranischen Quellen lesen wir von einer Sonderstellung dieses Tieres. Der Heidelberger Indologe Axel Michaels erwähnt in seinem Standardwerk zum Hinduismus (siehe Literaturliste) die Tatsache, dass das lateinische Wort „pecunia“ sich von „pecus“ (Vieh) ableitet und erst später die Bedeutung „Geld“ annahm. Auch in Indien war der Besitz von Vieh, speziell eben Kühen, gleichbedeutend mit Reichtum. Aber zunächst wurde Rindfleisch auch verzehrt, war zentraler Bestandteil brahmanischer Opferrituale. Erst mit zunehmender Sesshaftigkeit der ehemaligen Nomaden kamen Gegenströmungen zu diesen Tiertötungen auf, buddhistische Einflüsse kamen hinzu und in der Folge entstand der Gedanke Lebewesen nicht zu verletzen. Das wichtigste Opfertier, die Kuh, wurde nun geschützt. Viel später kam es dann auch zur regelrechten Verehrung der Kuh, die mit dem Vordringen des Islam in Indien zum Symbol eines Hinduismus wurde, der sich vom Islam abzugrenzen suchte.

Heute wird in den Städten recht pragmatisch mit dieser Frage umgegangen; in den Innenstädten sind Kühe zumeist verboten, da sie den Verkehr stören; wo sie dennoch auftauchen, werden sie in aller Ruhe umkurvt oder beiseitegeschoben. Auf dem Land ist die rituelle Stellung der Kuh deutlich höher. Und – für Europäer schwer nachvollziehbar: Auch ein verhungernder Bauer in Nordindien wird seine Kuh nicht töten und essen, um zu überleben. Er verhungert, stirbt, direkt neben dem, was die Kuh für uns ist: Nahrung.

Hygiene und Impfungen

Wenn es ein Land in Asien gibt, über das die schlimmsten Geschichten aller erdenklichen Krankheiten kursieren, dann ist es Indien. Sicher existiert kaum eine Krankheit, die es in Indien nicht gibt. Da fragt man sich schon, warum bei Flügen aus anderen Teilen Asiens die indische Luftfahrtbehörde darauf besteht, dass die ganze Flugzeugkabine vor der Landung mit Insektenspray eingenebelt wird, wobei die freundlichen Stewardessen immer darauf hinweisen, dies sei natürlich gesundheitlich völlig unbedenklich.

Die meisten westlichen Besucher kommen nach Indien und sind von ihrem Haus- oder Betriebsarzt gegen die unwahrscheinlichsten Krankheiten geimpft, von Cholera bis Japanischer Enzyphalitis. Durch diesen sich über Wochen hinstreckenden Impfmarathon muss zwangsläufig jeder der Eindruck gewinnen, dass man sich in Indien überall mit fürchterlichen Krankheiten ansteckt.

Natürlich ist es sinnvoll, sich gemäß den tropenmedizinischen Empfehlungen zu impfen. Das sollte aber auch in einem vernünftigen Verhältnis zur Art des Reisens stehen. Wenn Sie sich nur in klimatisierten Räumen bewegen und im Fünf-Sterne-Hotel dinieren, ist die Ansteckungsgefahr mit Malaria oder Cholera gleich Null. Andererseits ist niemand gegen Durchfälle und Fieberkrankheiten völlig gefeit. Gegen 95 Prozent der Krankheiten in Indien gibt es ohnehin keine Impfung – da hilft nur eins: sorgfältige Hygiene.

Darüber hinaus sollte Trinkwasser nur in abgefüllten und original verpackten Flaschen gekauft werden. Bestehen Sie auch im Restaurant auf einer Flasche Mineralwasser, die am Tisch geöffnet wird. Außerhalb der gehobenen Restaurants ist die in den Tropen übliche Vorsicht bei der Nahrungsaufnahme geboten. Die britische Maxime „boil it, cook it, peel it or forget it!" gilt noch immer: kein ungewaschenes Obst, keine Obstsäfte am Straßenrand (frisch gepresster Zuckerrohrsaft!) etc. Magen- und Darmprobleme entstehen schnell; während manche erfahrene Reisende auf homöopatische Mittel schwören (Okubaka Globuli), präferieren andere den morgendlichen Schluck Whisky zur Prophylaxe. Auch mit einer Kombination beider Mittel haben wir schon sehr gute Erfahrungen gemacht.

Konkret können Sie gebratene Eier unbedenklich zum Frühstück essen, sollten aber die Finger von Mousse-au-Chocolat zum Abenddessert lassen. Halten Sie sich auch bei ungekochten Snacks wie Erdnüssen oder ungeschälten Gemüsestückchen zurück.

Seien Sie vorsichtig bei der Verwendung von Leitungswasser – letztlich wissen Sie nicht, wie gut die Chlorierungsanlage Ihres Hotels wirklich funktioniert. Nehmen Sie am besten auch zum Zähneputzen Wasser aus der Flasche.

Es hat sich gezeigt, dass durch Einhalten dieser einfachen Hygieneregeln die überwiegende Anzahl aller Reisenden ihren Aufenthalt in Indien völlig gesund verbringen. Ich selbst musste in den vergangenen sieben Jahren noch nie einen Tag krankheitsbedingt zu Hause bleiben.

Korruption

Ein gleichermaßen wichtiges wie sensibles Thema in Indien ist die Korruption. Im Länderranking von Tranparency International liegt Indien mit Platz 73 weit abgeschlagen hinter allen Industriestaaten, mit denen es seine Wirtschaftsleistung so gerne vergleicht. Liest man die indische Presse, so kann man den Eindruck gewinnen, dass die Korruption ein Phänomen ist, das alle Gesellschaftsschichten sowie alle Teilnehmer am wirtschaftlichen und politischen Geschehen umfasst.

In der einen Woche wird der Chef des Zollamtes verhaftet, weil er Reichtum entsprechend dem Tausendfachen seines Jahreseinkommens angehäuft hat, in der nächsten Woche werden Parlamentarier des indischen Parlaments festgesetzt, weil sie ihren Diplomatenstatus dazu genutzt haben, Menschen in Industriestaaten zu schleusen. In der indischen Presse wurde auch diskutiert, warum der amtierende Industrieminister von Karnataka (dem Bundesstaat, in dem Bangalore liegt) wenige Monate vor Bekanntgabe der Lage einer neuen Sonderwirtschaftszone (SEZ) sich und seine Verwandten reichlich mit Grundstücken in eben dieser geplanten Zone eindeckte. Er selbst sah in diesen zwei Handlungen „keinerlei Zusammenhang", und selbst die Presse fragte sich nur, ob er den behördlichen Prozess wohl vor der planmäßigen Amtsübergabe schaffen würde, weil sonst wohl sein Nachfolger die SEZ verlegen würde – in eine Gegend, wo er selbst bereits viele Grundstücke besäße.

Aber es sind nicht nur die Spitzen in Bürokratie und Politik, die oftmals korrupt sind, alle Ebenen des indischen Lebens sind davon betroffen. Sie haben keine Lust, die Führerscheinprüfung zu machen? Für 500 Rupien bekommen Sie das Dokument sofort. Sie wollen nicht die 300 Rupien für ein Verkehrsdelikt bezahlen? Kein Problem, der Polizist wird gerne 50 Rupien akzeptieren, wenn Sie im Gegenzug keine Quittung verlangen.

An sich ist Korruption einfach zu bekämpfen: Wo keiner ist, der andere besticht oder sich Vorteile erkauft, da gibt es auch keine bestechlichen Offiziellen. V. Raghunathan hat versucht, dem Phänomen der Akzeptanz der Korruption in Indien auf die Spur zu kommen, und schreibt es im Wesentlichen zwei Fakten zu: Erstens dem Fatalismus seiner Landsleute; d. h., dass sich jeder sagt: „Gut, wir sind sowieso schon eines der korruptesten Länder der Welt, wenn ich nun als Einziger hier niemanden schmiere, schade ich nur mir, aber das Ranking unseres Landes wird sich dadurch auch nicht verbessern." Den anderen Grund sieht er auf Seiten der Offiziellen, die kaum befürchten müssen, erwischt zu werden, es teilweise gar als dumm ansehen, nicht das Maximum aus ihrer Stellung herausholen zu wollen. Er nennt dieses Verfahren, sich auf Kosten der Allgemeinheit zu bereichern, einfach „Free Riding".

Korruption hat in Indien viele Facetten: Zum einen sind da die vielen kleinen 50- oder 100-Rupien-Scheine, die bezahlt werden, damit sich innerhalb der Behörden etwas bewegt und sich ein Offizieller bemüht, einen Antrag zum nächsten Büro zu bringen. Zum anderen sind hochrangige Offizielle an weitaus größeren Summen interessiert, damit Anträge zügig genehmigt werden. Und dann gibt es noch die sogenannten „Spenden" an politische Parteien, um sich Einfluss und Macht zu erkaufen. Während Sie als Ausländer mit dem letzten Fall kaum konfrontiert werden, müssen Sie sich bei den kleinen und großen Bürokraten damit auseinandersetzen, wie Sie auf die vielfältigen Forderungen zu reagieren gedenken.

Die Augen zu verschließen und die indischen Kollegen „mal machen zu lassen" ist sicherlich die schlechteste aller Möglichkeiten, denn dann werden Sie Schritt für Schritt in dieses System hineingezogen. Sie können Zahlungen auch in Indien ganz konsequent ablehnen – wenn Sie sich darüber im Klaren sind, dass alles deutlich langsamer gehen wird. Letztlich werden Sie alle Genehmigungen trotzdem erhalten, denn der Ermessensspielraum der Behörden ist nicht allzu groß – es kann aber dauern ... Wir hatten kürzlich den Fall, dass die Verlängerung einer Arbeitsgenehmigung für einen deutschen Kollegen aus Delhi positiv beschieden wurde – nach „nur" fünf Jahren Bearbeitungszeit! Der Kollege arbeitet längst wieder in Deutschland.

Beispiel

Für unsere Gebäude in Bangalore haben wir alle behördlichen Genehmigungen auf dem offiziellen Wege erhalten – allerdings hat es viel Energie gekostet, ging entsprechend langsam voran und die indischen Behörden hielten sich ganz strikt an die Vorschriften. Wahrscheinlich deshalb haben wir jetzt das einzige Gebäude in der ganzen Stadt, das bei gerade mal drei Stockwerken über sechs Notausgänge verfügt, in dem alle zehn Meter ein Feuerlöscher steht (zusätzlich zu aufwändigen Feuerlöschanlagen) und zu dem die Feuerwehr im Bedarfsfalle aus allen vier Himmelsrichtungen anrücken könnte. Verwunderung löste auch aus, dass wir nun eine strikte Mülltrennung durchführen müssen auf dem Campus – obwohl es in ganz Bangalore dafür überhaupt keine Sammelstellen gibt und die Müllabfuhr die Inhalte der diversen Abfalleimer in denselben Container kippt. Wir bleiben trotzdem dabei, alle lokalen Auflagen minutiös und genau zu befolgen.

Korruption ist eine Art „Beschleuniger" in Indien – und der umgekehrte Fall bedeutet, dass es Sie eine ganze Menge Effizienz kostet, wenn Sie sich strikt an Ihren Code of Conduct halten. Trotzdem ist genau dies zu empfehlen. Denn einerseits sollte spätestens seit der Einführung des Sarbonnes-Oxley Acts klar sein, dass Korruption keine lokale indische Angelegenheit Ihres Unternehmens ist, zweitens ist es auch für Sie persönlich nicht ungefährlich. Und letztlich ist es auch eine Frage der Moral.

Unser Tipp: Planen Sie ausreichend Zeit ein für behördliche Angelegenheiten, dann brauchen Sie auch keine Geldumschläge zu überreichen, um Vorgänge zu beschleunigen. Stellen Sie sich in diesen Dingen einfach „taub" – und instruieren Sie auch Ihre indischen Kollegen entsprechend. Selbige können sich nämlich sehr gut hinter Ihnen oder dem „ausländischem Manager, der leider die lokalen Regeln nicht begreift" verstecken und dererlei Forderungen mit Verweis auf Ihre Ignoranz einfach ablehnen.

Im eigenen Unternehmen sollten Sie jedwede Art von Korruption und Kick-back-Zahlungen mit sofortiger Kündigung ohne Wenn und Aber und unabhängig von Rang und Ansehen der Person ahnden. Das wird Ihnen sicher manchmal nicht leicht fallen – zumal kaum ein Fall absolut wasserdicht zu beweisen ist. Wenn Sie aber feststellen, dass Ihr Einkaufsmanager jahrelang 50 Prozent über dem marktüblichen Preis Ware beschafft hat, dann ist eben etwas im Argen und Sie sollten reagieren. Und wenn Sie ihm nicht wegen „Kick-back-Zahlungen" von Lieferanten kündigen, dann tun Sie es eben wegen Unfähigkeit im Job.

Die Administration, Facilities und der Einkauf sind die korruptionsanfälligsten Stellen in Ihrem Unternehmen in Indien. Installieren Sie ein effektives Vier-Augen- oder gar Sechs-Augen-Prinzip und stellen Sie sicher, dass unabhängige Auditoren diese Bereiche regelmäßig überprüfen. Machen Sie auch selbst Stichproben und vergleichen Sie Preise. Kick-back-Zahlungen sind leider ein allzu häufig anzutreffendes Verhalten, ebenso wie Forderungen Ihrer eigenen Mitarbeiter an Ihre Lieferanten Ihnen normalerweise nicht zur Anzeige gebracht werden. Die Lieferanten werden bezahlen.

Beispiel

Ganz kritisch sollten Sie auch Drittfirmen unter die Lupe nehmen, die in Ihrem Auftrag für Sie handeln, sei es im Verkauf, Beratung oder in der Anwerbung von Personal. Oft kommt es z.B. in der IT Indutrie vor, dass sogenannte HR Consultants für die Rekrutierung genutzt werden, einfach weil die Anzahl der Bewerber so gross ist. In einem befreundeten Unternehmen kam eines Tages ein Anruf eines Bewerbers an die Firmenleitung, dass ein Mitarbeiter einer diesem Unternehmen beauftragten HR Recruiting Firma 10 000 Rupien von ihm gefordert hätte, um sicherzustellen, dass seine Bewerbung auf dem „richtigen" Stapel landet. Er machte es richtig und informierte den Auftraggeber der HR Firma – der dann wiederum der Sache auf den Grund ging. Es stellte sich dabei aber heraus, dass viele bereits eingestellte Bewerber genau diese Summe bereits bezahlt hatten, damit ihre Bewerbung eher berücksichtigt wird und kein Einziger war jemals (auch nach der Einstellung) auf das eigene Unternehmen zugekommen, um auf diesen Missstand aufmerksam zu machen. Sie hatten Angst, dass dies Konsequenzen für sie selbst haben könnte oder dass das Verfahren gar von ganz oben gedeckt sein könnte. Dieses Beispiel macht wohl am ehesten deutlich, wie schwer es ist diese Dinge aufzudecken, da sie manchmal als „Normalität" wahrgenommen werden.

Viele indische Freunde und Verwandte erzählen uns, wie im auch privaten Bereich ohne Schmiergeld oft nichts funktioniert. Der Catering-Service für die

Hochzeit mit 900 Gästen hat plötzlich Lieferprobleme? Der reservierte Tisch im Nobelrestaurant ist weg? Das Gericht teilt mit, das Verfahren werde voraussichtlich in zehn Jahren zur Verhandlung kommen? Und selbst wenn keine Bestechung nötig sein sollte, ist es für viele, gerade auch arme Menschen auf dem Land selbstverständlich, dass der zuständige Staatsvertreter Geld für etwas erhält, was doch seine eigentliche Aufgabe ist: Ausstellung eines Formulars, Ausgabe von Nahrungsmitteln etc. Man reicht einfach einen Geldschein – der Sachbearbeiter muss diesen gar nicht erst verlangen. Und wie reagieren Sie, wenn der Zollbeamte Sie freundlich in einen separaten Raum führt, die Tür verschließt und Sie fragt, wie Sie das „small problem" mit Ihrem Gepäck zu lösen gedenken? Stundenlange Auseinandersetzungen mit der Bürokratie (auch indische Beamte haben viel Zeit!) oder den Gegenwert von 20 Euro und Sie können gehen?

Auch wenn Korruption ein weitverbreitetes Phänomen ist – Sie sollten davon Abstand nehmen, es öffentlich prominent darzustellen oder es mit Geschäftspartnern zu thematisieren. Ich hatte einmal beim Besuch einer Delegation aus Deutschland in Mumbai das Thema Korruption nicht nur genannt, sondern auch – bedingt durch einige aktuelle Geschehnisse – etwas mehr als üblich in den Vordergrund gestellt, Kaum hatte ich meine kurze Rede beendet, sprang ein indischer Geschäftsführer eines mittelständischen Betriebes auf und erklärte, es gebe in Indien überhaupt keine Korruption und die ganz seltenen Fälle in der Presse seien ja völlig übertrieben. Als Unternehmen und Investor würde man nie mit Korruption in Verbindung kommen. Obwohl dieses Statement selbst bei anderen indischen Managern einige Lacher produzierte, merkte ich doch, dass ich hier auf ein sehr sensibles Feld mit vielen „Tretminen" geraten war. Wiewohl allen das Problem bewusst ist, so möchten es alle Beteiligten doch nicht zum Gegenstand von öffentlichen Diskussionen machen, vor allem nicht als Makel ihres Landes auf dem Weg zur Wirtschaftsmacht gewertet wissen.

> Beachten Sie diesen Hinweis und thematisieren Sie von sich aus Korruption nicht in geschäftlichen Besprechungen oder bei Dinners mit indischen Geschäftsleuten. Und wenn es sich schon nicht vermeiden lässt, bleiben Sie unverbindlich und spielen Sie nicht den Moralapostel.

Korruption und Bestechlichkeit gibt es in allen Ländern der Erde, und durch viele Ereignisse der letzten Jahre ist die Öffentlichkeit gerade auch in Deutschland zu diesem Thema sehr sensibilisiert. Deshalb steht es uns auch nicht an, hier über die Kultur Indiens in dieser Hinsicht den Stab zu brechen. Dennoch ist es wichtig zu wissen, wie man auf Angebote bzw. Forderungen reagieren sollte, damit man seine eigenen Standards oder die der Firma gleichermaßen in Indien wie auch andernorts umsetzen kann.

Mobiltelefone

Indien verfügt über ein modernes und gut funktionierendes Mobiltelefonnetz, das in allen Städten verfügbar ist. Dank der Privatisierung dieses Sektors Ende der 90er Jahre gibt es heute bereits weit mehr Mobiltelefonschlüsse als Festnetzanschlüsse (150 zu 45 Millionen). Zum exorbitant teuren Hoteltelefon muss man also nicht mehr greifen, um die Familie zu Hause oder das Büro anzurufen.

Die wichtigsten Anbieter sind Hutch, Spice, Reliance und Airtel, die je nach Standort und Tageszeit eine unterschiedlich gute Verbindungsqualität haben. Wenn Sie hauptsächlich lokale Gespräche führen, lohnt sich eventuell die Anschaffung einer Pre-paid Card, anstatt auf teures Roaming zurückzugreifen. Diese Karten sind überall erhältlich. Auch Blackberry Push Mail ist in Indien verfügbar.

Alle gängigen Telefonnetze funktionieren in Indien ohne Probleme. Die Vorwahl für Indien lautet 0091. „Handy" ist bekanntlich kein englisches Wort; man sagt „cellphone" oder „mobile". Inder sehen es als problemlos an, mitten in einem wichtigen Gespräch den Satz zu unterbrechen, um das läutende Telefon zu bedienen. Warten Sie einfach ab, bis Sie wieder an der Reihe sind.

Reisen

Wenn Sie nicht im Urlaub sind, nehmen Sie zum Reisen innerhalb Indiens das Flugzeug. Dank der Privatisierung des Luftverkehrs stehen Ihnen innerhalb Indiens eine ganze Reihe ausgezeichneter Airlines zur Verfügung. Die meisten Flüge sind einigermaßen pünktlich, zu Verspätungen kommt es vor allem wegen der Engpässe auf den diversen Flughäfen. Und auch die Ticketpreise sind erheblich gesunken. Die fast 2000 km lange Strecke von Delhi nach Bangalore können Sie bei rechtzeitiger Buchung schon ab 50 Euro buchen. Damit Sie beim Buchen bereits wissen, was Sie erwartet, nachfolgend eine kurze Klassifikation:

- *All thrills Airlines*
  Die indischen Airlines des oberen Marktsegmentes sind Jet Airways (9W), Kingfischer Airlines (IT) und Paramount Airlines (I7). Diese Airlines zielen auf Passagiere, die auf guten Service und Pünktlichkeit Wert legen. Jet Airways ist die größte Airline innerhalb Indiens und hat sich durch erstklassigen Service und Zuverlässigkeit einen guten Namen erworben. Jet verfügt über eine der modernsten Airline-Flotten der Welt. Kingfisher Airlines zielt vor allem auf Business-Class-Reisende, die ein Extra an Service wünschen, vor allem beim Check-in, Boarden, Gepäck usw. Paramount Airlines ist ein neues Konzept einer „All Business Class"-Airline, operiert aber nur im Süden Indiens.

- *Low-Cost Carrier*
  Seit 2002 drangen diverse Low-Cost Carrier in den Markt, angefangen mit Deccan Air (seit 2003 – Hauptstandort Bangalore), gefolgt von GoAir (seit 2005 – Hauptstandort Mumbai), SpiceJet (seit 2005 – Hauptstandort Delhi) und Indigo (seit 2006 – Hauptstandort Delhi). Diese Airlines folgen dem klassischen Ansatz von Billigfluglinien in Europa, nämlich zu einem Minimum an Service einen sicheren Transport von A nach B zur Verfügung zu stellen. Im Unterschied zu Europa verkehren sie aber nicht von Nebenflughäfen, sondern auch von den großen Flughäfen und Knotenpunkten. Deshalb ist der Preisunterschied oftmals (abgesehen von den Lockangeboten zu einer Rupie) auch nicht wirklich hoch. Manche dieser Fluglinien hatten in den vergangenen jahren erhebliche Probleme bei der Pünktlichkeit, stellen Sie sich also auf etwas Wartezeit ein. In aller Regel sind die Flugzeuge aber neu und sicher.

- *Staatliche Fluglinien*
  In Indien operieren zwei staatliche Fluglinien, Air India (AI) und Indian Airlines (IC). Beide Airlines fliegen auch internationale Ziele an, wobei nur Air India auch Interkontinentalflüge anbietet. Die staatlichen Fluglinien waren lange Jahre gekennzeichnet von einem völligen Fehlen von Kundenorientierung, viel zu viel Personal und Missmanagement, das zu häufigen Verspätungen führte. Bedingt durch die Liberalisierung des Flugverkehrs, versucht aber vor allem Air India jetzt mit Investitionen und besserem Service aufzuschließen. Trotzdem – möchten Sie einmal einen Flug erleben, der mit etlichen Stunden Verspätung losgeht, bei dem Sie beim Einsteigen gesagt bekommen „Free Seating“, die Toiletten wegen Wartung geschlossen sind und bei dem man Ihnen dann noch während des Fluges einen Snack zuwirft, dann haben Sie nach Aussagen vieler Reisender bei Indian Airlines immer noch gute Chancen auf ein solches Erlebnis. Mit einem Durchschnittsalter der Maschinen von 23 Jahren kommen bei einem Air India-Flug schon fast nostalgische Gefühle auf.

- Straße
  Zur touristischen Erkundung Indiens eignet sich am ehesten ein bequemes Auto. Außerhalb der großen Städte gibt es viele reizvolle Strecken, auch ohne Schwerverkehr. Reisen Sie in etwas entlegenere Gegenden, werden Ihnen die Straßen nicht mehr als 30 Kilometer pro Stunde erlauben. Auf den Hauptverbindungsstraßen Indiens gilt dagegen das Gesetz der Stärke: Die Vorfahrt richtet sich immer nach dem Gewicht des Fahrzeuges. Diese Regel sollte man unbedingt beherzigen!!

  Der wichtigste Teil eines indischen Fahrzeuges scheint auch nicht die Bremse zu sein, sondern die Hupe. Alle Lkws haben am Heck „Horn Please“ schön aufgemalt, was aber völlig überflüssig erscheint, da ohnehin alle Fahrer immer die Hand auf der Hupe haben. Deshalb hilft Hupen auch nichts mehr, denn es wird ohnehin ignoriert.

Auch das Licht hat eine andere Bedeutung als bei uns. Zunächst einmal wird es erst eingeschaltet, wenn es pechschwarze Nacht ist, bei jeder Art von Dämmerung kann man ja noch etwas sehen! Nachts wird das Licht dann auch eher als Lichthupe verwendet, das heißt, entgegenkommende Fahrzeuge blenden immer wieder auf und ab, um ihre baldige Ankunft mitzuteilen. Andere, die es eilig haben, fahren konsequent nur mit Fernlicht. Immer wieder rast man also in Indien nachts geblendet ohne Sicht über die Straße, was angesichts der Kühe, die sich dort ggf. zum Schlafen niedergelegt haben, angesichts unbeleuchtet abgestellter Lkws usw. durchaus riskant sein kann.

Ob mit Fahrer oder ohne – vermeiden Sie in Indien unbedingt lange Nachtfahrten über Land. Indien hat weniger Fahrzeuge auf der Straße als Deutschland, die Zahl der Verkehrstoten liegt mit jährlich um 75 000 aber um ein Zwanzigfaches höher.

- Bus & Bahn

Die Verkehrsmittel der Wahl für die Inder, die sich kein Flugzeug leisten können, sind für lange Distanzen Bus oder Bahn. Mit 65 000 Kilometern ist das Streckennetz der Bahn in Indien das zweitlängste der Welt, aber die Reisezeiten haben sich in den vergangenen 50 Jahren kaum verringert. Für die 2 200 Kilometer von Delhi nach Chennai braucht man mit der Bahn immer noch 33 Stunden und auch die Ost-West Verbindung von Mumbai nach Kolkata (2 060 Kilometer/32 Stunden) erreicht nur durchschnittlich 60 Kilometer pro Stunde. Auf einigen Strecken waren die Dampflokomotiven zur britischen Zeit schneller.

Was sich allerdings stark verbessert hat, ist die Möglichkeit, Fahrkarten bis zu zwei Monate im Voraus im Internet zu buchen (www.indianrail.gov.in). Das gilt auch für die diversen Überlandbusse.

Preislich ist das Bahnfahren natürlich konkurrenzlos günstig, allerdings können die Tickets der Billigfluglinien bereits mit einem Schlafwagen in der ersten Klasse mithalten.

- Hotels

In vielen Städten Indiens übersteigt die Nachfrage nach guten Hotelzimmern bei weitem das Angebot, was in den vergangenen Jahren zu exorbitanten Preissteigerungen gerade im Top-Segment geführt hat. Konnte man 2002/03 noch für 100 bis 120 Euro First-class-Service genießen, so sind zwischenzeitlich gut 250 bis 300 Euro dafür zu bezahlen. Dazu kommen erhebliche Steuern, die je nach Bundesstaat bis zu 30 Prozent ausmachen können. Es sind genau diese Hotelpreise, die Geschäftsreisen nach Indien so teuer machen. Mitarbeiter des Hauses SAP fliegen in aller Regel in der Economy Class für 600 bis 700 Euro nach Indien – und müssen bei zwei Wochen vor Ort noch einmal mit 3 000 Euro Hotelkosten rechnen.

In den meisten Städten fehlt die gute Mittelklasse – ein sauberes, freundliches Hotel mit einem Minimum an Service (Reinigung, Restaurant, Internet). Entweder Sie wohnen gemeinsam mit Kakerlaken in einem muffigen Hotelzimmer mit hochflorigem, verschmutztem Teppichboden und einer übermäßig lauten Klimaanlage oder eben First Class. Als Alternative bieten sich dann nur noch „Guesthouses" an, die von unterschiedlichem Standard sein können. Hier reicht die Palette von einfachsten Unterkünften (Bett auf Betonboden, Dusche auf dem Gang) für drei Euro pro Nacht bis hin zu komfortablen Appartments für den Geschäftsreisenden (bis 100 Euro pro Nacht).

Viele Firmen sind inzwischen auch dazu übergegangen, für ihre anreisenden Mitarbeiter und Geschäftspartner eigene Gästehäuser zu betreiben – um die Reisekosten auf ein erträgliches Maß zu reduzieren.

Slums

Ein kleiner Exkurs, da auch der Terminus „Slum" zu unserem Indienbild gehört. Die Herkunft des Wortes ist unbekannt; meist bezeichnet man damit „dicht besiedelte Stadtteile mit elenden Lebensbedingungen"; allerdings finden sich in vielen indischen Slums auch ein erstaunlich hoher Organisationsgrad, eine beeindruckende Wirtschaftskraft und somit ein relevanter Beitrag zum wirtschaftlichen Leben einer Stadt. In Mumbai wird der „Dharavi" genannte Slum oft als der größte Asiens bezeichnet; mit einer Million Menschen auf ca. zwei Quadratkilometern ist es sicher einer der am dichtesten besiedelten Lebensräume der Welt. In Kleinstbetrieben werden auf engstem Raum unter oft sehr harten Bedingungen Lederwaren hergestellt, Textilien (beides auch für den Export z. B. nach Deutschland), Plastikflaschen recycelt und vieles mehr. Wie überall in Indien spielt auch hier die Religion eine herausragende Rolle; Angehörige aller Strömungen zeigen und leben ihren Glauben. Auch die politischen Aktionen in den Slums sind von großer Bedeutung, können doch gerade die hindunationalistischen Bewegungen hier oft großen Zulauf erfahren.

Man muss sich daher von dem Klischee befreien, in Slums lebten die Ärmsten der Armen unter grauenhaften Bedingungen und vegetierten vor sich hin, fern jeglichen Arbeits- oder Lebenswillens. Bei allem Elend findet man eine beeindruckende Lebensfreude, fleißige Menschen, die die den Umständen entsprechend größtmögliche Hygiene walten lassen, die Hütten sauber halten, ihre religiösen Feste feiern und vor allem auch einen bedeutenden Wirtschaftsfaktor repräsentieren.

Sprache

Alle Inder sprechen englisch – von diesem Klischee muss man sich verabschieden. Es sind knapp zehn Prozent, aber zumeist hat man auch nur mit diesen zu tun. Allerdings ist das indische Englisch durchaus gewöhnungsbedürftig und gerade am Telefon manchmal schwer zu verstehen. Eine indische Sprache zu lernen ist allerdings nur sinnvoll, wenn Sie über längere Zeit dort leben werden, und selbst dann trifft man an jedem Standort auf eine solche Vielfalt von Sprachen unter den Mitarbeitern, dass, abgesehen von einigen Worten zur allgemeinen Erheiterung, das Erlernen der lokalen Sprache nicht im Vordergrund stehen sollte.

Stromversorgung

Die Stromversorgung in Indien ist von einer ständigen Deckungslücke gekennzeichnet, die vor allem in den heißen Monaten (April bis Juni) zu planmäßigen Abschaltungen im Stromnetz führt. Als Geschäftsreisender werden Sie davon nicht allzu viel mitbekommen, denn alle guten Hotels und Bürogebäude haben eine eigene Stromversorgung per Dieselgenerator, die nach Bedarf zugeschaltet wird. Hin und wieder wird es für drei bis fünf Sekunden dunkel, dann springt der Generator an.

Offiziell beträgt die Stromspannung in Indien 220 Volt, aber die Schwankungen im Netz sind enorm. Wir haben sowohl 100 Volt als auch in der Spitze 350 Volt an den Steckdosen unseres Hauses gemessen. Empfindliche Elektrogeräte sollten Sie besser zu Hause lassen. Was für das robust konstruierte Netzteil eines Markenlaptops noch verträglich ist, könnte für ein anderes elektronisches Gerät schon das Ende sein. Indische Haushaltsgeräte haben einen eingebauten „Stabilizer“, der diese Spannungsspitzen abfängt, und sind demnach auch anders konstruiert. Deutsche Geräte halten das nur eine begrenzte Zeit aus.

Sie werden feststellen, dass Sie in die dreipoligen Steckdosen in Indien unsere zweipoligen Euro- oder Schukostecker nicht hineinzwängen können. Das liegt daran, dass der dritte Pol die Erdung ist und erst das Einstecken der Erdung die beiden anderen Löcher öffnet. Sie können das aber leicht umgehen, indem Sie einen Kunststoffstift in das dritte Loch schieben und dann Ihren Stecker einstecken. Aber bitte nur einen Stift aus einem nichtleitenden Material nehmen – man weiß ja nie ...

Tabuthemen

Tabuthemen in Indien sind für Ausländer die nationale Politik, Pakistan und Religion. Auch die Beziehung zwischen Mann und Frau und die Stellung der Frau in Indien sind ein schwieriges Terrain. Lassen Sie sich nicht in Diskussionen zu diesen Themen ziehen. Falls ein solches Thema plötzlich zwischen den indischen Teilnehmern Ihrer Gesprächsrunde hochkommt, nicken Sie nur gelegentlich, aber beziehen Sie keine Stellung. Waren Sie schon in China, wird man Sie auch dazu befragen: Seien Sie vorsichtig, beispielsweise die Infrastruktur in China in den höchsten Tönen zu loben und mit der etwas zurückgebliebenen Infrastruktur in Indien zu vergleichen. Bleiben Sie neutral.

> Indien sieht sich selbst als Weltmacht – und alles, was dieses Gefühl unterminieren könnte, sollten Sie auch vermeiden.

Taxis

Taxis sind allgegenwärtig und preisgünstig. Man winkt sie an der Straße heran und nennt das Ziel; meist wird das Taxameter vom Fahrer eingeschaltet, andernfalls sollte man darauf bestehen oder sich vorher nach dem Fahrpreis erkundigen. Eine Umrechnungstabelle (hat der Fahrer) hilft, den angezeigten Betrag in den aktuellen Wert umzurechnen. Die Fahrweise ist oft lebensgefährlich; es ist in jeder Hinsicht die spannendste Art, eine Stadt kennen zu lernen. Für den Indien-Unerfahrenen empfehlen wir, sich bei der Ankunft am Flughafen vom Hotel oder einem Geschäftsfreund abholen zu lassen.

Für längere Fahrten (von Mumbai nach Pune z. B., ca. 120 Kilometer, drei bis vier Stunden) empfiehlt sich ein „driver" mit eigenem Auto. Das ist kostengünstiger und der Fahrer steht Ihnen rund um die Uhr zur Verfügung. Während Sie Ihre Termine wahrnehmen wartet er einfach. Preise sind Verhandlungssache und lokal sehr unterschiedlich. Für 2 000 bis 3 000 IR pro Tag (50 Euro) bekommt man einen guten Wagen mit einem Fahrer, der vielleicht auch etwas Englisch spricht.

Billiger als Taxis sind die „Tuk-tuks", motorisierte Dreiräder mit Kabine. Für kurze Strecken macht das Spaß und man ist endlich in Indien, außerhalb der klimatisierten Räume und Luxushotels.

Tischsitten

Auch bei offiziellen Anlässen kann es sein, dass Sie die Hände zum Essen benutzen müssen, denken Sie also daran, angereichte Snacks und Gerichte immer nur mit der rechten Hand anzunehmen und zum Mund zu führen! Ein indisches Sprichwort sagt: „Essen mit Besteck ist wie mit einem Regenmantel duschen!“ – vielfach wird eben nur das mit den Fingern gegessene Essen wirklich genossen. Dabei gibt es auch noch Unterschiede zwischen Nordindien und Südindien. Während im Norden nur die Fingerspitzen zum Essen genommen werden, nimmt man im Süden die ganze Hand. Richten Sie sich nach Ihrem Gastgeber, dann können Sie nichts falsch machen.

Nehmen Sie grundsätzlich nur kleine Portionen von den angebotenen Gerichten – zumeist wird Ihnen das Essen auf den Teller vorgelegt. Es ist nicht unhöflich, nach einer Weile zu sagen, dass man satt sei und kein weiteres Essen mehr auf dem Teller haben möchte. Sie sollten das sogar sagen, sonst wird Ihnen der Teller immer wieder von den beflissenen Kellnern aufgefüllt.

Wenn Sie eine Bedienung herbeirufen wollen, tun Sie das mit der Handfläche nach unten. Zeigen Sie nicht auf Personen mit dem Finger, selbst nicht auf bestimmte Speisen. Zeigen Sie gegebenenfalls mit dem Kinn auf die Speisen, die Sie möchten. Wenn Sie von einer Platte oder aus einem Topf Essen nehmen, der mit allen am Tisch geteilt wird, tun Sie das niemals mit Ihrer eigenen Gabel oder Ihrem eigenem Löffel. Benutzen Sie immer das Vorlegebesteck, sonst gilt die ganze Platte als „verschmutzt“, und Ihre indischen Tischnachbarn werden sie nicht mehr anrühren.

Trinkgeld

Beim Trinkgeld stellt sich für die meisten Reisenden die Frage, ob überhaupt, wie viel und wem gegeben werden soll.

Eines vorweg: Trinkgeld ist in Indien üblich und wird erwartet. Zum ersten Mal werden Sie mit dieser Frage konfrontiert, wenn Sie den Service eines Gepäckträgers in Anspruch genommen haben, der Ihnen den Koffer zum wartenden Taxi geschoben hat. 10 Rupien pro Gepäckstück sind für diesen Service normal. Ein Fahrer hat schon einen erheblich höheren Status, deshalb sollten Sie ihn nach der Fahrt zum Hotel auch nicht einfach stehen lassen, sondern ihm 50 Rupien Trinkgeld geben. Das Gleiche gilt auch für diejenigen, die Ihr Gepäck auf das Zimmer bringen.

Sie müssen Trinkgeld immer im Verhältnis zu den lokalen Gehältern sehen. Ein Fahrer oder Gepäckträger wird selten mehr als 100 Euro im Monat verdienen, selbst die lokale Sekretärin in Ihrem Büro trägt nicht mehr als 300 Euro im Monat nach Hause. Deshalb gelten dann auch bei Trinkgeldern andere Regeln. Sie können in einem Restaurant nicht einfach 10 Prozent on top (oder gar 15 Prozent wie in den USA) geben. Bei einem Dinner for two in einem 5-Sterne-Hotel wären das ja bereits 10 Euro! 100 Rupien sind ein durchaus angebrachtes Trinkgeld bei kleinen Dinners (zwei bis drei Personen), bei größeren Veranstaltungen sind 100 Rupien pro Kellner angebracht.

Viele Inder „tippen“ gar nicht und werden Sie ebenfalls ermahnen, noch weniger zu geben. Andererseits werden Sie aber auch viele Ausländer finden, die 5 oder 10 Dollar Trinkgeld verteilen. Eine feststehende Regel gibt es nicht, aber von Ihnen als reichem Ausländer wird immer etwas mehr erwartet als vom indischen Landsmann (auch wenn selbiger in der Realität vielleicht viel wohlhabender ist als Sie). Erfüllen Sie also die Erwartungen! Wir haben mit der Regel „50 Rupien und ein Vielfaches davon“ immer gute Erfahrungen gemacht – es schien die Erwartungen zumeist zu treffen.

Zeitverschiebung

Unverständlicherweise hat man sich in Indien entschieden, die Zeitverschiebung zu Greenwich auf 5,5 Stunden festzulegen, angeblich weil das Land sich von Ost nach West so weit erstreckt, dass dies die goldene Mitte ist. Böse Zungen sagen aber auch, dass man einen Unterschied zu Pakistan (+5 Stunden) und Bangladesh (+6 Stunden) machen wollte. Es gibt in ganz Indien eine einheitliche Zeitzone, das macht zumindest das Reisen innerhalb des Landes einfach. Tipp: Deutsche Zeit minus eine Stunde (= Greenwich), dann die Armbanduhr verkehrt herum halten – schon haben Sie die indische Zeit.

Zeitverständnis

Schon beim ersten Geschäftstermin wird man feststellen, dass ein deutlicher Unterschied in der Auffassung von Pünktlichkeit besteht. Eine 30-minütige Verspätung des Gesprächspartners ist nicht außergewöhnlich; es ist keine Missachtung Ihrer Person. Sind Sie selbst für 20 Uhr eingeladen, so rechnen Sie nicht vor 21 Uhr oder später mit dem Beginn des jeweiligen Ereignisses. Jedenfalls wird kein Gastgeber um 20 Uhr mit Ihnen rechnen!

Am Vormittag beginnen Termine selten vor 10 Uhr. Planen Sie – nicht zuletzt wegen der chaotischen Verkehrsverhältnisse – großzügig und nicht zu viele Termine in enger zeitlicher Abfolge.

Kommentierte Literaturliste

Sachbücher

Ahuja, Ravi/Brosius, Christiane (Hrsg.): Mumbai – Delhi – Kolkata. Annäherungen an die Megastädte Indiens. Draupadi Verlag, Heidelberg 2006.
Aufsatzsammlung zu verschiedenen soziologischen Themen von Bollywood bis Slums. Lesenswert.

BME/Bogaschwesky, Ronald (Hrsg.): Einkaufen und Investieren in Indien. BME-Leitfaden Internationale Beschaffung, Bd. 4. CfSM, Dresden 2005.
Aufsatzsammlung, nüchtern, fundiert.

Kakar, Sudhir u. Katharina: Die Inder. Porträt einer Gesellschaft. C. H. Beck, München 2006.
Psychogramm der Inder, gibt tiefe Einblicke in die Mentalität und die Hintergründe des Handelns in Indien.

Kaufmann/Panhans/Steinrücke/Horn/Koch/Kues/Paschke: Investmentguide Indien. Schäfer Poeschel, Stuttgart 2006.
Hochinformativ, viele Fallbeispiele.

Mann, Michael: Geschichte Indiens. Vom 18. bis zum 21. Jahrhundert. Schöningh, Paderborn 2005.
Sehr umfassend, wissenschaftlich, hebt sich ab von den üblichen Geschichtsbüchern.

Mehta, Suketu: Bombay, maximum City. Suhrkamp Verlag, Frankfurt am Main 2006.
Spannend, unglaublich, faszinierend – ein Muss für jeden Indienreisenden!

Michaels, Axel: Hinduismus. C. H. Beck, München 2006.
Standardwerk, sehr wissenschaftlich detailliert, Fundgrube an Informationen.

Müller, Oliver: Wirtschaftsmacht Indien. Hanser Wirtschaft, München 2006.
Gut recherchierte Fakten.

RAGHUNATHAN, V.: Games Indians play. Why we are the way we are. Penguin Books, London 2006.

Versuch, die Spieltheorie auf indisches Verhalten anzuwenden. Interessant, von einem profunden Kenner der Materie.

ROTHERMUND, DIETMAR: Geschichte Indiens. C.H. Beck, München 2002.

Standardwerk.

SEN, AMARTYA: The Argumentative Indian. Writings on Indian Culture, History and Identity. Penguin Books, London 2005.

Weltweit hoch gelobtes Buch des Nobelpreisträgers. In Indien auch für Inder empfohlen!

THAROOR, SHASHI: Eine kleine Geschichte Indiens. Suhrkamp TB, Frankfurt am Main 2005.

Persönlich gehalten, sehr gut zu lesen. Tharoor war 2006 Kandidat für den Posten des UN-Generalsekretärs.

VARMA, PAVAN K.: Being Indian. Penguin Books, London 2004.

Darstellung des indischen Selbstverständnisses und Einblicke in das tägliche Leben. Sehr lesenswert! Fakten.

Im Flugzeug, am Pool …

LAPIERRE, DOMINIQUE: Stadt der Freude. Bertelsmann, München 1985.

Bewegendes Porträt des Lebens im Slum in Kalkutta. Lesen!

ROBERTS, GREGORY DAVID: Shantaram. Abacus; New Ed., April 2005.

Roman eines australischen Abenteurers, der u. a. auch in einem Slum Bombays lebte. Spannend, beeindruckend, ideal für den Flug.

TABUCCHI, ANTONIO: Indisches Nachtstück. Edition Akzente, Hanser, München 1990.

Reisebeschreibung, Geschichte, Philosophie: In Ruhe lesen!

Websites

www.dipp.nic.in
www.commerce.nic.in
Websites des Ministry of Commerce and Industry

http://goidirectory.nic.in/stateut.htm
Directory of Indian Government Websites

http://india.gov.in/
National portal of India

www.indiainbusiness.nic.in
Aktuelle Informationen zur indischen Wirtschaft

http://mapsofindia.com/maps/
Interaktive Karten

www.vermeer-consult.com
Schulungen, Personalsuche, Markteintritt

Adressen

Deutsche Botschaft New Delhi
No. 6/50G, Shanti Path, Chanakyapuri, New Delhi 110021
Postal address: Embassy of the Federal Republic of Germany, P.O. Box 613, New Delhi 110001, India
Tel: (0091-11) 44199 199, Fax: (0091-11) 2687 31 17

VDMA-Büro Kolkata
German Engineering Federation
vdmaindia@eth.net
Tel: (0091-33) 23 21 95 22

Dr. Vermeer-Consult
www.vermeer-consult.com
asia@vermeer-consult.com
Unternehmensberatung für Indien und China, Ansprechpartner für alle Fragen, insbesondere Personalsuche, Interkulturelle Trainings, Markteintritt, Verhandlungsführung.

Generalkonsulate

Chennai
Consulate General of the Federal Republic of Germany
No. 9 Boat Club Road, RA Puram - Chennai 600 028
Tel. (0091-44) 2430 1600
Fax (0091-44) 2434 9293
Zuständig für: Andhra Pradesh, Karnataka, Kerala, Tamil Nadu und Unionsterritory Pondicherry

Kolkata
Consulate-General of the Federal Republic of Germany
1 Hastings Park Road, Alipore, Kolkata - 700 027
Tel: (0091-33) 2479 11 41 or 2479 11 42, Fax: (0091-33) 2479 30 28
Zuständig für: Bihar, Orissa, Arunachal Pradesh, Assam, Manipur, Meghalaya, Mizoram, Nagaland, Tripura, West Bengal und Jharkhand

Mumbai
Consulate General of the Federal Republic of Germany, "Hoechst House", 10th Floor, Nariman Point, 193 Backbay Reclamation, Mumbai 400 021, India.
Tel: (0091-22) 2283 24 22, 2283 15 17, 2283 26 61
Fax: (0091-22) 22 02 54 93
Visa section
Tel: (0091-22) 22 83 98 34, 2283 98 35 Fax: (0091-22) 2284 21 84
Zuständig für: Goa, Gujarat, Madhya Pradesh, Maharashtra und Unionsterritories Daman und Diu

Goa
Honorary Consul of the Federal Republic of Germany
c/o Cosme Matias Menezes Ltd., Rua de Ourem, Panjim-Goa 403 001, Goa
Tel: (0091-832) 223 55 26 or 222 32 61 or 222 32 63 or 222 32 64
Fax: (0091-832) 222 34 41
Zuständig für: Goa (gehört zum Generalkonsulat Mumbai)

Indo-German Chamber of Commerce

Hauptgeschäftsstelle
Indo-German Chamber of Commerce
Maker Tower "E", 1st Floor, Cuffe Parade
Mumbai (Bombay) 400 005
Tel: (+91-22) 5665 2121
Fax: (+91-22) 5665 2120
E-Mail: bombay@indo-german.com

Zweigstellen in Indien

German House, 2 Nyaya Marg
Chanakyapuri, New Delhi 110 021
Tel: (+91-11) 2687 8721 / 2611 1730
Fax: (+91-11) 2611 8664
E-Mail: delhi@indo-german.com

3A, Gurusaday Road
Kolkata (Calcutta) 700 019
Tel: (+91-33) 2283 7962 / 7970, 2280 2236
Fax: (+91-33) 2283 7963
E-Mail: calcutta@indo-german.com

117 G N Chetty Road, T.Nagar
Chennai (Madras) 600 017
Tel: (+91-44) 2821 1835 / 36
Fax: (+91-44) 2821 1837
E-Mail: chennai@indo-german.com

403 Shah Sultan, 4th floor, Cunningham Road
Bangalore 560 052
Tel: (+91-80) 2226 5650
Fax: (+91-80) 2220 3797
E-Mail: bangalore@indo-german.com

Verbindungsbüro in Deutschland
Citadellstrasse 12
40213 Düsseldorf, Germany
Tel: (+49-211) 360 597/98, 362 749
Fax: (+49-211) 350 287
E-Mail: duesseldorf@indo-german.com

Stichwortverzeichnis

C

D

E

F

G

H

I

J

K

L

M

Die Autoren

Dr. Manuel Vermeer, M. A.

Geboren in Deutschland als Sohn einer indischen Mutter (aus Bombay; die Vorfahren waren Bankiers der East India Company) und eines deutschen Vaters. Studierte Sinologie in Heidelberg und Shanghai. Nach freiberuflicher Tätigkeit als Übersetzer und Dolmetscher für Unternehmen und für die Bundesregierung (zwei Staatsbesuche 1985/86) ist er seit 1988 Dozent für Marketing Ostasien am Ostasieninstitut der FH Ludwigshafen am Rhein (www.oai.de). Ehemals Lehraufträge an der Universität Mainz; Gastdozent an der Privaten FH Göttingen sowie der International University Bruchsal. Promotion zur chinesischen Wirtschaftspolitik.

Verfasser des „Langenscheidt Sprachführer Chinesisch“ und von „China.de. (Gabler Verlag). Zahlreiche Publikationen zur Kultur, Sprache und Wirtschaft Chinas. Zahlreiche Indienreisen, Lehraufträge für Wirtschaft und Kultur Indiens.

Seit über 20 Jahren berät er Unternehmen hinsichtlich ihrer China- und Indienaktivitäten mit den Schwerpunkten: Personalsuche, Verhandlungsführung und Interkulturelle Trainings, Coaching für Führungskräfte.

Tausende europäische und asiatische Manager besuchten bereits seine Vorträge und Schulungen zu Indien und China in Deutschland, im europäischen Ausland und in Asien.

Dr. Manuel Vermeer ist verheiratet und hat zwei Kinder, Marc Aurel und Amelie.

Weitere Informationen, Referenzen und Publikationen unter www.vermeer-consult.com.

Clas Neumann, MBA (Insead)

President SAP Labs India

Lebt seit 2000 in Indien und war als Managing Director von SAP Labs India maßgeblich am Aufbau und an den Wachstumsjahren dieses Forschungsstandortes beteiligt. Unter seiner Führung entwickelte sich SAP Labs India zum größten und wichtigsten F&E-Standort der SAP außerhalb Deutschlands. Seit 2005 leitet Clas Neumann zusätzlich einen Bereich der Neuproduktentwicklung für zukünftige Mittelstandsprodukte mit Forschungsbereichen in China, Indien und Deutschland. Durch diese neue Verantwortung wurde er in das Senior Excecutive Team der SAP berufen.

Clas Neumann ist Alumnus des Studiengangs Marketing Ostasien (Ostasieninstitut Ludwigshafen) und von Insead, Fontainebleau (EMBA 2005). Er ist außerdem Mitglied in wichtigen Foren der deutsch-indischen Wirtschaft, so z. B. als berufenes Mitglied der Deutsch-Indischen Beratergruppe der Bundesregierung und des Leitungskommittees der Deutsch-Indischen Handelskammer in Indien. Er ist gefragter Vortragsredner bei zentralen Veranstaltungen, wie z. B. dem Deutschen Industrie- und Handelskammertag in Berlin, Handelsblatt „Indien Tag“, „Kleines Liebesmahl“ des Ostasiatischen Vereins (OAV) und sprach bei Indien-Besuchen deutscher Minister wie O. Schily, J. Fischer, W. Müller oder A. Schavan.

Im Jahr 2005 wurde Clas Neumann mit dem „Manager of the Year Award“ des „Karriere Magazins“ als erfolgreichste Führungskraft Deutschlands unter 40 Jahren ausgezeichnet.

Clas Neumann ist verheiratet und hat zwei Kinder, Celia und Beniyaz.